KiWi 528

Über das Buch:
»HipHop auf deutsch« ist heute eine feste Größe in den Hitlisten. »Spiegel« und »FAZ-Magazin« ernennen den HipHop gar zur »Lyrik der späten Neunziger«. Ganz anders war die Situation, als die »Fantastischen Vier« 1991 mit »Jetzt geht's ab« das erste HipHop-Album vorlegten, auf dem in der eigenen Sprache gerappt wurde – damals von manch einem Kritiker als »kulturelles Vergehen« gebrandmarkt.
In ihrer Autobiographie erzählen die Vier, wie sie Mitte der achtziger Jahre durch die GI-Discos der großen schwäbischen US-Garnisonen in den Bann der »letzten Besatzermusik« gezogen wurden und sie als weiße Mittelstands-Kids zu den »schwarzen« Rhythmen auf deutsch zu rappen begannen. Gut zehn Jahre später sind die Fantastischen Vier die erfolgreichste HipHop-Band aus Deutschland, macht Thomas D. Schlagzeilen in der Boulevardpresse, weil er Heiner Lauterbach die Freundin ausspannt, und wird im Zuge dessen ganz selbstverständlich als »Rapper« bezeichnet – ein »Beruf«, den viele vor zehn Jahren noch gar nicht kannten. Insofern erzählt die Autobiographie »Die letzte Besatzermusik«, in der die Fantas mit großer Offenheit und viel Witz zum ersten Mal von den Ab- und Nebenwegen ihrer Laufbahn berichten, nicht nur die erstaunliche Story einer außergewöhnlichen Band, sondern auch ein Kapitel der Popkultur Deutschlands.

Die Autoren:
Die Fantastischen Vier sind: Smudo, Thomas D., DeeJot Hausmarke und And.Y, alle geboren zwischen 1967 und 1968. 1989 Gründung der Fantastischen Vier in Stuttgart. Ihre sechs Alben und elf Singles verkauften sich bisher 3,5millionenmal.

Ralf Niemczyk, der Co-Autor des Projekts, schreibt seit 1982 für Underground- und Mainstream-Zeitschriften. Gegenwärtig arbeitet er als freier Autor sowie im Kongreßteam bei der Messe Popkomm in Köln.

DIE FANTASTISCHEN VIER

Die letzte Besatzermusik

Die Autobiographie
aufgeschrieben
von Ralf Niemczyk

Kiepenheuer & Witsch

Originalausgabe

2. Auflage 1999

© 1999 by Verlag Kiepenheuer & Witsch, Köln
Alle Rechte vorbehalten. Kein Teil des Werkes darf in irgendeiner
Form (durch Fotografie, Mikrofilm oder ein anderes Verfahren) ohne
schriftliche Genehmigung des Verlages reproduziert oder unter
Verwendung elektronischer Systeme verarbeitet, vervielfältigt oder
verbreitet werden.
Lektorat: Kerstin Gleba
Endredaktion: Andreas Graf
Umschlaggestaltung: Schauinsland
Umschlagfoto: Axel Jansen
Gesetzt aus der MetaPlusNormal, 10 Punkt
Satz: Greiner & Reichel, Köln
Druck und Bindearbeiten: Clausen & Bosse, Leck
ISBN 3-462-02809-X

Inhalt

Vorspiel: **Pengo, Mörikestraße** 9

Smudo: **Gerlingen & Gls** _Wie kant Hip Hop nach D?_ 14

Andy: **Beattypen & Textmenschen** 30

Thomas: **Frisörtage** 35

Michi: **Poppersorgen** 40

Zwischenspiel: **Debüt in Heslach** 47

Smudo: **Zäsur USA** 49

Zwischenspiel: **Importshop** 53

Bär: **Das fünfte Bandmitglied** 58

Thomas: **Startgeld 5000 Mark** 66

Smudo: **Auf alle Fälle live** 71

Zwischenspiel: **Häßliches Entlein im Musterkoffer** 80

Michi: **Erstling** 85

Smudo: **Schnitte** 90

Andy: **Ice T, Bravo und Run DMC** 99

Thomas: **Frohes Fest** 104

Smudo: **Hitküche** 112

Bär: **Road To The Riches** 125

Thomas: **Die Welle schwappt über** 130

2. 120

Smudo: **Musik liegt in der Luft**   133

Andy: **Profialarm**   139

Zwischenspiel: **Widersacher im Underground** ✗ 1   142

Michi: **Ein Tag auf Morisson Island**   145

Thomas: **Nachbeben**   148

Smudo: **Neue Dimensionen**   157

Michi: **Relaxt & aggressiv**   160

Smudo: **Crossover-Jahr '94**   167

Thomas: **Lauschgift, dreigeteilt**   174

Michi: **Durchmarsch**   179

Smudo: **Heimatbasis**   187

Thomas: **Solo**   199

Michi: **Weltweit**   206

Thomas: **Die Sache mit Jenny**   211

Smudo: **In die Zukunft**   215

Glossar   225

Discografie   230

Bildnachweis   234

Vorspiel: **Pengo, Mörikestraße**

»Wir haben damals alle Jugendzentren dieser Welt gerockt –
von hier bis nach … Vaihingen«
Ansage Smudo zum 10jährigen Bühnenjubiläum

Dütdüt – dütdüt – dütdüt – düt … – das bläuliche Männchen
auf dem Computerbildschirm huscht durch ein Labyrinth, ver-
schiebt Eisblöcke und zerbröselt sie. Dütdüt – dütdüt … – jede
umkurvte Ecke wird untermalt von *Hot Butters* »Popcorn«,
dem präelektronischen Novelty-Gag-Superhit aus den frühen
Siebzigern, der Hymne aller Spielhöllen. Dütdüt – dütdüt … –
eigentlich gehört der unaufhaltsam fiepsende Rechner zum
Gerätepark des Studios der *Fantastischen Vier*. Und eigentlich
sind Andy, Smudo, Michi und Thomas im Keller des Hauses
Mörikestraße 67 zusammengekommen, um wieder als Band
zusammenzufinden. Würden sie Gitarre, Baß, Schlagzeug
spielen, könnten sie gemeinsam rumklampfen, jazzmäßig
jammen, sich aufeinander konzentrieren und ein Riff oder eine
Harmonie finden, aus denen sehr viel später ein neuer Hit
werden könnte. Doch so läuft das im Popjahr 1998 nicht mehr.
   Zumindest hier nicht. Keine Eierpappe unter der Decke, kein
schepperndes Schlagzeug mit Pferdedecke in der Bassdrum.
Stattdessen dütdüt – dütdüt – dütdüt … – das Spiel mit der
Popcorn-Melodie heißt »Pengo« und ist von Sega, aus dem
Jahr 1982. Smudo und Thomas klicken begeistert im ein-
drucksvollen Ordner mit antiken Computerspielen herum.
Erinnerungen an das »Bowlingcenter« (das spätere »Flic-
Flac«) in Gerlingen oder die Horten-Spielwarenabteilung wer-
den wach. Weißte noch, damals in der Freistunde? Fliegender
Wechsel von »Elevator Action« zu »Asteroids«, »Tron« und
»Donkey Kong« ohne Geldnachwerfen. Punkte sammeln, Rum-

ballern, Monstern den Kopf abschlagen. Wo ist eigentlich Michi Beck geblieben?

Verschwunden im Gebäude, im Café vielleicht oder sonst-
wo. »So langsam sollten wir mal anfangen«, stellt Smudo wenig überzeugend fest. Mit dem neuen Studio ist nach langen
Monaten Stop-and-Go zwischen Maßarbeit und Baustopp
endlich das Herzstück des Heslacher Fanta-4-Hauptquartiers
fertig geworden. Ein wenig abseits des Stadtzentrums, aber
problemlos mit der Linie 14 zu erreichen. Von der Böblinger
Straße die kurze Anhöhe hinauf und gleich rechts rum, vis-
à-vis vom Stadtbad liegt das schmucklose Eckgebäude. Ein
schwäbisches Medienhaus mit verschiedenen Agenturen, den
Stuttgarter Büros von »Viva« und »Prinz« und einem öffent-
lichen Café im Erdgeschoß. Für allerlei Kumpels eine beliebter
Ort, um eben mal »Hallole« zu sagen, was reichlich Ablenkung bedeuten kann, wenn man ohnehin ablenkungsgefähr-
det ist. Immerhin wehrt ein Nummerncode-System am Eingang zumindest pro forma jeden ungeliebten Besuch ab.

»So machet die Fandas also ihre neue Blatte«, wundern
sich zwei Mädchen, die im Hof des Medienhauses vor dem
Souterrainfenster kauern. Ein kleiner Scherz zurück, ein paar
Worte – und dann aber echt, wir müssen weiterkommen.
Thomas läuft, das Mobiltelefon am Ohr, durch den Vorraum
und debattiert mit Stefan von SWF 3. Andy auf seinem Hocker
dreht am Sampler und läßt – kunstvoll bearbeitet – die immer
wieder gleichen Beats aus den Lautsprechern erklingen. Smudo sammelt unermüdlich »Pengo«-Punkte am Bildschirm.
Thomas ist weg. Unter dem 48-Kanal-Mischpult gammeln die
Tortellinis vom Pizzablitz in silbernen Isolierschalen gemütlich
vor sich hin.

Sei's drum. So ist das nun mal am Anfang eines kreativen
Prozesses. Da bleibt Zeit für einen kurzen Blick auf das gerade fertiggestellte *Fischmob*-Video. Smudo läßt seine Raum-
kreuzer im All verglühen und verschwindet in Richtung Auf-
zugschacht. Auf der Fahrstuhl-Ebene 0 – das Zischen der

Espressomaschine deutet auf die Caféhaus-Zone – steigt ein Herr mit Fliege aus Ebene 3 zu – hier sitzt die Firma Cause'n'Effects und ein Journalistenbüro – und sagt überaus freundlich grinsend: »Morgen!« Es ist halb drei Uhr nachmittags. Klar doch, Signal angekommen: Wir Kreativen im Medienhaus verstehen uns, das ist Lebensart. Auf Ebene M4 öffnet sich die Fahrstuhltür geradewegs in den langen Gang von Four Music, der Plattenfirma der *Fantastischen Vier*. Ein geschwungener Rezeptionstresen am Eingang, die Teeküche dominiert von einem kunstvoll-grobschlächtigen Holztisch aus dem Völkerkundemuseum, ansonsten orientiert man sich bei Four am bewährten Büro-Ambiente der Schallplattenindustrie. Gediegen-funktional mit Teppichboden und weißen Wänden, an denen aktuelle Plattencover wie Trophäen hinter Glas aufgereiht sind. Ursprünglich sollte hier ein gigantisches, neokitschiges Ölgemälde der vier Gründerväter hängen, wie in einem hanseatischen Kontor, doch Smudos Einweihungsgabe fand keine Mehrheit. Der drei mal drei Meter große Schinken ging zurück an den Künstler. Statt ironischem Pomp bleibt nüchterne Ordnung, die nur geringfügig durch eigenwillig plazierte Stapel mit Pappkartons, Vinyl-Maxis und Layout-Entwürfen aufgelockert ist. Im hinteren Teil des Gangs befindet sich das verwaiste Büro von Fitz, dem Geschäftsführer, mit Recorder und Fernseher für die *Fischmob* Premieren-Vorführung: eine wilde Busfahrt vor exotischer Kulisse. Offenbar haben die Kollegen aus Hamburg keine Kosten und Mühen gescheut – Drehort ist Thailand –, um ein gutes Dutzend Rap-Kumpels als farbenfrohe Gaststars beim Video zu ihrer Single »Susanne zur Freiheit« zu präsentieren. Ein lustiger und anstrengender Job, der neben überdrehter Ausgelassenheit vor stilisierter Weltenbummler-Kulisse auch ein Ausdruck für eine völlig neue Qualität im deutschen HipHop ist: Hier gibt es offenbar keine bemühte Abgrenzung mehr zwischen amtlichen Underground-Figuren und korrupten Sellout-Stars. Könige des Undergrounds wie *Die Stieber Twins*, amtliche Newcomer wie Dendemann von *Eins, Zwo* auf einem Set neben dem Establishment Smudo und Michi Beck? Dafür mußte erst ein rundes Fanta-4-Jahrzehnt ins Land gehen.

Comeback ist ein Wort aus dem klassischen Showbusiness. Es handelt von Rampenlicht und großen Bühnen, vom Verschwinden und Wiederauftauchen, von den Höhen und Tiefen einer Karriere. Drei Jahre lang haben die *Fantastischen Vier* keine neuen gemeinsamen Songs geschrieben. Ein Album mit Konzertaufnahmen ist bezeichnenderweise ihr letztes gemeinsames Werk. Danach war ein Lebensabschnitt, eine Schaffensperiode beendet. Alles lief auseinander und orientierte sich neu. Jeder bastelte an Solotrips in verschiedenen Formaten herum, ohne jedoch die anderen gänzlich aus den Augen zu verlieren. Kontrolliertes Lockerlassen.

Im Keller ein neuer Anlauf. Jetzt also, Mailboxen eingeschaltet, keiner wird angerufen, keiner ruft an, der Spielecomputer bleibt aus. Konzentration. Die Zeit ist auch im HipHop nicht stehengeblieben, die nachfolgende Generation hat längst ihren eigenen Stil entwickelt. Im amerikanischen HipHop gibt es mittlerweile schon Großväter der Zunft; die deutsche Szenerie hat sich eben erst freigeschwommen. So lastet im Mai '98 unweigerlich ein unterschwelliger Druck auf dieser ersten musikalischen Zusammenkunft der *Fantastischen Vier* seit langem. Wer weiß denn schon, ob das überhaupt noch klappt mit dem gemeinsamen Nenner? Doch zumindest der erste Schritt scheint nicht sonderlich kompliziert: Jeder nur erdenkliche Datenträger, zumeist sind es schlichte Schallplatten, ist erlaubt, um dem Plenum musikalische Fundstücke zur späteren Weiterverarbeitung vorzuführen. Filmmusik von Ennio Morricone, aus »Fritz The Cat« oder »Inspector Clouseau«, Quincy Jones' 1966er-Soundtrack »The Slender Thread«, Hildegard Knefs »Im 80sten Stock«, Robert Palmers »Pressure Drop«, *Walker Brothers* »I Need You« und diverse Electro-Beats. Diese längeren oder kürzeren Fragmente bilden eine erste atmosphärische Grundausstattung. Michi Beck legt seine Schätze auf den Plattenteller, die Andy umgehend in den Akai-Sampler einliest. Bislang haben elf Bruchstücke ihren Weg dorthin gefunden, wo sie – gestaucht, herumgedreht, verfremdet oder geloopt – als kleine digitale Gedankenstütze bis zur weiteren Verwendung verbleiben. Ein Studioingenieur ist nicht erforderlich, Andy übernimmt das. Etwa eine Stunde

Darstellung der Abkürzung BPM (Beats Per Minute) im MFG-Videoclip

dauert es, bis alles ausdiskutiert und letztlich im Kasten ist. Nun kann das große Durcheinander wieder losgehen. Michi muß unbedingt noch was erledigen, Thomas schwärmt von dem tollen vegetarischen Imbiß und Smudo zieht es zum zentralen Stuttgarter Plattenladen »Lerche«.

Nur Andy bleibt vor den Geräten sitzen: »Bring mir doch die neue *Massive Attack* und die Busta Rhymes mit, am besten noch die Singleauskopplung im Remix.« Später bekommt jedes Bandmitglied von ihm eine Diskette mit den runtergesampelten Schnipseln zum Meditieren oder Weiterdrübernachdenken daheim. Außer Thomas, der hat nix am Hut mit Technik und Samplingbibliotheken. »Ich«, meint er und ist schon fast durch das unmittelbar neben dem Studio liegende Parkdeck zum Imbiß verschwunden, »Ich und Disketten?!«

Smudo: **Gerlingen & GIs**

Ich habe mich manchmal gefragt, ob sich der Werdegang von HipHop-Bands grundsätzlich von anderen, eher klassischen Rock'n'Roll-Biographien unterscheidet. Schließlich haben wir uns ziemlich früh eindeutig dafür entschieden, den großen Traum Popmusik nicht in der Weiterentwicklung von »Anarchy In The UK« oder »Smells Like Teen Spirit« zu suchen, sondern eine völlig andere musikalische Tradition aufzugreifen. Im Prinzip gab es bei uns aber kein Abwägen zwischen dem Format Rockmusik und dem Format Dancemusic / HipHop. Schon unsere Jugendjahre haben uns unwillkürlich in eine völlig andere Richtung geführt; selbst unsere späteren Crossover-Nummern als *Megavier* sind stilistische Fitneßübungen und keine Rückbesinnung auf eine bereits abgehakte Angelegenheit. Also: Wo liegt der Unterschied?

Die Musiktechnik verlangt heute kein festgelegtes Rollenspiel mehr zwischen John, Paul, George und Ringo. Auf der

Bühne kommt der Sound aus dem Computer, unterstützt vom Plattenspieler; das ermöglicht Freiräume in jeglicher Richtung zwischen Gunther Hampels Freejazz-Variationen und puristischen Reimen zur Beatbox. *Die Fantastischen Vier* gibt es stückweise solo, in voller Besetzung mit opulenter Begleitband, als DJ-Gig im Club (mit oder ohne Rapper) oder als improvisierter Electro-Showcase. Viel wichtiger scheint mir zu sein, daß unser früher, damals unerhörter Versuch, eine genuin schwarze Ami-Musik auf hiesige Verhältnisse umzumünzen, gesellschaftliche und kulturelle Veränderungen in diesem Land sichtbar machte. Wir haben uns damals keine großen Gedanken darüber gemacht, was das alles bedeuten und wo das hinführen könnte. Wir sind einfach hineingestolpert in eine Sache, die sich vor unserer Haustür aufbaute. Daß daraus eine der letzten Popgeschichten der alten Bundesrepublik entstanden ist, wird erst jetzt deutlich, wo alles noch einmal erzählt werden muß. Komisch, wie lang ein Jahrzehnt doch sein kann.

Vielleicht werde ich Master Rob einmal ein Denkmal setzen: »Dem legendären U.S.-Army-DJ ...« oder so ähnlich. Zumindest eine Erinnerungsplakette aus Messing an einem übriggebliebenen Kasernentor hätte er verdient. Rob war ein schwarzer GI, der sein Soldatendasein in Deutschland als Sprungbrett für eine Karriere im Showbusineß nutzen wollte. Über die Jahrzehnte hat es Hunderte solcher mehr oder minder ambitionierter Versuche in allen Genres und Stilen gegeben. Ob Sänger, Tänzer, Drummer oder Produzent – es war ein Absprung in eine ungewisse Zukunft. Nur ein paar Dutzend gelangten zur überregionalen Berühmtheit; beständige Karrieren in den Hitlisten haben sich daraus nicht ergeben. Mit der nächsten Modewelle war der Original-US-Bonus dann aufgebraucht. Aber für den Stuttgarter Raum war Master Rob der HipHop-König der späten Achtziger.

Den bitterernsten Hintergrund dieser importierten Soul-, Funk- oder Swingbeat-Versuche konnte man täglich in der

»Tagesschau« sehen: Rhythm'n'Blues-Nachhilfe im Schatten des kalten Krieges. Im Kleinformat gab es Weltpolitik und Ost-West-Konflikt auf den Lokalseiten der schwäbischen Presse: Begegnungsfeste, Verkehrs- und Lärmprobleme, kommende und scheidende US-Generäle oder Tarifstreitereien mit den zivilen Angestellten der stationierten Army. Seit den fünfziger Jahren organisierten die Amerikaner von Stuttgart aus die sogenannte »first line of defense« gegen einen möglichen Angriff des Ostblocks, den sie durch die legendäre »Fulda Gap« oder vom 200 km entfernten »Thüringer Balkon« aus befürchteten. Das brachte reichlich Hauptquartiere, Stäbe und die Oberste Militärpolizei in unsere verträumte Gegend. Das US European Command, die 7. US-Armee und später das VII. US-Corps saßen hier. Dazu kamen zwölf große Standorte, darunter das Stuttgart Army Airfield, die Panzerkaserne in Böblingen, die Möhringer Kelley Barracks oder die Wohnsiedlung Pattonville mit ihrem berühmten Golfplatz. Einige dieser Quartiere hatten bereits die gute alte Königlich-Württembergische Armee beherbergt und wurden von den neuen Nutzern in großem Stil erweitert. Es entstanden heimatferne, weitgehend abgeschottete Ami-Inseln mit Schulen, Kindergärten, Kirchen, Einkaufszentren, Theatern, Kinos, Turnhallen und Sportplätzen für die nachziehenden Soldatenfamilien. Als der »Thüringer Balkon« Anfang der Neunziger endgültig seinen militärstrategischen Schrecken verlor, lebten noch rund 30 000 Amerikaner in der »Greater Stuttgart Military Community«.

Als ich Rob im Winter 1986/87 im »Maddox«, das später als »On-U« wiedereröffnen sollte, zum ersten Mal am Plattenspieler sah, hatte er gerade die Armee verlassen. Er zog die perfekte Show ab: scratchte, rappte, machte die totale Stimmung, wobei ich bis heute nicht sagen kann, ob das Freestyle war oder sonstwas. Ich war jedenfalls fasziniert, meine erste DJ-Begegnung dieser Art. So ging das also! Überhaupt hatten diese Discobesuche etwas Aufregendes; schon weil man mit fünfzehn oder sechzehn nur bis zehn Uhr bleiben durfte und es doch immer später wurde. Später dann im »Galaxy« oder im »Club« in Leonberg, wohin Rob seine eigene Fangemeinde mitbrachte, gehörten meine Kumpels und ich jeden Donnerstag bereits zum erweiterten Zirkel der Posse. Einmal bin ich sogar mit Bänderriß und Gipsbein dorthin, und weil plötzlich alle weg waren, mußte ich kilometerweit über die Dörfer nach Hause humpeln.

Unserer Clique gefiel der Rhythmus und dieses breite Black-US-Englisch, was wir alle imitierten. Jedenfalls waren wir super-amerikanisiert und »motherfucker-somebody-say-hoo«-mäßig drauf. Wenn man Glück hatte, kam es zu einem rituellen Händeschütteln und einem dahergemurmelten »cool man«. Für einige kurze Gast-Raps reichte Rob das Mikro aus seiner Kanzel ins Publikum. Manchmal paßten meine kurzen Reime zum Sound. »The man with fresh german raps« hat mich Rob dann vor allen Leuten für einen kleinen deutschen Experimentalreim geehrt. Das war der Hammer. Die Szenerie um Rob, seine schwarz und weiß gemischte Anhängerschaft, bestand nicht aus amtlichen B-Boys, wie man sie heute kennt, sondern es waren eher junge, schicke Soldatentypen, die sich für die Disco aufmöbelten und Party machen wollten. Sie stürzten sich abends ins Nightlife und brachten HipHop auf ihre Art nach Deutschland. Das war viel trashiger und direkter als bei den wenigen Gastspielen der »echten« Größen. Die später von *Public Enemy* postulierte Botschaft, HipHop sei das »CNN des Schwarzen Amerika«, beschränkte sich damals noch auf einen gelungenen Abend.

Ich habe mal im Leonberger »Club« einen dieser GI-Rapper flüchtig kennengelernt. Der war supernett und kam *deep, fresh & dope* daher, interessierte sich aber mehr für meine griechische Begleitung Fotini, die jetzt verheiratet in Washington lebt. Das habe ich in meinem spätpubertären Geist – auf der Suche nach den wahren Beats – natürlich überhaupt nicht mitbekommen. Ich besuchte ihn ein paar Mal auf seinem Armeegelände – eine komische, fremde Welt. Ein umzäuntes Stück USA zwischen schwäbischen Hügeln. Viel hat sich aus den Treffen nicht entwickelt: eine gemeinsame Cola in den Gesellschaftsräumen, Chips kaufen im PX-Shop, ein bißchen angewandtes Schulenglisch vermischt mit aufgeschnapptem HipHop-Slang. Vielleicht brauchte er auch nur eine Fahrgelegenheit nach Leonberg raus. Trotzdem kamen mir diese Ausflüge immer sehr aufregend vor. Sie waren eine Art Feldforschung für mich, neben den Geschichten über Popmusik, wie sie in den Musikmagazinen und Radiosendungen erzählt wurden. Die GI-Szene reichte zwar nicht an meine Vorstellungen von den echten, authentischen HipHop-Protagonisten aus der Bronx heran. Doch sie war präsent und greifbar. Ein Übungs-Amerika.

Zwei, drei Jahre später war HipHop längst nicht mehr das geheimnisvolle, fremde Ding. Es gab Konzerte, die ersten Plattenläden, und Rob bekam plötzlich keine Jobs mehr. Die Vorbereitungen zum großen Truppenabzug liefen auf Hochtouren und er, etwas verloren, legte in diversen Großraumdiscos auf, wo der Massengeschmack bald auf Techno umschwenken sollte. Rob bewegte sich aber in eine ganz andere Richtung. Er wollte ambitioniert und Musiker sein und versuchte sich als Sänger einer Funkband. Seine Stimme war okay, die Musik dagegen klang wie eine deutsch-amerikanische Provinzausgabe von *Earth, Wind and Fire*. Hier verliert sich seine Spur, vielleicht ist er nach Amerika zurück...

Stuttgart, Fußgängerzone am Schloßplatz. Dieser Typ muß ein Rotzarsch sein, wie mein Cousin Andreas. Er hat 'ne Kippe im Mundwinkel und spuckt andauernd auf den Boden. Die Begrüßung ist freundlich, doch der Blick bleibt für einen kurzen Augenblick an unseren nicht wirklich coolen Baseballmützen hängen. Niemand sagt »Hallo Dorfdeppen!«. Aber während um uns herum die Skater ihre Tricks üben und die Menschenmassen vorbeiströmen, ist die Rollenverteilung trotzdem klar: Mein Kumpel Andy und ich sind die Landmäuse, und unsere Gegenüber, die so toll nun auch wieder nicht aussehen, die

Stadtmäuse. Der Rotzarsch stellt sich als Michi vor, sein Kumpel im Popper-Outfit heißt Didi.

Für eine Weile stehen wir etwas verloren an einer häßlichen, dreibeinigen Stahlskulptur am Unteren Schloßplatz herum, dann beschließt irgendwer, doch einfach im Auto die mitgebrachten Tapes anzuhören. Abmarsch über die Königstraße in Richtung Wagen. Und noch immer herrscht eine beklommen pubertäre »Ob's-das-jetzt-bringt?«-Stimmung.

Auf dem Weg durch die Seitenstraße zu Michis Wagen muß ich an die Vorgeschichte zu diesem Treffen denken: Im Aufenthaltsraum unserer Schülerzeitung in Gerlingen, wo die Oberstufen-Typen rumhingen, hatte mein Kumpel Florian Stadler ein Plakat mit der Aufschrift »HipHop-Party Nr. 2« angepinnt, das er von seinem Bruder Joschi auf dem Stuttgarter Karlsgymnasium bekommen hatte. Eigentlich mehr ein fotokopierter Zettel, auf dem ein undeutlicher Umriß von einem Michi Beck alias King Burger B. abgebildet war, von dem ich noch nie etwas gehört hatte. Auf mich wirkte dieses Rubbelbuchstaben-Poster trotzdem wie eine Erscheinung: Schließlich hatte ich gedacht, wir wären die einzigen HipHopper weit und breit. Im März 1988 gab es für uns keine urbane Situation, wo man sich hätte über den Weg laufen können. Szenetreffs oder spezielle Plattenläden kamen, zumindest in Stuttgart, erst später auf. Blöderweise hatte ich meinen Vater bereits angespitzt, mich an jenem Wochenende zur Cebit nach Hannover mitzunehmen, und so mußten meine Kumpels Andy und Thomas auf der HipHop-Party im Jugendhaus Degerloch spionieren. Eine Woche später erzählten sie, da seien welche gewesen, die hätten richtig Platten gekratzt und gerappt. In ihren Versen hieß es schlicht und ergreifend »My blue Opel is the very best car«, doch ein scratchender DJ, der *nicht* Robmaster Rob war, das war durchaus eine kleine Sensation!

Einige Jahre später wurden solche HipHop-Stammestreffen, außerhalb des professionellen Konzertbetriebs, zu einer Domäne engagierter Jugendclubs. Aber mit einer Jam hatte die

Jugendheim-Fete in Degerloch noch wenig gemein. Es ging in erster Linie darum, ein skeptisches Publikum für einen weitgehend unbekannten Sound zu begeistern. Andy und Thomas berichteten, daß die örtlichen Kids nach einer gewissen Aufwärmzeit sogar auf der Tanzfläche eingestiegen wären. Jams dagegen – die spielten in ritualisierten Wettbewerben die New Yorker HipHop-Antike nach, wie sie in frühen Film- und Videodokumenten zu besichtigen sind. »HipHop-Party Nr. 2« war ein spontaner Vorstadtschwoof zu neumodischer Musik. Eine Jam hätte Training und Vorwissen verlangt: zum Beispiel zur Geschichte des Breakdance, der in ständigen Wellenbewegungen zwischen »Underground« und »Ausverkauf« immer neue Revivals feierte und mit artistischen »Footworks« oder Drehungen im Kopfstand ständig fortgeschrieben wird. DJs führen Kunststücke vor, Rapper reimen, bis das Publikum sie wegbuht. Eine Welt der Eingeweihten mißt sich in solchen Wettbewerben. Was einst den gewalttätigen Krieg der New Yorker Jugendbanden in friedlichere Popkultur überführte, sorgte rund um den Globus für Sinnstiftung und Identität: Der Slogan von »HipHop leben« nahm hier seinen Ausgang.

Ich rief damals kurzerhand im Jugendhaus Degerloch an und erkundigte mich nach dieser HipHop-Sache. Der zuständige Jugendbetreuer wußte erst nicht so recht Bescheid und leitete mich direkt an die, wie er es ausdrückte, »zuständigen Macher« weiter. Ich bekam die Nummer von Michi Becks Partner Didi, der sich Chicken Mac D. nannte, und fragte an, ob nicht Interesse an einem gemeinsamen Auftritt bestünde. Die beiden besprachen sich untereinander und fanden es witzig oder gar seltsam – keine Ahnung, wie dieses Vorabgeplänkel genau verlaufen ist –, daß es ausgerechnet in Gerlingen eine angehende HipHop-Band geben sollte. Sie hatten ebenfalls gedacht, sie wären die einzigen Aktiven in dieser Richtung.

So gerieten wir in Michis blauen Opel und spielten ihm dort unsere Jugendzimmer-Produktionen vor, die ihn offenbar spontan überzeugten. Während Didi auf der Rücksitzbank nicht so recht wußte, was er davon halten sollte, meinte King Burger B. anerkennend: »Is doch cool, oder?«. Offenbar ein großes Lob. Denn wie sich später herausstellte, war er mit der musikalischen Entwicklung seiner angestammten Crew in Richtung Punk-Crossover bis *Beastie Boys* eher unzufrieden. Die stilistische Marschrichtung unserer Aufnahmen schien zu stimmen.

Wir lotsten also die beiden nach Leinfelden-Echterdingen. Dort saß Michi dann in Andys Technik-Kinderzimmer herum und riß dreckige Witze übers Wichsen, lustig und krass zugleich. So lernten wir uns kennen, haben gescratcht und gerappt und es hat tierisch Spaß gemacht. Didi verbrachte immer mehr Zeit mit seiner Freundin und ließ die Musik schließlich sausen. Wir dagegen schätzten uns glücklich, mit Michi jemanden gefunden zu haben, der den Namen DJ auch verdiente.

Bis dahin hatte ich den Part des Plattenauflegers in unserem Team übernommen: mit dem Discount-Hifi-Würfel Marke Schneider vom Papa, der bei uns im Hobbykeller rumstand. Wir hatten keine echten Slipmats, also nahmen wir alte Märchenplatten und beklebten sie in der Mitte mit Papier und Tesa. Da konnte man eine Platte darauflegen, die dann tatsächlich ein wenig rumrutschte. Den Trick hatten wir im »Maddox« von den DJs abgeschaut, die ebenfalls mit selbstgebastelten Slipmats hantierten – die bedruckten, vorgefertigten Filzdinger aus den Plattenläden gab es erst viel später. Andy hatte mir außerdem für den Schneider-Plattenspieler eine kleine Kiste gebaut, mit der man über den Audio-Ausgang der Anlage den Output ein- und ausschalten konnte. Eine Art vorsintflutliches Mischpult ...

Nach einigen Wochen des Übens und Blödelns fanden wir uns sogar fit für einen Auftritt. Im Jugendhaus Heslach stießen wir auf zwei nette Sozialarbeiterinnen, die unser HipHop-Anliegen mit fairen Auftritts-Bedingungen (wir durften die Eintrittsgelder behalten) beantworteten. Betrachtet durch die historische Brille war das Schloßplatz-Treffen der vorläufige Gründungstermin der *Fantastischen Vier*. Andy, Thomas und ich blickten im Frühjahr '88 bereits auf eine gemeinsame Teenager-Vergangenheit, die sich vor allem in der Stuttgarter Peripherie abgespielt hatte. Vorstadtgeschichten ...

Keine Ahnung, ob es höhere Weisung war ... Jedenfalls verließen meine Eltern den Sendebereich der British Forces Broadcasting Station (BFBS) ausgerechnet im Punkjahr 1977. Wir lebten damals im ostwestfälischen Schloß Neuhaus und mein Vater arbeitete als Programmierer in der damals noch boomenden Paderborner Zentrale des deutschen Computerpioniers Nixdorf. Im Alter von neun – geboren bin ich übrigens im März 1968 im hessischen Offenbach – ging es ins Land des »American Forces Network« (AFN) nach Gerlingen: eine Pendlerstadt mit Ludwigsburger LB-Autokennzeichen, unmittelbar an der Stuttgarter Stadtgrenze. Die Straßenbahnlinie 6 verband uns mit Feuerbach und dem Rest der Welt. Wer heute die städtische Homepage *www.gerlingen.de* anklickt, lernt eine »Stadt der reizvollen Kontraste« kennen, die seit April '97 auf eine 1200jährige Geschichte zurückblickt: »Einst kleines Pfarrdorf am Fuße der Schillerhöhe, heute eine selbstbewußte moderne Stadt mit über 18 000 Einwohnern«.

Wir wohnten in einer Neubausiedlung am Hang, wo die Häuser aus Gründen optimaler Grundstücksnutzung quer zur Straße angeordnet sind. Ein abgestufter Fußweg verbindet unter der gleichen Hausnummer die Eingänge a, b, c, d und e: der klassische Jungfamilientraum vom bezahlbaren Eigenheim mit kleinem Garten. In den Pendlergürteln deutscher Großstädte gibt es vermutlich Tausende solcher a,b,c-Straßen. Ringsumher lagen Felder und Wiesen – nett für Kinder, öde für Teenager. Heute ist alles zugebaut. Zum Schulzentrum am Rande des alten Dorfkerns waren es gerade fünf Minuten zu Fuß. Hier trifft das beschauliche Gerlingen – mit seinen historischen Geschichtstafeln an den übriggebliebenen Fachwerkbauten – auf den Beton der Siebziger. Für mich bedeutete dieser von Sportplätzen umgebene Klotz schlicht jugendliche Action. Ein Zentrum mit drei Schulen plus Vereine plus Jugendhaus und das alles auf einem Hektar – das war schon was.

Vielleicht sollte ich noch erwähnen, daß Gerlingen der Ort mit der höchsten Pro-Kopf-Vereinsdichte in ganz Deutschland ist. Im ZDF gab's mal eine Sendung über die achtzig Vereine, wo jeder schon mal mit jedem in diesem oder jenem Club war. Ich bin von meinem Programmierer-Vater, der ein großer Tischtennis-Fan ist, von einer Club-Mitgliedschaft in die nächste genötigt worden: Tischtennis, Handball, auch Basketball. Die popkulturelle Black-Culture-Dimension dieses Sports blieb mir damals allerdings verborgen. Es war eher Korbball als Shaquille O' Neal. Es ging auch nie um den unbedingten Sieg und das knallharte Leistungsprinzip, eher um die Kumpels und das Drumherum. Ich war mal in ein Leichtathletik-Mädchen verliebt – da interessiert man sich halt auch für die Kreismeisterschaften und sitzt andächtig auf der Bank. Oder man wird als Junggymnasiast per Bus zu den Bundesjugendspielen im Zentrum Breitwiesenschule gekarrt. Nur eine Ecke weiter, doch schon wieder eine neue Welt mit massenhaft Kids.

Irgendwann hatte der Sportplatz als Kontakthof ausgedient. Einfach so. Einen spektakulären Ausstieg aus einer hoffnungsvollen Athleten-Karriere oder gar eine Rebellion gegen die Trimm-Dich-Welt gab es nicht. Ich ging einfach nicht mehr hin, war sowieso eher sprunghaft und leicht überdreht. In diesem Alter überlagern sich Interessen schnell und heftig. Die ganze Pubertätsnummer, wo immer neue Dinge wichtig werden; es bilden sich Cliquen. Die erste entstand mit vierzehn oder fünfzehn aus dem Schulumfeld heraus. Eine Frühachtziger-Popper-Crew mit schicken Schuhen und »Du-mußt-Benetton-tragen-sonst-bist-Du-uncool«-Haltung. Meine Eltern haben immer gefragt, was das eigentlich soll und wie blöd das doch wäre. Ich hab' trotzdem mitgemacht. Teils aus Anti-Haltung gegen zu Hause, teils aus Gefallsucht und

Gruppenzwang. Außerdem ergab sich aus diesen Verbindungen meine erste Begegnung mit Popkultur und Nachtleben. Und das bedeutete entweder die Kombination Kino und McDonald's auf der Stuttgarter Königstraße oder ein Besuch in unserem Provinz-Erlebniscenter: Bowling, Zockhalle, Laser-Drome, Fitneßcenter, Solarium und Disco in einem – dazu ein paar Billardtische und Flipper. Es gab recht moderne Videospiele, also hing ich da öfters mit einigen türkischen Kumpels rum. Hier verkehrten zwar auch die üblichen Jugendgangs – richtig gefährlich ging es aber eher selten zu. Durch unseren multinationalen Kreis – Italiener, Griechen, Türken – bestand auch ein lockerer Kontakt zu den eher härteren Kids aus dem Schulzentrum, die alle talwärts in Richtung Gerlingen-Industriegebiet wohnten. Ihr Treffpunkt war der Abenteuerspielplatz »Pfostenwäldle« in Richtung Stuttgart-Feuerbach. Dort wurde gegrillt und sogar Hasch geraucht. Auch wir trafen uns hier nach dem Schwimmen zum Kartenspielen um Geld. Jugendgewalt war kein Thema. Es wurde gedroht und auch mal jemand verkloppt, aber ansonsten war eher Herumschubsen als Erschießen angesagt. Nichts, was man Brutalität nennen könnte.

Ungefähr zur gleichen Zeit begann mein Interesse für Computer. Also: einerseits mode-orientierter Teenager-Lifestyle, ständig auf der Suche nach neuen Attraktionen, andererseits völlig selbstgenügsame Technikbegeisterung. Ich hatte gerade mit dem ersten Home-Computer begonnen, ein Schulfreund schleppte einen Basic-Kurs von seinem Bruder an. Nachmittags bin ich mit der Straßenbahn nach Stuttgart zu Horten gefahren, hing dort rum und hackte selbstgeschriebene Programme in die Ataris auf dem Vorführregal ...

In dieser Zeit trat Andreas Rieke in mein Leben. Der erste Kontakt kam ironischerweise über unsere Eltern zustande. Meine Mutter Irene war damals noch praktizierende Alkoholikerin. Sie nahm über einen Bekannten an einer Art Tupperware-Veranstaltung teil, wo sie Andys in Scheidung lebende

Mutter Ingrid kennenlernte, mit der sie sich gerne zum Rotweinbechern traf. Über diverse Kuren brachte es meine Mutter schließlich zur ausgebildeten Suchthelferin. Ingrid kam auf den Esoterik-Trip und wähnt sich bereits mehrfach reinkarniert. Unter anderem als Burgfräulein.

Andy wohnte bei seinem Vater, der statt leitender Angestellter bei »Gienger«-Sanitäranlagen vermutlich lieber Wikinger geworden wäre, wo man Frauen mit der Keule erobert und Wildschweinbraten ißt. In der Wohnung in Leinfelden-Echterdingen, in die sie nach der Trennung der Familie gezogen waren, hingen gekreuzte Flinten über dem Sofa. Eine sehr rustikale Angelegenheit. Auch Andys Großeltern lebten oben drüber im gleichen Haus und waren stets präsent. Die Oma kümmerte sich um den Haushalt und checkte für alle die Wäsche. Bei den diversen Wochenend-Mittagessen fiel mir auf, daß Andys Mutter nicht gerade den besten Ruf bei ihren Ex-Schwiegereltern hatte: von wegen Alkohol und sie hätte ihren Sohn sitzenlassen. Von unserem gutbürgerlichen Viererkreis ist Andy wohl derjenige mit der verschrobensten Kindheit.

Unsere Mütter waren außerdem Juso-mäßig unterwegs, als Genossinnen haben sie sich immer getroffen. Bald stießen Irene und Ingrid auf die Geistesverwandtschaft ihrer Söhne. Nach dem Motto: »Ach was, Sie haben auch einen Sohn, der sich für Computer interessiert und noch dazu im gleichen Alter!?« Als Ingrid uns irgendwann mal besuchte, war er mitgekommen. Ich zeigte ihm mein Basic-Programm und er erzählte, daß er sich schon länger damit beschäftigt. Ich fragte ihn ein paar Sachen, die er mir sofort beibrachte. Andy tendierte mehr zur Bill-Gates-Fraktion als ich, trotzdem schlossen wir direkt Freundschaft. Später schenkte er mir seinen kleinen »Sinclair«-Rechner, weil er mittlerweile einen größeren von »Texas Instruments« hatte. Wir trafen uns dann meistens am Wochenende und programmierten Spiele. Leinfelden-Echterdingen, im Volksmund »L. E.« genannt, bedeutete immer eine lange Straßenbahnfahrt quer durch Stuttgart. Ich war der kontaktfreudigere Typ und Andy eher der Stubenhocker, der zur Dicklichkeit neigte, von wegen Kartoffelchips und Cola. Ich wußte nicht so recht – einerseits war es super interessant und ich habe viel gelernt, andererseits verbot mir meine alberne Popperseele den Umgang mit Computernerds. Er bearbeitete seine Tastatur und ich trank von seinem Mezzo-Mix.

Musikhistorisch gesehen fiel unsere Bekanntschaft in die kurze Boomphase von Breakdance und Electric Boogie. Wir erlebten die Old School in Deutschland sozusagen aus der Provinzperspektive mit, was soviel bedeutete wie »Rapper's Delight« im SDR; Grandmaster Flash in »Formel Eins«, Kurtis Blow im »Musikladen« und eben unsere abenteuerlichen Besuche in den GI-Discos. Ein Schulfreund hatte mir »The Message« von Grandmaster Flash ausgeliehen, weshalb ich das alles ein wenig ernster nahm. Jedoch nicht mit diesem Kultureifer, wie das heute betrieben wird: Breakdance bedeutete mir wenig, ich hielt es für eine Modeerscheinung. Gesprüht habe ich natürlich auch, mit geklauten Dosen. Ich wurde gleich beim ersten Mal erwischt, mußte beim Stadtgärtner arbeiten und hab's dann nie wieder gemacht.

Doch das war für mich alles Kinderkram, verglichen mit der Musik. Zusammen mit Andy – wir teilten irgendwie alles – hatte ich später diesen MS-20-Synthesizer, auf dem er mit seinem Vater Science-Fiction-Hörspiele aufgenommen hatte, in denen er mit hysterischer Stimme »Aachtuung«, »zyyyosch« und andere schwäbische Weltraumgeräusche verewigte. Mit diesem Equipment versuchten wir, die ersten Sounds zu programmieren. Der Startschuß fiel, als wir uns für 200 Mark einen »Doctor Rhythm« zulegten. Technisch gelang uns das nur ansatzweise. Dafür hatte ich schon einen Rap-Namen: »Cool Cat« hieß mein Pseudonym in unserer kleinen Computercracker-Szene, als Musiker nannte ich mich »Cool MC C. A. T.«. Im Gegensatz zu den Hackern drangen wir nicht in fremde Datennetze ein, sondern manipulierten den Kopierschutz von Spielen. »Cracked by Cool Cat« hieß es einfach.

Schule, Computer, GI-Wochenenden... Ich war ein irrsinnig kompromißbereiter Typ, wollte schon aus Neugier überall dabei sein. Dazu meine Baseballmütze, wo ich mir vorne fett und peinlich mit Edding »Cool Cat« draufgemalt hatte. Ich umgab mich mit Nerds und Crackern, die zu dieser Zeit noch recht selten und wahnsinnig hip waren; kannte schließlich nicht jeder. Wir beschlossen, uns im Informatikraum der Schule einzunisten, in den wir eigentlich gar nicht rein durften. Doch der zuständige Lehrer spielte König Salomo und fällte sein Urteil: Wenn es uns gelang, ein Programm zur Währungsumrechnung in Basic zu schreiben, könnten wir uns den Schlüssel – also die Computerzeit – mit den Grundkurslern teilen. Es funktionierte – und so saßen die kleinen Streber fortan mit den Größeren vor den Rechnern, spielten »Pacman« oder versuchten sich an selbstgeschriebenen Spieleprogrammen.

Die Schulcomputerszene wiederum mischte sich mit der Party-Organisierer-Geschichte im Kraftraum der Kultur- und Sportgemeinde Gerlingen. Wir kannten den zuständigen Zeugwart; und statt Gewichte zu stemmen oder Bänke zu drücken, wurden hier unter dem Rap-Signet erste Teenager-Liebschaften angebahnt. Zu jener Zeit war es hochmodern, HipHop-Stücke mit mindestens einer »wickywickywacky«-Scratcheinlage zu versehen. Die Nadel des Plattenspielers setzte dabei auf einen hochgepitchten, sprich beschleunigten Vokalfetzen auf und wurde gegen den Rhythmus der Beats schnell hin- und herbewegt. Ein fingerflinker DJ-Trick, der sich bald auch auf diversen Studioproduktionen wiederfand und eine vorübergehende, stilistische »Epoche« markierte. Einige GIs zogen in der »Rockfabrik« in Ludwigsburg eine Jam ab, die rappelvoll mit Leuten war, die »Wildstyle« gesehen hatten. Damals muß Rap auch in den USA so richtig Mainstream gewesen sein. »Wickywickywacky« war allgegenwärtig, jeder kannte die Rituale und versuchte darauf einzusteigen.

In unserem Kraftraum haben wir dann versucht, diesen Stand der Dinge zumindest einigermaßen zu treffen. Auch er-

Smudo (rechts) auf der Wintersportfahrt des Gymnasiums Gerlingen 1987

ste, nölige Reimversuche gehörten dazu. Wobei unsere Gäste das eher als komischen Partyspaß von seltsamen Leuten begriffen, die keine Luftgitarren spielten und nicht literweise Bier stürzten. Ein Mädchen, das mich süß fand und absolut nichts mit Musik am Hut hatte – Mädchen sind ja meistens in solchen Cliquen, weil sie die Jungs süß finden und die Jungs erfinden Musikrichtungen, damit sie süß gefunden werden –, hat mir in dieser Zeit einen Rap geschrieben. Das war alles ganz romantisch, aber auch schwer dörflich. Und dieser provinzielle Geist beherrschte trotz der gelegentlichen Besuche bei den Vorbildern auch unsere Feten. Dort mußten wir uns mit den anwesenden Pop- und Rockfans einigen.

Selbst eine Zeitschrift wie »Bravo« suchte über ihre Compilation »Breakdance Sensation 1984« in einem »Super-Tanzwettbewerb« die »Breakdance-Meister des Jahres« – tiefere Spuren hat die sogenannte Old School des Rap in Deutschland jedoch nicht hinterlassen. Die wenigen musikalischen Eigenproduktionen hatten damals lediglich Gimmick-Charakter, wie bei der »Kommissar« von Falco oder »Blech« von der Berliner Rockband *Spliff*. Oder bei Eisi Gulp, der mal mit einem Komik-Rap in der »Na-Sowas«-Show bei Thomas Gottschalk auftreten durfte. Unterstützt von Fab Five Freddie gelang den *Toten Hosen* mit ihrer Rap-Version von »Eisgekühlter Bommerlunder« damals noch das sympathischste Mätzchen.

Mein stilistisches Durcheinander in dieser Zeit wurde perfekt, als ich auch noch in der Tanzschule Schallplatten auflegte! Doch keine falschen Vorstellungen: Tanzschule wurde in Gerlingen nie in Frage gestellt, da ging jeder hin – das war überhaupt *die* Gelegenheit, sich mal näher mit Mädchen zu beschäftigen. Die Tanzschule war in Feuerbach, wo es auch außerhalb der Kurse noch Wochenend-Tanzabende gab und man im Partyrahmen Discofox und Cha-Cha-Cha üben konnte. 1984 gab es dort einen DJ-Wettbewerb: keine Frage: DJ – das war absolut cool. Besonders wenn man bislang nur zu Hause hatte üben können. Ich gewann diesen DJ-Wettbewerb jedenfalls und war wahnsinnig stolz. Mein einziger halbwegs passabler Mix gelang mit Paul Hardcastles »Rainforest« (den wir übrigens in »Jetzt geht's ab« gesampelt haben). Für die Tanzschulbetreiber erwies sich das als clevere Geschäftsidee – ich durfte fortan ohne Bezahlung auflegen und war angehalten, auch die gängigen Popstücke wie »Vamos a la Playa« von *Righeira* nicht zu vernachlässigen. Als ich total begeistert in die HipHop-Tasche griff, sind alle rausgegangen.

Andy: **Beattypen & Textmenschen**

Es klingt fast wie ausgedacht, aber *mein* musikalisches Schlüsselerlebnis hatte ich bereits 1975, als mein Onkel »Radioaktivität« von *Kraftwerk* hörte. Schwieriger Stoff für einen Achtjährigen – doch ich bin nie wieder davon losgekommen. Ich bat ihn, mir diese merkwürdigen Töne auf Kassette aufzunehmen und hörte von da an ständig diese elektronischen Töne. Natürlich hätte ich nicht sagen können, was genau mir daran so gut gefiel. Vermutlich war's eine generelle Faszination, weil diese Musik so gänzlich abstrakt war und mit keiner anderen zu vergleichen. *Kraftwerk* hat mich frühzeitig zu einer eigenen musikalischen Denkweise bewegt. Ich wohnte seit der Scheidung meiner Eltern bei meinem Vater und habe mir in jener Zeit fast drei Jahre lang heftige Klaviersessions gegeben – doch der Sound erschien mir letztlich zu fade und gleichklingend. Ich habe Musik immer in Klängen gehört, nicht in Harmonien oder Songstrukturen, die waren mir eigentlich völlig egal. Mit acht, neun habe ich im übrigen auch alles mögliche andere aus dem Radio aufgenommen. Wild durcheinander, wie man das so macht. *Kraftwerk* war die Ausnahme. Mit zwölf hatte ich eine *AC/DC*-Phase, mir gefiel der Rhythmus und der stark im Vordergrund stehende Beat. Mein Ausflug in die Gitarrenmusik verlief aber ohne Leidenschaft und blieb folgenlos. Da gab es vielleicht noch *Status Quo*, aber das wurde schnell langweilig. Späte Kindheitserfahrungen.

Die bewußte Auseinandersetzung mit Musik ging erst mit HipHop los. Vor allem Electro faszinierte mich: Ab sofort war wirkliche Identifikation im Spiel. Parallel zu diesem musikalischen Findungsprozeß habe ich als Zwölfjähriger begonnen, auf einen ersten Synthesizer zu sparen. Ein oder zwei Jahre später reichte das Geld für meinen ersten monophonen Korg

MS 20. Ein schwarzes Teil mit vielen Knöpfen dran und einem Steckfeld, wo man lauter Strippen hin und herziehen muß. Ich hatte keine genaue Vorstellung, welche Möglichkeiten man damit hatte. Ich war neugierig und wollte es einfach wissen. Erst kürzlich habe ich das gute Stück für mich wiederentdeckt. In der Synthesizer-Szene führt es völlig zu Unrecht ein Schattendasein; alle sind auf die 303 abgefahren, doch der MS 20 hat ähnliche Fähigkeiten. Er klingt nur etwas anders. Ich bin immer auf der Suche nach Geräten mit besonderen Sounds. Bei der 303 gibt es schon nichts mehr zu entdecken; der MS 20 dagegen stand nie im Rampenlicht der Technoszene. Er ist das klassische Außenseitergerät.

Mein gesammeltes Spezialwissen ist über lange Jahre Stück für Stück gewachsen. Auch bei den Computern hatte ich anfangs nicht den geringsten Schimmer, was genau man damit anfangen konnte. Ich war neugierig, habe mir so ein Ding im Ausland bestellt und dann nach dem Prinzip *trial and error* gelernt. Eine Mischung aus Technikbegeisterung und Basteldrang trieb mich also zur Computerei, wobei ich noch eine ganze Weile immer wieder mit dem Synthesizer herumgespielt habe. Da ich aber nicht der begnadete Musiker oder gar Komponist war und man mit so einem Gerät keine Akkorde spielen kann, schwenkte ich vollends ins Computerlager über. In dieser Zeit kam auch Smudo in mein Leben. Weil ich das Programmieren schon etwas beherrschte, konnte ich ihm einige Sachen zeigen. Wir machten Computer und Programmieren zu unserem gemeinsamen Hobby.

Das alles fand noch vor dem Siegeszug der »Commodore«-Rechner statt, also in der Prä-PC-Ära. Wir beschäftigten uns mit dem kleinstmöglichen Computer, den es damals gab: Dem ZX 81 von »Sinclair« – einer flachen, kleinen, schwarzen Kiste mit Folientastatur, jeweils 500 Byte für den Programmspeicher und den Bildschirm. Die Kapazitätsgrenze lag bei 20 Zeilen Basic, mehr ging nicht. Ich kann mich allerdings nicht erinnern, je Langeweile daran verspürt zu haben. Wenn man beim Programmieren mal wieder an eine Grenze stieß, ging es halt mit Musik weiter. Was zu dieser Zeit noch nichts miteinander zu tun hatte! Erst als ich mir mit Elektronikbasteln noch ein drittes Hobby zulegte, ließen sich die beiden früheren plötzlich miteinander verbinden. Auf einmal erhielt das eher selbstvergessene Technologie-Basteln eine innere Dynamik, die innerhalb eines Jahres alles durcheinander wirbelte. Ich fummelte mir ein eigenes Equipment zusammen und konnte richtig Musik machen; nicht nur Beats und Sound-Schnipsel. In einer Elektronik-Fachzeitschrift gab es verschiedene Bauvorschläge für eine Art Simmons-Drum. Ein richtiges elektronisches Schlagzeug mit DrumPads, Aufbauten und digitaler Klangerzeugung, das ich mir als Bausatz bestellte und sofort modifizierte. Durch weitere Elektronikbastelei erstellte ich eigene Interfaces und Timing-Interfaces zu den Computern, so daß ich Beats über den Bildschirm programmieren und richtig spielen konnte. Für jemanden, der immer schon Schlagzeug hatte lernen wollen, war das eine späte Wunscherfüllung durch Technologiegefummel. Eine echte analoge Trommel hätte mein Vater nie erlaubt. Zuviel Lärm, zuviel Streß – für eine Mietwohnung ohne richtigen Keller. Aber auch hier meine frühzeitige Affinität zu rhythmischen Strukturen.

Die äußeren Musikeinflüsse pendelten zwischen Disco und Soul, dazu Electro-HipHop-Geschichten: was halt Mitte der Achtziger außerhalb des Rockkosmos angesagt war. »Looking For The Perfect Beat« von Africa Bambaataa faszinierte mich am meisten. Das hatte ich auf Tape und hörte es stunden-, ja tagelang. Dieser unvergleichlich filigrane Sound, »ding – ding – didi – dingding«. Damals habe ich mir in den Kopf gesetzt, die Maschine, die solche Töne erzeugen konnte, einmal zu besitzen. Man bedenke: Zu dieser Zeit haben wir überhaupt noch keine Musik gemacht! Das kam erst später. Meine Begeisterung für HipHop war eindeutig rhythmusorientiert. Mit Harmonik hatte ich weiterhin nichts am Hut. Was pophistorisch gut paßte: In jener Phase bestand Electro-HipHop nur aus minimalen Elementen – perfekt für mich. Das war meine Musik.

Ich kaufte mir einen kleinen silbernen Drum-Computer mit einem LCD-Display, auf dem man die Patterns sehen konnte. Die Maschine nannte sich »Dr. Rhythm«, war von Boss und überaus praktisch, denn sie lief auch batteriebetrieben und mit Kopfhörer. In der Straßenbahn auf dem Weg zu Smudo nach Gerlingen habe ich die Beats programmiert. Muß eine lustige Szene gewesen sein: Die Leute haben sich bestimmt gefragt, was da für ein seltsamer Bursche sitzt, und worauf der wohl rumhackt. Mein erster Drum-Computer.

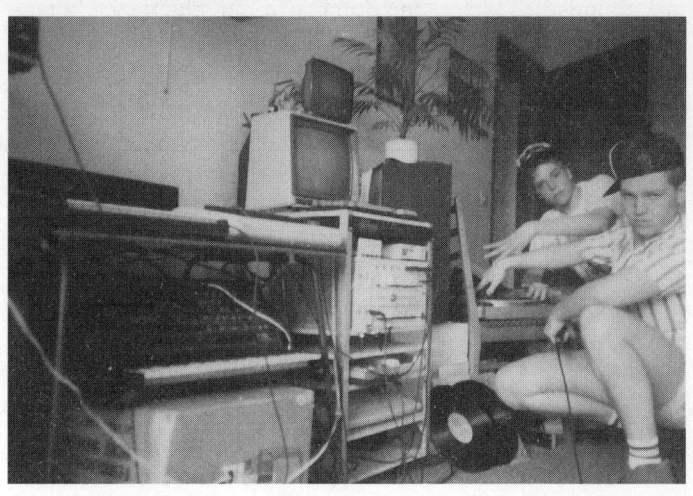

Breakbeats im Jugendzimmer – Smudo und Andy 1988

Smudo übernahm später in unserer Bastlerrunde die Rolle des Textmenschen, ich war der Beat-Typ. Da wir immer alles zusammen ausheckten, war bald raus, wer was am besten konnte. Smudo hielt aber technologisch lange Zeit locker mit mir mit. Programmieren der Beats ging abwechselnd: Wir

waren ein gemeinsames Technologieteam, bis sich herausstellte, daß er besser rappen konnte. Unsere ersten eigenen
Stücke nahmen wir im Studio eines Freundes auf, der dort Key-
boards und Drummachines rumstehen hatte und uns Anfän-
gern ein wenig zur Hand ging. Vom Stand weg haben wir dazu
gerappt. Damit wurde die ganze Technologie-Begeisterung
doch noch verewigt. Lange vor unserem ersten Auftritt machten diese Kassetten-Mitschnitte in meiner Klasse die Runde.

Schon während der Schulzeit hatte ich das unterschwellige
Gefühl, daß ich wohl nie mehr soviel Zeit haben würde. Natürlich auch, weil ich immer nur die nötigsten Hausaufgaben gemacht und mich ansonsten durchgewurstelt habe. Ich bin nie
sitzengeblieben, obwohl es bis zur schwierigen elften Klasse
– wo zumindest in Baden-Württemberg ordentlich ausgesiebt
wird – konstant bergab ging. Normalerweise hätte es mich erwischen müssen. Doch es gab ein spezielles Abkommen zwischen mir und dem Direktor: Ich wurde trotz mieser Noten in
die zwölfte Klasse versetzt – allerdings mit der Maßgabe, es
dort auf jeden Fall zu packen. Ansonsten würde ich sofort von
der Schule fliegen. Ein seltsamer Deal, auf den ich natürlich
trotzdem einging. Vor einer Wiederholung der elften Klasse
graute es mir – No risk, no fun ... – und siehe da: In der Ober-
stufe lief alles viel besser. Mein Abitur war gar nicht mal
schlecht: Zwei-Komma-vier bei einem Landesdurchschnitt von
zwei-Komma-sechs. Es ist halt ungemein befreiend, wenn
man Fächer wie Latein abwählen kann: Die ziehen dich nur
runter und kosten irrsinnig viel Zeit.

Von uns vieren habe ich sicherlich das größte, womöglich
naturgegebene Verständnis für technische Zusammenhänge
und auch die umfassendste Ausbildung. Die Musik erweckte
dieses Faible endgültig zum Leben. Es machte irrsinnigen
Spaß, und die Veröffentlichung von Tapes auf dem Schulhof
reichte mir vollkommen. Es ging um das Musikmachen an
sich; der Gedanke an eine – wie auch immer geartete – Karriere kam erst später und völlig überraschend.

Thomas: **Frisörtage**

Schwer zu sagen, ob ich Smudo und die anderen auch ohne die magische Anziehungskraft von Computerspielen kennengelernt hätte. Interessante, aufwendige *Games* gab es Mitte der Achtziger fast ausschließlich in ausgesuchten Spielotheken. Der heimische PC konnte da nicht mithalten – wenn man überhaupt einen hatte. Den ständigen Kampf am Bildschirm nannten wir Zocken, und Zocken war ganz wichtig. Es bedeutete: in die Stadt fahren, Leute treffen, neue Bekanntschaften. Ich erfuhr von meinem Gerlinger Kumpel Stefan Höllriegl, daß ein Schulkollege von ihm die Führerscheinprüfung frisch bestanden hatte; mit dem ausgeliehenen Ford Fiesta der Mutter stand eine Zockertour nach Stuttgart an. Jeder Vorstädter kennt den Mobilitätsschub, den die ersten Selbstfahrer im engeren Freundeskreis mit sich bringen: Freiheit, Abenteuer, tschö Fahrplan. Gerade im zersiedelten Großraum Stuttgart konnten Bus und Bahn nie mithalten. Und eine besondere Aura wie die Metro oder die Subway in New York hatte der Verkehrsverbund zwischen Plochingen und Stammheim nun wirklich nicht. Der Bekannte am Steuer nannte sich Smudo, spulte am Kassettenrecorder herum und versuchte, ausgerechnet mich, der ich bis dato rein gar nichts mit HipHop zu tun hatte, von einem eindringlich hämmernden Song zu überzeugen: »I wanna hit the DJ with the baseball bat« und gleich noch einmal »I wanna hit the DJ ...« Ich hatte mich bislang aus der Plattensammlung meiner beiden älteren Brüder bedient, alles ziellos durcheinander gehört. Aber der knallige Reim aus dem Autorecorder gefiel mir, auch wenn ich den kargen Rhythmus eher gewöhnungsbedürftig fand. Ich war also angefixt, aber keineswegs überzeugt.

Aus diesem eher zufälligen Spieleabend entwickelte sich

eine regelmäßige Interessengemeinschaft des Zockens; und ich bekam natürlich mit, daß Smudo mit einem gewissen Andy eine Art Heimstudio betrieb, in dem sie regelmäßig elektronische Musikfetzen aufnahmen. Ich hatte bis dahin ein eher naives, überhaupt nicht genre-fixiertes Verhältnis zum Pop. Doch seit Peter Gabriel, meinem ersten großen Konzert auf der Bühne der Stuttgarter Schleyer-Halle, wußte ich: da will ich auch hin.

Mein Leben als Realschüler verlief wenig spektakulär. Ich gab den sprichwörtlichen heiteren Gesellen auf dem Mofa, war keine Sportskanone und auch kein großmäuliger Pausenhofrocker. Wenn es zu Hahnenkämpfen kam, mußte ich als einer der Kleineren in der Stufe meistens einstecken. Als mein langjähriges Hauptproblem sproß eine starke Akne heran, mit der ich mich oft zurückzog. Akne ließ mich zum Grübler werden. In der Pubertät kämpfen die meisten Teenager mit einer Achterbahn der Gefühle, auch ich schwelgte oft tagelang in länglichen und wahnsinnig intensiven Gedanken über irgendwelchen Scheiß. Dieses Akne-Ding, eine Art Familienfluch, verstärkte diese unglückselige Tendenz. Das legte sich erst spät – mit der endgültigen Ausmusterung bei der Bundeswehr. Wegen Akne, unglaublich aber wahr! Die Bundeswehr wollte keine Pickligen! Dafür also hatte ich das ganze Leid durchgestanden. Endlich eine Belohnung für mein jahrelanges Herumdeuteln an der eigenen Erscheinung.

Das Glückskind in mir lebte auf, und der lustige Junge mit einer Neigung zum Hobbyphilosophen schmiedete Pläne, sein ganzes Leben mit Freunden in den Tag hineinzuleben.

Aus der Zockerrunde war eine erweiterte Clique geworden, die durch selbstorganisierte Parties ein gewisses Ansehen in der Gerlinger Teenagerwelt erlangte. Ein erster Vorhöhepunkt in meiner Rapperwerdung war eine Nebenrolle in einem Geburtstags-Rap, den Smudo für eine Freundin einspielen wollte: Stefan Höllriegl und ich sollten gemeinsam die Rolle der Human Beatbox übernehmen. Das Mikro dicht am Mund, machten wir abwechselnd »uhh« oder »ahh« und Smudo reimte seine Glückwünsche über unsere Lautübungen. Ich dachte bloß: So also geht Rap, das kannst du auch!

Von da an versuchte ich, meinen Popstar-Traum und meine Vorliebe für Texte mit den Gesetzen dieser Musik in Einklang zu bringen. Ich erinnere mich noch genau an die Szene, als ich meiner Mutter den ersten selbstgeschriebenen Songtext vorgestellt habe. Sie schaute fern und ich sagte: »Mama, hör mal. Ich habe einen Text für ein Lied gemacht – voll geil.« Mein erster englischer HipHop-Reim, nie veröffentlicht, war weitaus reduzierter, peinlicher, billiger und einfacher produziert als etwa »Hausmeister« oder die anderen Spaßverse auf deutsch. »Ich habe hier einen Song, da bin ich drauf. Das ist Musik. Hör dir das mal an, Mam!« Ich drehte den Fernseher leise, stellte den Ghettoblaster hin und murmelte: »Irgendwann wird das mal 'ne tolle Sache, glaube ich …« und drückte drauf. Meine Mutter hörte ungefähr sieben bis zwölf Sekunden zu und sagte: »Mhm, schön«. Im gleichen Atemzug griff sie die Fernbedienung und stellte den Fernseher wieder lauter. Ich schnappte mir den Recorder. »Tja also, so ähnlich …« Was soll's, klick und stop und danke schön. Danach war der Fall erledigt, und ich habe zu Hause nie wieder etwas vorgespielt. Ihnen höchstens mal, wenn sie ausdrücklich gefragt haben, eine CD gegeben.

Obwohl sie mir also nie recht folgen konnten oder wollten, entwickelten meine Eltern doch ein gewisses Grundverständnis für meinen unsteten Lebensweg. Ihnen gehörte die Aral-Tankstelle an der Ditzinger Siemensstraße. Das bedeutete viel Arbeit und Herumrechnerei und ließ kaum noch Energie übrig, sich mit den Flausen ihrer drei Söhne herumzuschlagen. Mein älterer Bruder wurde erst nach langem Hin und Her – Mechaniker, Umschulung, Abendkurse – schließlich Heilpraktiker. Der Mittlere ist gelernter Forstwirt, verdingte sich eine Zeitlang an den heimischen Tanks und ging zurück in den Wald. Heute reißt er nach irgendwelchen Abholzplänen Bäume aus der Erde. Insofern haben meine Brüder – ich als später 68er-Jahrgang bin der Jüngste – auf ihre Art eine Vorarbeit für meine merkwürdige Künstlerexistenz geleistet. Meine Eltern haben sich in Hinblick auf meinen rechten Weg ziemlich locker gemacht. Selbstverwirklichung wurde nicht großartig gefördert, aber auch nicht behindert. Kann man mehr verlangen?

Mit dem zehnten Schuljahr ging die Realschule zu Ende und entließ mich weitgehend orientierungslos ins wahre Leben. Ich landete auf einem Berufskolleg mit einem mehrstufigen Ausbildungsangebot zum Bürokaufmann. Nach einem halben Jahr wußte ich, daß ich weder zum Sekretär geboren war, noch mein Leben zwischen Eingangs- und Ausgangskorb verbringen wollte. Die Alternative lautete: Machste halt was Kreatives und bewirbst dich als Frisör! In der Filiale der Salonkette »Mein Frisör Asprion« am Leonberger Marktplatz bekam ich sofort einen zweieinhalbjährigen Ausbildungsvertrag. Doch auch dort warf ich vor Ablauf des ersten Lehrjahres das Handtuch. Nichts zu machen, ich wollte sogar die ätzende Geschäftsführerin umbringen, hatte schon genau ausbaldowert, wo sie abends durch den Park läuft und wo man sie am besten erwischen konnte. Es blieb bei wirren Haßphantasien. Ich kündigte kurzentschlossen und stieß bei »Gunther Hanselmann Frisuren« in der Leonberger Bahnhofstraße auf nette und kompetente Menschen, bei denen ich achtzehn Monate später brav die Gesellenprüfung ablegte.

Damit hatte ich zwar einen richtigen Beruf in der Tasche, aber nun tingelte ich von einem Intermezzo zum anderen. Stundenweise half ich an der elterlichen Tankstelle aus, frisierte hier, jobbte dort. Die Bundeswehr war zu diesem Zeitpunkt noch nicht vollends vom Tisch, also bewarb ich mich für eine weiterführende Schule, um für die nicht greifbar zu sein und nebenbei das Abitur nachzumachen. Mit etwa Zwanzig begann damit für mich das elfte Schuljahr. In der ersten Französischstunde gab es diese gruppendynamischen Vorstellungsrunden, mit Fragen zur Person und Berufswünschen. Es ging reihum. Mein erster Satz lautete: »Hallo, ich bin Thomas Dürr. Aber ich bin nur so lange hier, bis ich Popstar werde«. Großes Gelächter. In meinem Hinterkopf spukten die musikalischen Aktivitäten meiner neuen Bekannten herum – ich sollte mit meiner Karriereprognose recht behalten. Denn meine Peter-Gabriel-Vision hatte plötzlich einen konkreten Fokus gefunden. Andere Bandprojekte waren nicht in Sicht; ich hatte begonnen, Saxophon zu spielen, aber auch das erwies sich als wenig ausbaufähig. Bei richtigen Musikinstrumenten hatte ich ohnehin kein glückliches Händchen, und ich verlegte mich mehr und mehr aufs Texteschreiben.

Ich wohnte weiterhin in Gerlingen und zog sogar noch einmal mit meinen Eltern nach Ditzingen um, doch es trieb mich immer stärker nach Stuttgart. Ein typischer Hangout für Einsteiger aus dem Umland war dort das »Musicland«, wo der DJ nach jedem dritten Titel proporzmäßig die Musikrichtung wechselte. Wenn ich mich für die Tanzfläche entschieden hatte, kam unweigerlich der Break; die Independent- oder Metalrunde stand an; Wartezeit bis zum nächsten Kick.

Ich saß neben allen Stühlen, arbeitete als Hausmeister oder Kellner und hing zwischen Schule, Jobs und Tagträumen. Die Provinzpendelei wurde immer lästiger. Trotzdem habe ich mir verboten, alles auf eine Karte zu setzen. In Ruhe abwarten hieß die Devise: keine Entscheidungspanik. Wenn die Musik nur ein Hobby bleiben sollte, werde ich eben studieren und so wenig wie möglich arbeiten. Gelegentliche Rap-Versuche im Freundeskreis – man durfte das Mikro halten und den Mädchen zublinzeln – waren schon ein riesengroßes Ding. Als Smudo dann andeutete, daß wir ein Konzert geben würden, war ich regelrecht erschrocken. Es wurde ernst – und schon wieder kam die Grübelei ins Spiel. Ich leistete mir sogar noch einen – vorerst letzten – Winkelzug: In einem Anfall von Aufrichtigkeit durchfuhr es mich: HipHop ist nicht die Musik, die du dein Leben lang machen willst! Zwar ein schönes Medium, mit tollen Ausdrucksmöglichkeiten, doch um den anderen später nicht alles zu zerstören, mußt du aussteigen, bevor das hier richtig losgeht! Aber wir waren noch längst nicht im Geschäft. Und Andy meinte auf seine besonnene Art: »Wo wir jetzt wissen, wie du drauf bist und was dir durch den Kopf geistert, wird es niemand krummnehmen, wenn du später doch verschwindest. Laß uns erst mal loslegen.«

Michi: **Poppersorgen**

Das Stuttgarter Karlsgymnasium – *das* altehrwürdige humanistische Gymnasium der Stadt. Massenweise Dichter und andere berühmte Leute haben da die Bänke gedrückt – wer genau, weiß ich nicht mehr – und ich natürlich, Michi Beck. Anfang der Achtziger herrschte dort eine merkwürdig gemischte Stimmung. Ein erzkonservativer Rektor und einige übriggebliebene Pauker verkörperten die typische Aura altsprachlicher Schulen. Erste Fremdsprache war Latein, in den langen Fluren roch es nach Bildungsanstalt. Dagegen standen die Deutsch- und Gemeinschaftskundelehrer, die ihren früheren Freakzeiten nachtrauerten und krampfhaft versuchten, locker und kumpelhaft zu wirken. In der Schülerschaft wiederum regierten die Ökos und schwäbischen Späthippies. Für mich lagen beide Welten kilometerweit weg. Ich kam damit überhaupt nicht klar, mit nichts und niemandem. Und daran bin ich im Endeffekt gescheitert.

In Deutsch und Kunst war ich – ganz nach dem Kreativen-Klischee – ganz gut; überall sonst beschissen. In Englisch lief es einigermaßen, mit Naturwissenschaften konnte ich nichts anfangen. In Chemie oder Physik hatte ich nicht den geringsten Schimmer, über was die überhaupt redeten. Totale Mattscheibe, am Schluß überall nur noch Sechsen. Beschleunigt wurde mein rapider Abstieg durch jugendliche Gleichgültigkeit gepaart mit aufkeimender Drogensucht. Das paßte eigentlich gar nicht, da ich rein äußerlich wie ein adretter Popper mit einem Faible für Soul, Funk und Disco rüberkam. Der Rest der Klasse hörte natürlich Gitarrenpop oder härteres Rockzeug. Ich dagegen schätzte slicke Discosounds von Dan Hartman und Barry White – für meine Schulkollegen schlichtweg der Horror! Schon deswegen hatte ich einen schweren Stand. Der Versuch, als Klassenkasper dieses Manko auszugleichen, mißlang kläglich. Als ich endlich sitzengeblieben war, fühlte ich mich aber fürs erste gerettet: In der neuen Klasse gab es Popper.

Mitte der Achtziger ging ich oft in die »Boa« – eine typische Kinder-reicher-Eltern-Disco. Hier verkehrten die Kids aus den besseren Stuttgarter Lagen – Killesberg und so – und ich wollte sein wie die. Ich habe ewig lang gespart und meine Eltern beackert, bis ich auch einen Pulli von »Marco Polo« kriegte. Mein Vater arbeitete als Zahnarzt, doch mein Taschengeld war extrem knapp bemessen. Ich war ein Opfer des knauserigen Ur-Schwabentums und trug Streifenhemden, denen man nicht ansah, daß sie nicht von »Polo« oder »Lacoste« stammten. Das klappte ganz gut. Niemandem fiel das fehlende Markenlogo zwischen den Streifen auf. Oder ich trug ein »JetSet«-Sweatshirt, und die anderen halt was Besseres. Damals herrschte dieser komische Label-Dresscode nur in der Popperszene, heute sind fast alle Jugendkulturen damit infiziert. Ich habe jedenfalls aus jener Zeit bis heute ein verschärftes Stilbewußtsein behalten.

Mädchen, Alkohol und Musik – darum ging es natürlich. Wobei sich das mit den Mädels etwas schwierig gestaltete. Ich war reichlich spätpubertär drauf und nicht annähernd der klassische Mädchentyp. Musik war willkommene Flucht, und ich schaute den »Boa«-DJs ewig lang beim Mixen zu – das waren für mich die Helden. Sie haben *SOS-Band*, Princess und den ganzen 70er- und 80er Funk- und Disco-Kram gespielt. All das kaufte ich mir und übte damit Mixen. Noch heute stehen diese Platten kistenweise bei mir im Regal. Außerhalb dieser Clubwelt lief entweder Rock-Underground, Wave, Postpunk oder eben reine Charts-Musik. Mein Musikgeschmack führte zu ständigen Sticheleien. In der Schule galt Disco als blöd, es stand für Dummheit, Bonzenmusik oder gar Rotlichtmilieu. Erst Jahre später wurde es für die erklärte Gitarrenfraktion akzeptabel, Barry White oder Dancemusik gut zu finden. Für mich war das ein spätes Erfolgserlebnis: Ihr Lutscher, dachte ich nur, was habt ihr mich damals verachtet.

Die Killesberg-Kids haben immer Wodka-Flaschen spendiert. Deshalb mußte ich im Nachtleben nicht viel Geld ausgeben und war trotzdem oft besoffen. Das war mein Verständnis von coolem Entertainment. Einige hatten bereits »Technics«-Plattenspieler mit eingebautem »Dynacord«-Mischpult, dazu super viele Platten. Zu Hause lagen stangenweise Zigaretten und der neueste »Playboy« herum – so stellte ich mir das tolle Leben vor. Ich war stolz, daß ich immer problemlos in den Club reinkam. Anfangs hatte mich der Türsteher bloß mit jemandem verwechselt, dem ich ähnlich sah. Da staute sich eine Mordstraube von Leuten mit tollen Klamotten und dicken Brieftaschen am Eingang – und ich durfte geradewegs vorbeimarschieren. Das hat mich natürlich noch mehr in den Laden gelockt. Ausgehen als Selbstbestätigung – bei mir zumindest lief das so. Mit meinem klassischen Popperschnitt versuchte ich auszusehen, wie man halt auszusehen hatte. Ich war einigermaßen akzeptiert, also blieb ich da hängen. Nur in der Schule lief ich meistens voll auf: Das war eine andere Szenerie. Bei den Hippies und Ökos war ich ähnlich unbeliebt wie bei Lehrern.

So sinnlos begeistert ich von dieser Glitzerwelt war, so leicht fiel es mir schließlich, einfach auszusteigen. Ich hatte die New School des HipHop entdeckt und meine Markenklamottenfreunde wollten nicht verstehen, was ich plötzlich an diesem Zeug gut fand. In der »Boa« herrschte in dieser Richtung eher Stagnation. Die härteren Beats paßten einfach nicht zum schicken Umfeld. Aber ich wollte unbedingt bei der Musik bleiben, die mich mehr und mehr faszinierte, also verabschiedete ich mich aus der Disco-Welt. Die Liebe zur Schwarzen Musik blieb, nur meine Popper-Kumpels wirkten für mich auf einmal viel zu normal und gutbürgerlich. Mein Geschmack wurde extremer. Die Sache sollte Stil haben, gleichzeitig aber auch chaotisch und abgefuckt sein. Also wechselte ich zu einem der wenigen Boheme-Treffpunkte, den Stuttgart seinerzeit zu bieten hatte: ins »Exil« am Marienplatz. Eine Avantgarde-Kaschemme mit Kassettenrecorder-Beschallung (der Kneipen-DJ wurde erst einige Jahre nach dem »Exil« eingeführt ...), die nicht nur für mich zum zweiten Wohnzimmer wurde. Hier traf sich alles, was bis heute die Stuttgarter Szene repräsentiert: unser langjähriger Roadie und Tourmanager Günne, der damals bei *The Kerls* spielte, die Macher der Tanzclubs »On-U« und »Red Dog«, diverse Design- und Kunststudenten, Musiker und spätere Filme- und Videomacher. Im letzten Drittel der Achtziger mischte sich auch hier der vorherrschende Punk- und Hardcore-Sound mit den ersten HipHop-Platten der Labels Tommy Boy, Sleeping Bag oder Def Jam. *Run DMC* und vor allem die *Beastie Boys* waren angekommen.

Schließlich flog ich in der elften Klasse von der Schule und hatte keinen Schimmer, was ich machen sollte. Meine Eltern entschieden kurzerhand, daß ich eine Lehre als Groß- und Außenhandelskaufmann bei »Eisen Haller« zu machen hatte! Diese Jahre – 1987 bis 1990 – waren die beschissensten meines Lebens. Danach wußte ich zumindest, was ich nicht wollte. Ich wurde fett wie ein Schwein, und mein ganzes soziales Umfeld fiel auseinander. Drei Jahre lang habe ich unter der Woche tagsüber gefressen und den Rest der Zeit gekifft, gesoffen und Video geguckt. Ich kam mir vor wie ein Ghetto-Kid aus dem HipHop-Song. Ich weiß zwar, daß dieser Vergleich ziemlich unangemessen und kitschig ist, doch so fühlte ich mich: als müßte ich mich aus meinem Lebensghetto befreien.

Ständig stand für mich der Abbruch der Lehre zur Debatte. Aber meine Eltern bestimmten, wo es langging. Oft wollte ich aussteigen, hab' es aber nie gemacht. Ich wußte genau: Wenn ich die Lehre schmeiße, kriege ich den Superzoff. Wenn ich abbreche, schmeißen mich meine Eltern raus. Ich wollte aber nicht in ein besetztes Haus ziehen oder so 'ne Scheiße, also fügte ich mich phlegmatisch leidend in mein Schicksal.

Zusammen mit Phillip Zeller, meinem Freund, der eine Schneiderlehre machte, bewohnte ich die Einliegerwohnung im elterlichen Haus. Das erwies sich letztlich als das kleinere Übel. Jeden Tag war ich gegen halb fünf zu Hause. Abends haben wir uns getroffen und bis um zehn oder elf Uhr eine Blubber nach der anderen geraucht. Das war ein Unterschlupf da oben, den wollte ich nicht aufgeben.

Meine Eltern hielten mich ohnehin für komplett verrückt. Gespräche waren auf ein Minimum reduziert. Die wußten überhaupt nichts mehr von mir, obwohl sie nur ein Stockwerk tiefer lebten. Erst kürzlich habe ich mit meiner Mutter darüber geredet. Sie hat unsere ewige Kifferei nie gecheckt. »Nö«, meinte sie. »Ich habe mich nur gewundert, daß es manchmal so komisch gerochen hat.« Mein wahnsinns-konservativer Vater hatte ohnehin diese »Du und Künstler!? Du spinnst wohl«-Haltung drauf. Zu Schulzeiten wetterte er immer volle Pulle gegen den Zivildienst. Ich sollte mich nur unterstehen, *nicht* zur Bundeswehr zu gehen, dann wäre das Maß endgültig voll! Meine eher liberale Mutter versuchte auszugleichen und abzumildern, sie hat ihm wohl letztlich die Zivildienst-Angelegenheit verständlich gemacht. Denn irgendwann war das kein Problem mehr. Je älter mein Vater wurde, desto mehr entspannte sich die Situation. Als er es dann endlich zuließ, dachte er sich wohl, jetzt ist eh alles egal. Der alte Film, der zog nicht mehr.

Ungefähr als ich mit der Lehre anfing, Mitte '87, liefen die ersten selbstorganisierten HipHop-Parties im Jugendhaus De-

Wilde Spiele mit Hausmarke. Smudo und Michi 1988

gerloch. Ich wollte meine ständig wachsende Plattensammlung endlich mal vor Publikum vorspielen. Bei der zweiten Veranstaltung stand plötzlich ein Typ mit komischer Brille vor meinem DJ-Pult und reichte mir eine Karte, auf der »Talentstudio« stand. Er nannte sich Thomas D. und bat für sich und seine Kumpels um ein Treffen. Ich dachte: »Wow, geil. Der hat bestimmt voll mit Musik zu tun.« Als ich dann im »Talentstudio« anrief, stellte sich heraus, daß es zu »Gunther Hanselmann Frisuren« gehörte: da schnitten einem die Azubis für wenig Geld die Haare. Ich dachte nur: Was ist das für ein Scheiß!? Das Treffen mit Andy und Smudo kam dennoch zustande. Wir saßen schließlich in meinem Opel und spielten uns gegenseitig unsere Tapes vor.

Meine bisherigen musikalischen Gehversuche hatten sich – neben dem Plattenauflegen – immer im echten Bandformat abgespielt, mit echtem Schlagzeug. Die dagegen machten ihre Sounds mit der Beatbox – das fand ich weitaus cooler. Nach den ersten Sessions war für mich klar: Die Richtung stimmt, wir verstehen uns. Im Privaten fügte sich nun einiges zusammen. Mein Wechsel aus der geschniegelt-besoffenen Popperwelt in die Stuttgarter Underground-Szenerie gab mir mehr Schwung. Außerdem durfte jetzt von einer eigenen Band geträumt werden! Nur in der Lehre paßte dieser Schwenk ganz und gar nicht zum drögen Metallvertriebsalltag. Ich wohnte in der Nähe vom »Exil« und konnte mit meinen neuen Kumpels nach Hause torkeln und weiter Musik hören. Die Tage auf der Arbeit wurden dadurch immer chaotischer.

Smudo, Andy und Thomas verstanden die Kneipenclique um mich herum nie wirklich. Die drei waren immer ganz lieb und nett zueinander. Wir dagegen haben uns gegenseitig verarscht und gedisst. Schon in der Popperzeit, die sie gar nicht mehr mitbekommen haben, ging es ziemlich rüde und krawallig ab. Thomas und Smudo hatten bis dahin kaum Alkohol getrunken, ich hatte damals schon einige Exzesse hinter mir, bin in der »Boa« unter der Bar eingeschlafen. Im Laufe der Zeit gewöhnten sie sich aber an die etwas härteren Umgangsformen. Ich habe es jedenfalls sehr genossen, ihr Stadtführer zu sein. Die Zeit der Provinzclubs im Umland war auch für sie endgültig passé.

Zwischenspiel: **Debüt in Heslach**

»Wollt ihr den Schweine-Rap hören?« Das Publikum im Jugendhaus Heslach, vielleicht achtzig oder neunzig Leute vor einer kaum kniehohen Bühne, johlt wild durcheinander und rudert anerkennend mit den Armen. »Doch wenn ich euch seh, dann wird mir ganz schlecht«, röhrt es aus den Boxen. Ein großformatiges VW-Signet aus Chromblech, wie es normalerweise vorne am Neunsitzerbus »Bulli« montiert ist, hängt als Bühnenornament ein wenig unvermittelt über einem krakeligen Graffiti-Schriftzug. Das *Terminal Team* improvisiert HipHop-Atmosphäre. Kicker- und Billardtische wurden vorsorglich abgedeckt und stehen in der hintersten Ecke des Foyers. Vom Getränketresen her setzt es hysterische Anfeuerungsrufe. Vier Gestalten hinter den Mikrophonen hüpfen auf und nieder im Stakkatotakt der Töne und Worte; Reimgepolter und einsetzende Beats vermischen sich zu einem brodelnden Soundbrei. Ein letzter Loop – »Krawumms« macht die Anlage, und nach einer Minute und fünfzehn Sekunden findet der »Schweine-Rap« ein jähes Ende.

Das Prinzip von LL Cool Js »Radio«-Album – nichts als Reime und minimale Sounds – bricht sich hier auf Hausmacherart seine Bahn. Bierbüchsen werden geschwenkt und zischend geöffnet. Noch ein kleiner Scherz: »Guten Abend, Beatbox!«, wobei das »Guten Abend« von den Mainzelmännchen stammt und als Human Beatbox verjuxt wird. Alberner Minimalismus, dann ein neuer Anlauf zur vollen Dröhnung. »Here we go! Jaja, here we go ...«, die Stimmen überschlagen sich. »*Die Zwielich-tigen Zwei* auf der Fete – das ist der Andy, ich bin der Smudo ...« Thomas mit seinem aufgemalten D. auf der Mütze hat Mühe, nicht das Gleichgewicht zu verlieren. King Burger B. reißt wie von der Tarantel gestochen sein Mikro hoch. »Go Burger, go Burger«, schallt es aus den vorderen Reihen. Am Ende Jubel, Händeschütteln, allgemeine Heiterkeit... Allmäh-lich gehen Andy, Michi, Smudo und Thomas die einstudierten Zugaben aus – die Feuerprobe im Jugendhaus Heslach scheint bestanden. Der Traum hat sich erfüllt, das Eis ist gebrochen.

Was auf ungezählten Wohnungs- und Kellerparties immer mal wieder spontan getestet wurde, brachte am 10. Juni 1988 seine Bühnenpremiere hinter sich: HipHop in Stuttgart, raus-gepoltert auf englisch, dazu einige Zeilen Deutsch. »Check this out, Män!«, und im Hintergrund schleifen stoisch die Beats. Während mit dem erweiterten »Exil«-Freundeskreis an der Bühnenkante übersprudelnd debattiert wird, ob noch eine Nummer drin ist, verkündet Thomas schon: »Jetzt gibt's noch Musik vom Plattenspieler, bis sie uns rausschmeißen.« Der wohlbekannte Rhythmus von James Browns »Funky Drummer« setzt ein, die Band mischt sich unters Volk.

Smudo: **Zäsur USA**

Für den Moment waren alle mit sich zufrieden. Der Sommer ließ die wildesten Pläne sprießen. Wie genau der nächste Schritt nun aussehen sollte, wußte trotzdem keiner. Was tun mit einer Samstagabend-Bühnenerfahrung? Thomas machte gerade seinen Frisör fertig, auch meine Schulzeit ging zu Ende. In der schnöden Ausbildungswelt schien ein Etappenziel erreicht. Ich kannte Thomas noch nicht lange und war ziemlich überrascht, als er mir bei einem gemeinsamen Ausflug nach Holland von seinen Überseeplänen erzählte. Nichts umwerfend Dramatisches – schon damals gab es New-York-Einkaufstrips und Pauschaltourismus nach Florida. Trotzdem für uns ein riesiges Gefühl. Wir erobern die Welt! Sein Traum war die Achtziger-Jahre-Saxophonspieler-Nummer am Highway One in Kalifornien. Mein Traum war: HipHop-Platten kaufen. Gemeinsam sahen wir uns schon in einer Penthouse-Wohnung in den Bergen über L. A. Nach dem Motto: Mädels, wann kommt ihr in den Whirlpool!?

Ich hatte mit etwas Glück gerade ein selbstgestricktes Computerspiel an eine Fachzeitung verkauft. Mein Vater, der in seiner reiferen Jugend zwei Jahre in den USA beim Militär verbracht hatte, steuerte noch 1000 Mark zum Reisebudget dazu. Insgesamt hatten wir pro Nase 3000 Mark für dreieinhalb Monate, Flug inklusive. Im Ticketpaket inbegriffen der Greyhoundbus von New York nach Denver, wo Thomas jemanden kannte, dazu noch ein Inlandsflug Los Angeles–New York mit Terminbindung für den Rückflug bis spätestens 31. 12. Zu Hause haben wir das allerdings niemandem verraten, weil wir dieses Weggehen auf unbestimmte Zeit unheimlich aufregend fanden. Für uns war es wie ein Ausbruch aus dem Mikrokosmos Familie und Schule; vielleicht auch ein

Schritt zum Erwachsenwerden. Wir grübelten nach dem Heslacher Auftritt ausgiebig darüber, ob und wie wir uns als Band weiterverstehen würden und wie Andy und Michi wohl reagierten. Die Fraktion Texte geht in die USA – was machen die Musiker?

In New York angekommen, stiegen wir noch am gleichen Abend in den Greyhoundbus ein und fuhren drei Tage nach Denver. Die Eltern von Thomas hatten mal Besuch aus Amerika gehabt; man kennt das: »Whenever you come to Denver, gimme a call«. Das haben wir wörtlich genommen. Zweieinhalb Wochen durften wir tatsächlich bleiben. Er war Zahnarzt, hatte sehr viel Geld und lebte mit seiner jüngeren hispanischen Frau in einem Einfamilienhaus außerhalb von Denver. Sie hatte Alkoholprobleme, ihre Tochter aus erster Ehe durfte nie in die Wohnung. Wenn der Alte aus dem Haus war, klagte sie uns ihr Leid. Wir dachten nur: Hier beginnt also das wahre Leben. Uns ging es um Freiheit und Frauen – wobei wir nicht eine einzige sexuelle Beziehung gehabt haben. Vielleicht hier und da kurz geknutscht – das war's auch schon. Wir sind einfach rastlos von Colorado nach Kalifornien gejagt und haben massenweise Leute kennengelernt. Darunter auch diverse Europäer mit Urlaubs-Freundinnen. Aber ich bin im nachhinein fast schon froh, daß in der Richtung nichts gelaufen ist – sonst wären wir womöglich in irgendeinem Ort hängengeblieben.

Es gelang uns, einen billigen Kombi mit großem Stauraum aufzutreiben; damit war das Übernachtungsproblem bis auf weiteres gelöst. Tausend Zwischenstopps brachten uns nach Kalifornien. Eine total abgerockte Tramp-Frau gabelten wir mit solidarischer Geste auf, die nach drei Tagen unseren Wagen eingehend musterte und feststellte: »Hier stinkt's«. Dabei war eher sie es, die streng roch! Wir beschlossen, den gemeinsamen Trip umgehend zu beenden. In San Diego angekommen, schliefen wir zwei Wochen am Strand. Unser Mini-Camp geriet zum abendlichen Treffpunkt der jüngeren Soldaten aus der benachbarten Navy-Station. Es schien cool zu

Smudo und Thomas auf Westcoast-Trip mit unbekannter Schöner, 1989

sein, bei den exotischen Germans lässig herumzulungern und abgedrehte Geschichten zu erzählen. Später tauchten noch drei Typen aus Berlin auf, die alle Freundinnen in San Diego hatten. Der nächste Stopp hieß San Francisco, wo wir bei einer Kathy wohnten, die die Freundinnen der Berliner kannte. So hingen wir mit einer Posse von fünf, sechs kalifornischen Mädchen herum, die eben mit der Schule fertig waren.

Unser restlicher Aufenthalt war geprägt von Miami Bass – tiefe Töne, stupide Reime, die perfekte Urlaubsmusik. Die Mädchen mußten als Freshmen – oder heißt es Freshwomen? – zu ihren neuen Colleges nach Santa Cruz, Santa Barbara, L.A. und San Diego. Die Berliner zogen ab, wir gondelten weiter nach Santa Cruz und von dort aus die Küste immer rauf und runter. In Hollywood kamen wir bei einem verratzten Penner unter, in Alta Loma bei einer Baptistenfamilie, wo man jeden Tag beten mußte, obwohl ich denen gesagt habe, daß ich nicht an Gott glaube. Sie brachten uns in eine Kirche zum Pastor, der nur leutselig »It's good to have you here« seufzte und gleich mit der Heidenbekehrung begann. Wir haben, wo immer es ging, wahnsinnig viel ferngesehen – und irrsinnig viele Rap-Platten gekauft. Ohne daß es allerdings zu einer echten Begegnung mit schwarzer Musikkultur gekommen wäre. Erst konnten wir nicht begreifen, daß die Amerikaner so derbe Rassisten sind, wo da doch alle Rassen auf der Straße rumlaufen. In Stuttgart gab es nur Army-Amis mit Kahlschnitt, aber keine Hispanics, keine Asiaten. In Amiland begriffen wir erst nach und nach die verschiedenen Akzente, Regionen und Neighbourhoods, die differenzierte Ethno-Kommunikation der Radio- und TV-Kanäle. Zum Beispiel die zweite Eddy Murphy Live Stand Up Comedyshow »Raw«: da gab es sehr viele böse Witze über die schwarze Community, das haben wir zumindest ansatzweise mitbekommen. Verstanden habe ich aber erst Jahre später, was Amerika ausmacht und warum das ein so reichhaltiger Nährboden für Popmusik ist. Man wird erst allmählich mit den Nuancen der Sprache vertraut, erhält Einblicke in komplexe Hintergründe, liest entsprechende Bücher oder Artikel aus Black-Music-Magazinen.

Unsere Fahrtenkladde mit Ideen und Weisheiten war bereits nach fünf Wochen voll, also begannen wir in San Francisco, Dokumentations-Tapes aufzunehmen. Denn: Außer heftigem Konsum von Platten und Videos haben wir dort auch gerappt! Wir gingen im kleinen Kreis als echte Sensation durch. Dabei gerieten wir an süße College-Dummchen oder verkappte Pubertäts-Nazis, die es cool fanden, daß wir Deutsche waren – ohne zu begreifen, um was es ging. Andere Typen jammerten rum, es gäbe in Amerika keine europäischen Vibes. Sie wollten sich die bei uns abholen.

Zu Hause in Stuttgart hatten wir versucht, uns mit Black-Music-Klischees in englischen Versen auseinanderzusetzen. Das gelang zwar nur holzschnittartig, kam aber gut an. Hier in den USA merkten wir bald, daß unsere Vorstellung trotz der humorigen Note doch eher Verwirrung auslöste. German Englisch in Amerika, ein wahrhaft merkwürdiges Durcheinander. Anders bei unseren Raps auf deutsch: die waren der Knaller und wir hatten wirklich das Gefühl, eine gute Show zu liefern. HipHop in kalifornischen Teenagerkreisen – das hatte sicherlich nichts mit irgendwelchem Klassenkampfbewußtsein zu tun: Es bestand vornehmlich aus dem basslastigen Genuß schweinischer Partyzoten à la 2 Life Crew aus Miami. »We want some pussy« und so weiter. Bei unseren deutschen Party-Raps zum Kassettenrecorder lag bereits auf der Hand, was uns erst viel später, nach diversen Grundsatzdiskussionen über die richtige Bühnensprache, wirklich bewußt wurde. Wir erhielten also, ohne es richtig mitzukriegen, einen entscheidenen Wink für unser weiteres Schaffen. Es machte Spaß zu sehen, daß man unsere – hier ganz unverständlichen – musikalischen Lautforschungen mit der größten Selbstverständlichkeit annahm.

Zwischenspiel: **Importshop**

Das kulturelle Minenfeld, über das Andy, Michi, Smudo und Thomas in den nächsten sechsunddreißig Monaten laufen sollten, war damit ausgelegt. Noch ahnte die Welt nichts von den *Fantastischen Vier* und ihren Versen auf deutsch. Es existierte aber bereits eine muntere Debatte, was HipHop überhaupt bedeutet, wie es zu klingen und auszusehen hat, welche Sprache und Themen zu verwenden sind und wer überhaupt berechtigt war, diese Musik zu machen. Die Pioniertaten der frühen Rapper in der Bronx geschahen noch live und völlig undokumentiert. Sieben Jahre später, am Beginn der New School, entstand HipHop aber nicht mehr für die Blockparty im Viertel, sondern für Schallplatten, deren Vermarktung und Kommunikation weltweit organisierte Unterhaltungskonzerne übernahmen.

Im Oktober 1986 organisierte Adidas zur Münchner ISPO ein ungewöhnliches Stelldichein. Das HipHop-Trio *Run DMC* aus Queens/New York, sollte ausgerechnet auf einer Sportartikelmesse eine straßentaugliche Klamotten-Kollektion vorstellen. Aufgeschreckt durch den *Run DMC*-Song »My Adidas«, vermutete das fränkische Traditionsunternehmen im Vorfeld der Promotionaktion eine unlautere Verwendung ihres Markennamens und ließ mögliche rechtliche Schritte prüfen. Die amerikanische Firmentochter recherchierte, und siehe da: Es handelte sich bei dem Song mitnichten um einen besonders cleveren Fall von Piraterie, sondern um eine popkulturelle Hommage der Straßenkultur an ein begehrtes Kleidungsstück. Die drei Streifen führen nicht nur in Queens seit einigen Jahren ein florierendes Eigenleben jenseits der Sportplätze. *Run DMC* zum Beispiel trugen ihre Trainingsanzüge mit breitkrempigen, schwarzen Hüten und verzichteten dafür auf die Schnürsenkel in einem ganz speziellen Adidas-Turnschuhmodell. Aus der Unterlassungsklage wurde ein Sponseringvertrag. Die mit dem *Run DMC*-Hit »Walk This Way« populärer werdende New School des HipHop erreichte Europa auf diese Weise in einem Sport-&-Entertainment-Paket! Zum neuen Sound ein neuer Look – entwickelt in den schwarzen Vorstädten.

Seit die allererste HipHop-Welle verebbt war, waren gut drei Jahre vergangen. Nach den ersten weltweiten Hits schien die kommerzielle Formel gefunden. Doch das auf Maxi-Singles abgestimmte Genre eignete sich nicht fürs profitable Albumgeschäft. Die revolutionäre Produktionsweise der Old School, mit Plattenspieler und Beatbox, verflachte unter dem Vermarktungsdruck der Schallplattenbranche zum Discoabklatsch. Die Idee von HipHop scheiterte in den von Rock und Pop dominierten Kanälen, weil sie bald als Modeerscheinung vermarktet und abgehakt wurde. Die kulturelle Übersetzbarkeit dieser schwarzen Musik war damit grundsätzlich in Frage gestellt. Um so genialer gestaltete sich die Rückkehr von *Run*

DMC: denn genau dieses Problem haben sie in der *Aerosmith*-Coverversion »Walk This Way« musikalisch verarbeitet. Im entsprechenden Video fällt die trennende Wand zwischen den Proberäumen der HipHopper und Rocker, eine aggressive Gitarre brettert über die Beats und ein ironischer Kampf der Stilrichtungen beginnt. Als kongeniale Dreingabe übernehmen die seinerzeit ziemlich abgehalfterten *Aerosmith* höchstpersönlich die Rolle der aufbegehrenden Gitarrenzunft.

Damit wurde eine seit Jahrzehnten bestehende Einbahnstraße kurzerhand herumgedreht: die schwarze Popmusik

Erste Ausläufer der New School in Deutschland

klaute bei der weißen – und feierte damit in der ureigenen Interpretationsweise weltweite Erfolge. Als Ende '86 das Debutalbum »Licenced to Ill« von den *Beastie Boys* erschien, wurde das stilistisch-kulturelle Crossover gar in einer Band zusammengelegt. Ein übergeschnapptes weißes New York-Trio verknüpfte Rap-Technik mit Punk-Attitüde. Bereits ein halbes Jahr später, am 14. Mai 1987, war eine Zusammenkunft von *Run DMC*, den *Beastie Boys* und diversen Gästen in der Offenbacher Stadthalle zu besichtigen. Das anwesende deutsche Publikum zeigte sich informiert und wetteiferte mit den zahlreichen GIs um ein möglichst authentisches B-Boy-Verhalten. Noch sechs Monate später führte »The '87 DefJam-Tour« mit LL Cool J, *Public Enemy* und *Eric B. & Rakim* ein weiteres Hip-Hop-Paket, diesmal ohne Crossover-Ansätze, in die mittelgroßen Säle westdeutscher Großstädte. Innerhalb einer überschaubaren, aber sehr engagierten Fangemeinde war damit die HipHop New School erst einmal definiert. Das urbane Auftreten im Großstadtdschungel, der entsprechende Kleidungsstil, die Verweise und Botschaften wurden jedoch unterschiedlich verarbeitet. Das Spektrum reichte vom sprichwörtlichen HipHop-Kid mit Baseballkappe und NFL-Anorak bis zum Popkenner, der anhand des Textblattes von *Public Enemys* Album »It Takes A Million to Hold Us Back« eine Brücke von den Black Panthers bis zur Nation Of Islam schlagen konnte. HipHop war damit keineswegs »allgemein anerkannt«. Doch im Gegensatz zu den Rap-Pioniertagen stand die New School auch in der internationalen Betrachtung auf einer ungleich breiteren Basis. Das musikalische Spektrum entwickelte sich mit neuen Crews und Labels sprunghaft weiter, immer neue Charaktere und Identifikationsmodelle tauchten auf.

Analog dazu entstand, ausgehend von London, in vielen europäischen Großstädten eine Clublandschaft, in der Soul- und Funktraditionen unter dem Signet Rare Groove neu ausgelotet wurden. Auch die Geschichte des Rhythm & Blues, die via

Sampling das musikalische Fundament von HipHop bildete, erfuhr eine Neubestimmung auf der Tanzfläche. Die vielseitige Hinwendung zur schwarzen Poptradition war eine Rezeptionskultur, die vornehmlich auf einer umfangreichen Plattensammlung gründete. Man kannte sich aus, man deutelte mit. Musikalisch endete diese eingehende Hinwendung zur Black Music beim DJ, der kenntnisreich und gehaltvoll durch die Stile surfte und in selbstorganisierten Clubs eine ganz besondere Atmosphäre schaffte. Sorgfältig ausgesuchte Raritäten sorgten beim Kölner »Soulful Shack«, im »Tempelhof« in Hamburg oder im Münchner »Babalu« für den kenntnisreichen Kulturtransfer.

Den möglichen nächsten Schritt, das musikalische Wissen in eigene Produktionen umzusetzen, hat die Generation der Partymacher seinerzeit noch nicht gewagt. Zu groß war der Respekt vor den schwarzen Produzenten, allzu weit das im Importshop zu erforschende Feld. Am Abend des *Terminal Team*-Debütkonzertes eröffnete der »Rave«-Club am Kölner Hohenzollernring mit einem Gastspiel des Londoner Rappers Derek B. HipHop wurde also, gleichzeitig und ohne daß man voneinander wußte, auf völlig unterschiedliche Art in einen hiesigen, europäischen, deutschsprachigen Kontext gestellt. Mit Derek B. sorgte in Köln ein (mittlerweile vergessener) Vertreter des sich weiterhin formierenden New-School-Standards für Partystimmung. Das *Terminal Team* in Stuttgart schaffte sich diese Stilregeln selbst. Beide waren Abziehbilder des US HipHop – beide suchten ihren eigenen Weg.

Die späteren *Fantastischen Vier*, allesamt Jahrgang 1967/ 68, haben jene Zeit, die neben HipHop und Rare Groove auch HouseMusic in die boomende Underground-Clublandschaft gebracht hat, als Fans mitbekommen. Sie waren damit alt genug für eine aufmerksame Wahrnehmung, jedoch zu jung für eine wirksame Scheu vor Do-it-yourself-Versuchen mit einer importierten Popkultur.

Bär: **Das fünfte Bandmitglied**

Michi Beck parkte seinen vollgesprühten Audi 80 meistens in Sichtweite meines Plattenladens. Der Wagen sah aus wie ein Freakmobil, und es dauerte eine Weile, bis ich wahrgenommen hatte, daß auf der Fahrerseite *Terminal Team* stand. Michi gehörte zu den jüngeren Stammkunden, die stundenlang bei mir am Tresen rumhingen, bis alle neuen Platten eingehend durchgehört waren. Im Gegensatz zur »Lerche«, die mit einem breiten Musikprogramm, Sonderangeboten und Plakatwerbung die klare Nummer eins im Großraum Stuttgart war, hatten wir uns im »Record Store« in der Immenhoferstraße 19 auf Import-Maxis spezialisiert. Das bedeutete '88/89 vor allem Chicago-Kram, also sehr viel HouseMusic und Acid, dazu gab es Soul, Funk, HipHop – und das alles natürlich auf Vinyl. In den großen Ladenketten hatte bereits die flächendeckende Umstellung auf CD begonnen. Die Schallplatte wurde gerade zum gesuchten Spezialisten-Objekt.

Eines Tages wühlte Michi in seiner Umhängetasche, brachte ein Tape zum Vorschein und murmelte konspirativ: »Könnte dich interessieren, auf jeden Fall mal reinhören, is' von uns.« Ich kannte diese Art von Kassetten mit allerlei Dancefloor-Selbstversuchen bereits zur Genüge. Fast alle dieser Tresen-Tapes waren fürchterlicher Müll. Doch niemand stößt hoffnungsvollen Newcomern gerne vor den Kopf, die Abhörsession fand also ein, zwei Tage später statt, und siehe da: das Ohr blieb hängen. Der Wortfetzen »House«, gesampelt aus »BrickHouse« von den *Commodores* plus ein dahintergeklemmtes »Meister«, ergab den Refrain »HouseMeister«. Ich staunte nicht schlecht über diese unvermittelte Begegnung mit deutschsprachigem Rap: »Sprechgesang ist nicht jedermanns Sache«, verkündete die Kassette. »Ihr denkt, ihr könnt es besser als ich, daß ich nicht lache ...« Das war nicht unbedingt tiefergehende Poesie, doch mit dem ersten Hören war klar, daß Sprache und Musik gut zusammenpaßten. In meinem Kopf machte es jedenfalls »Wow, stimmt eigentlich«. Ich war einer längst überfälligen Erfindung begegnet.

Was wäre wenn – eine berühmte Frage ... Schwer zu sagen, was mit Andy, Michi, Smudo und Thomas passiert wäre, wenn sie nicht an mich geraten wären. Wahrscheinlich wäre ihr Weg ähnlich verlaufen. Sie hätten halt einen anderen Lotsen für die Klippen des Showgeschäfts gefunden, deutschsprachiger Rap jedenfalls hätte sich sowieso durchgesetzt. Doch wer weiß, vielleicht war es auch eine göttliche Vorsehung, die uns füreinander bestimmt hat. Vielleicht hätten sie ohne mich die Startlöcher nie verlassen, oder wären gnadenlos über den Tisch gezogen worden. Oder sie hätten sich ratlos aufgelöst und in alle Winde zerstreut ...

Mit der Übergabe des Tapes stießen die Fantas jedenfalls auf mich – einen erfahrenen Überlebenskünstler. Ich war immerhin schon Mitte Zwanzig und hatte mich bereits die gesamten achtziger Jahre damit herumgeschlagen, über Wasser zu bleiben. Meine Schullaufbahn auf dem humanistischen Gymnasium in Ludwigsburg endete sang- und klanglos in der elften Klasse, was gleichzeitig das Aus für jeden weiteren klassischen Beruf bedeutete. Das auf vermeintliche Sicherheit ausgerichtete Ausbildungssystem mit Abitur oder Lehre sagte mir überhaupt nichts. Ich hatte ohnehin seit den ersten Teenagertagen das Gefühl, allein auf der Straße zu stehen. Ich war nicht arm, nicht verwahrlost und nicht aus der Bronx. Doch immer mußte ich alle Entscheidungen selbst fällen. Meine Eltern kamen nicht in Frage. Sie waren vor meiner Geburt aus Thüringen gekommen und hatten lange Zeit arge Schwierigkeiten, sich in Schwaben überhaupt richtig einzuleben. Dazu kam ihr ziemlich hohes Alter. Mit Ende Sechzig fällt es einem Vater halt schwerer, seinen wildgewordenen Schulabbrechersohn vom rechten Weg zu überzeugen. Sie verstanden weder das dubiose Berufsbild des Discjockeys, in das meine fanatische Begeisterung für Musik Anfang der Achtziger mündete, noch goutierten sie all meine anderen Jobs und Geschäftsideen. Ich dagegen war volljährig – und einigermaßen stolz auf die 80, 100 oder 150 Mark, die ich pro Abend auf die Kralle bekam. Das Karrieremodell DJ war allerdings noch weit entfernt vom Popstar, der eigene Gigs spielt oder als »Act« quer durch die Lande verbucht wird. Das DJ-Berufsbild entfernte sich gerade vom reinen Stimmungsdienstleister, wie sie in den kommerziellen Provinzschuppen noch massenweise vorkamen, und bewegte sich hin zu einer gewissen Spezialisierung auf eine Musikfarbe. Meine beste Zeit als DJ lag zwischen 1984 und '86 im Leonberger »Cactus«, wo ich als fester Mann fürs Wochenende zwar ein typisches Landdisco-Publikum unterhalten mußte, doch der Laden galt als Funk-&-Soul-Schuppen par excellence. Selbst langsame Sounds wie Mtumes »Tie Me Up« gingen hier ohne weiteres, was nicht bedeutete, daß man zwischendurch nicht mal *Frankie Goes To Hollywood* gespielt hätte. Die Kunst des Mixens war noch weitgehend unbekannt, nur wenige Regionalhelden beherrschten diese Technik.

Nach einem langen Übungsabend in einer leerstehenden Discothek war es für mich eine Erfüllung, als ich zumindest das Prinzip kapiert hatte. Freudestrahlend traf ich einen Musikerkumpel und berichtete ihm von meiner sensationellen Entdeckung: jene vier Takte, auf die man die Beats für einen fließenden Übergang zwischen den Stücken angleichen mußte. Danach machte ich nichts anderes mehr und übte tagsüber stundenlang für die Abende. Musik war also der rote Faden in meinem Leben; wirtschaftlich ging es mit zig Nebenjobs in einer wilden Achterbahnfahrt auf und nieder. Ich ließ mich aber nie von der Musik abbringen, was zehn Jahre lang Ärger und Finanzstreß bedeutete. Selbst an einer Alteisenverwertung habe ich mich eines Tages versucht, trotzdem herrschte oft völlige Ebbe in der Kasse meiner WG.

Das Tape der *Fantastischen Vier* fiel mir just zu dem Zeitpunkt in die Hände, als mein Leben mal wieder ins Trudeln geriet. Mein neuer Strategieplan zielte auf Clubproduktionen und Remixe, und dafür mußte ein kleines Heimstudio zur Vorproduktion her. Das nötige Geld wollte ich im Schallplattenhandel verdienen, was sich jedoch, mal abgesehen von den geschäftlichen Kontakten, als gewaltiger Schuß in den Ofen erwies. Meinen ersten Laden betrieb ich zusammen mit meinem Partner Ingo, der heute John Watts von *Fisher Z* produziert, in Esslingen. Eine Stuttgarter Adresse folgte, und in einem Anfall von Größenwahn gab es bald auch noch einen Münchner »Record Store«. Natürlich hatte ich die Umsätze mit unserem speziellen Dancefloor-Programm völlig überschätzt. Dazu gesellte sich die typische Blauäugigkeit des Jungunternehmertums: die 15 000 Mark Startkapital reichten gerade mal für Einrichtung, Miete und ein paar Platten. Jeder weitere Wareneinkauf, mitnichten durch rasante Verkäufe abgedeckt, riß im Lauf der Zeit immer größere Löcher. Eine realistischere Kalkulation wäre sicher hilfreich gewesen, doch der sparsame Pfennigfuchser konnte und wollte ich nicht sein. Wenn man dann auch noch als DJ selbst zu seinem besten Kunden wird, kommt alles zusammen, was in so einer Konstellation passieren kann. Der Esslinger »Record Store« hat im Februar 1988 eröffnet, bis zum Februar 1991 haben wir immerhin durchgehalten.

Im Frühsommer 1989 hatte ich die Geschäfte aber noch halbwegs unter Kontrolle. Ich schickte eine Kopie des »Hausmeister«-Tapes an meinen Münchner Partner Thommy Reichold, den späteren Technopopstar Tom Novy. Die Kassette machte die Runde, erntete überwiegend positive Resonanz. Auch in München bildete sich damit eine kleine Urgemeinde aus Fanta-4-Fans.

Die letzten zwölf Monate hatten einen wahren Innovationsschub für die neue Dancefloor-Musik zwischen House und HipHop gebracht; wie immer, wenn es in der Popmusik eine

Noch lacht er – Bär vor der Eröffnung des ersten »Record Store«

sprunghafte Entwicklung gab, breitete sich rasch eine Wild-west-Stimmung aus. Enthusiasten und Geschäftemacher hatten noch keine Zeit gefunden, sich voneinander abzugrenzen. Man kannte sich, man dealte herum. Ein Magazin namens »Network Press«, für das ich gelegentlich Kolumnen oder Plattenbesprechungen schrieb, setzte voll auf diesen neuen Boom jenseits der Rockmusik. Über deren Anzeigenleiter geriet unser Tape an Andreas Weiner alias N. Diviner, den Macher von »P1-Records«. Das »P1« stand damals in einer langen Münchner Disco-Tradition und wollte der Schickeria-Aura durch ein musikalisches Profil mit Veranstaltungen wie »Der andere Montag« entgegensteuern. Mit Lupo hatte das »P1« einen der bekanntesten DJs im Programm, der nächste logische Schritt war das eigene Schallplattenlabel.

N. Diviner hatte sich mit halbem Ohr für die *Fantastischen Vier* interessiert und uns zu einem Treffen nach München eingeladen. Also gurkten Smudo und ich in seinem klapprigen Grün-blau-metallic-Audi los. Viel Geld für große Sprünge hatte ich damals schon nicht mehr. Das Treffen sollte komischerweise in der rustikalen Lobby eines sehr bayrischen Hotels stattfinden. Wir kamen dort an, saßen rum, warteten und vertrieben uns die Zeit mit Erdnüssen und Weizenbier. N. Diviner kam und kam nicht. Wir mußten längst wie irre über unsere traurig-doofe Situation lachen, bekifft, abgefüllt und voller Erdnüsse wie wir waren. Schon die Vorstellung, daß der Meister plötzlich durch die Flügeltür spazieren könnte, verursachte hysterische Lachsalven.

Dann kam er wirklich, nach zwei Stunden, stockbesoffen, und konnte kaum noch stehen. Wir wollten es nicht glauben. So sah also die Plattenbranche aus, wo man Millionen für einen Händedruck bekommt! N. Deviner packte jedenfalls seine Papiere aus, lallte »Hallo Dschuldigung. Isch würde vorschlagn, wir machen 'nen Bandübernahmevedrag« und kritzelte einige Anmerkungen auf irgendwelche vorbereiteten Papiere, die er später sicher nie wieder entziffern konnte. Bodenlos enttäuscht, hielten wir uns dennoch wacker und spielten das Spiel »Nachwuchsband trifft Plattenfirma« pro forma mit. Später kamen noch zwei weitere dubiose Gestalten herein, die uns ihre »Bellaphon«-Karten rüberreichten. Wir verteilten kleinlaut unsere Tapes.

In der gleichen Nacht fuhren wir mangels Übernachtungsbudget wieder zurück. Smudo konnte bereits nach einer halben Stunde definitiv nicht mehr weiter, also meinte er nur zu mir: »Bär, fahr du!« Meine Nebenkarriere als Band-Chauffeur hatte sich bei diversen nächtlichen Taxidiensten nach Gerlingen oder Ditzingen ohnehin schon abgezeichnet, also willigte ich ein. Nicht, ohne einen neuen Joint zu bauen. Meine Energie reichte genau bis zum nächsten Parkplatz. Ich fuhr rechts raus und wir schliefen auf der Stelle ein. Morgens gegen halb sieben weckte mich Smudo mit einem trockenen »Du schnarchst«. Um uns herum dröhnte der Autobahnverkehr. In Degerloch fuhren wir geradewegs in die morgendliche Rushhour hinein, zerknirscht und gerädert lieferte er mich zu Hause ab. Smudo riß später noch auf dem Weg zur Stadtautobahn der Kühlschlauch, damit war das heulende Elend perfekt.

Unser Trip nach München wirkte ziemlich ernüchternd, doch auf Rückschläge mußte man gefaßt sein. Damit blieb Zeit, unser Innenverhältnis zu regeln. Mein anfänglicher Status gegenüber den Vieren war erst einmal durch mein Erscheinungsbild geprägt: den hektischen Kids Anfang Zwanzig stand ich als massiver 1,98-Mann vom »Record Store« gegenüber, bekannt aus Clubs und Discos. Im Bekanntenkreis druckste ich in der Folge immer etwas rum: »Ich bin der Manag ..., äh, ich betreue, ich kümmere mich ein bißchen um die Jungs«. Schließlich hegte ich immer noch meine Studio- und Produzentenpläne. Zu dem Zweck fuhr ich auch Anfang '89 zur Profi-Musikmesse »Midem« nach Cannes. Zwar hatte ich weder Lizenzen im Angebot noch die dicke Brieftasche, um internationale Geschäfte abzuschließen. Doch ich wollte mir unbedingt ein eigenes Bild von der Branche machen, und ganz nebenbei ein wenig Schaulaufen und meine Visage zeigen. Daß nach den rund 1000 Mark für den Messepaß nur noch ein Billigsthotel für 80 Franc drin war, brauchte ja niemand zu wissen.

Mit den Fantas setzte ich eine Art Vertrag auf, in dem mir vierzig Prozent der Bandeinnahmen garantiert wurden. Klingt toll, doch erstens bestand die Gage für irgendwelche Disco-Kurzauftritte zumeist aus einem Kasten Bier, und zweitens mußte erst einmal eine Struktur für die ganze Chose aufgebaut werden. Der Merksatz »Künstler sind immer zehn Jahre jünger, als es im Paß steht« traf in unserer Konstellation ganz bestimmt zu. Während meine Plattenläden so langsam den Bach runtergingen, mit fünf- oder sechsstelligen Summen, führte ich mit der Band erregte Diskussionen um ungezählte Spinnerideen. Ich fühlte mich wie ein Unternehmer, aber sie stritten sich untereinander mit Hingabe um sechzig Pfennige für ein »Raider«, die jemand ausgelegt hatte.

Mir war anfangs nicht klar, was auf mich zukam. Der Alltag war von existentiellen Fragen bestimmt wie: »Wir müssen uns dringend treffen, doch wer zahlt den Sprit nach Gerlingen?«

Später wurde unsere Vereinbarung dann auf zwanzig Prozent für alle umgestellt. Damit spielte ich das fünfte Bandmitglied hinter den Kulissen. Smudo hatte sich im Büro von Ralf Siegel schlau gemacht, was die übliche prozentuale Beteiligung eines Managers anging. Er hatte ganz naiv einfach in München angerufen. »Tschuldige, daß ich so doof frage, aber ich habe keine Ahnung, ... junge Band und so. Wie ist denn die Verteilung, faustregelmäßig?« Der nette Mensch am Apparat stand ihm freundlich beratend und unkompliziert zur Seite. Sein Tip, den ich heute noch gerne an junge Bands weitergebe: »Am fairsten ist, alle kriegen das gleiche.« Und so haben wir es dann gemacht.

Seit 1990 häuften sich die auswärtigen Auftritte. Weil sich eine professionelle Tourbegleitung auf unserem Level aber noch in keiner Weise rechnete, habe ich alles allein gemacht. Ich war derjenige, der am Steuer saß, der aufgebaut, abgebaut und gelegentlich sogar gemischt hat. Für einen klassischen Rock'n'Roll-Tonmann, wie sie uns überall unterkamen, war es völlig schräg, daß unser Equipment aus einem DAT und ein paar Mikros bestand. Ein typischer Dialog hörte sich etwa so an: »Gib mir mal mehr Saft auf die Bassdrum.« »Geht nicht, die ist auf dem DAT.« »Dann mach wenigstens die Snare ein bißchen heller.« »Geht auch nicht, die ist ebenfalls auf dem DAT-Recorder.« »Ja, zum Teufel, was macht ihr denn überhaupt selber?« »Halt rappen!«

Ich kämpfte mit Feedback-Problemen, hüpfenden Plattenspielern und Smudos Hang zum »Trichtern«. Er umklammerte das Mikrophon viel zu weit oben, und keine Macht der Welt konnte ihm das ausreden. Ich war in alles involviert, was sich ergeben hat. Ich habe sogar T-Shirts verkauft.

Thomas: **Startgeld 5000 Mark**

Da saßen wir nun. Bär und Künstler – in geschäftlicher Mission bei EMI Publishing am Hamburger Alsterufer. Ein renommierter Musikverlag, mit toller Adresse und besten Kontakten.

Solche Verlage, das erfuhr ich auf der Hinfahrt in einem Crashkurs, stellen nichts her und veröffentlichen auch keine Schallplatten. Sie verdienen ihr Geld allein mit dem geistigen Eigentum der Musiker: indem sie im Namen ihrer Vertragspartner die GEMA-Gebühren kassieren, die Radios, Discotheken oder Bürgerfeste für das Abspielen von Musik abführen müssen. Diesen lästigen Verwaltungskram lassen sich die Verlage mit einem gewissen Anteil an den Umsätzen, meist vierzig Prozent, vergüten. Das restliche Geld leiten sie per Halbjahresscheck an die Songschreiber weiter. Bei einer erfolgreichen Band mit entsprechenden Einsätzen in Funk und Fernsehen bleibt dabei für beide Seiten einiges hängen. Auch Coverversionen und ordnungsgemäß genehmigte Samples bringen bei jeder einzelnen Aufführung weitere Punkte. Kein Wunder also, daß die Verlagsabteilung »Nachwuchs« ständig daran arbeitet, neue Autoren aufzubauen. Wenn es dann gelingt, die Entwicklungskosten gering zu halten, bleibt das Vorabrisiko überschaubar. Die Arbeit mit der Abrechnerei beginnt ohnehin erst, wenn die Karrieremaschine angesprungen ist. Eventuelle Vorschüsse für junge Talente funktionieren dabei wie Optionen auf die Zukunft: man schickt einen neuen Prozentsatzbringer ins Rennen.

Uns gegenüber, auf der anderen Seite des Schreibtisches, hockte im lässigen Anzug ein gewisser Addo Casper, der trotz seines Bürojobs innerlich ein Rocker geblieben war – an der Matte und den Cowboystiefeln unschwer zu erkennen. Ich dachte staunend: So sieht Mister Erfahren aus, dem erzählt im Showgeschäft keiner mehr was.

Nach einem jovialen Händeschütteln und kleinen Scherzen über mein Brillengestell ging es direkt ans Eingemachte. Bär führte die Verhandlungen, ich verstand nur Bahnhof. Juristische Ausdrücke wie Verteilungsschlüssel, kreuzverrechenbare Lizenzen, Titelexklusivität, weltweite Nutzungsrechte und Verlagsbindung schwirrten durch den Raum ... Ich war mir nicht mal sicher, ob Bär genau wußte, von was er da überhaupt redete. Ich machte ein freundliches Gesicht und spielte den aufmerksamen Künstler im Stall der alten Hasen. Als das Vertragsgeplänkel beendet war, zog Addo zum Abschluß noch kurz sein Hoffnungsregister: Unser Ding würde bestimmt abgehen wie eine Rakete, ließ er uns im unverkennbar rheinischen Tonfall wissen.

Das Ganze dauerte vielleicht eine dreiviertel Stunde. Dann standen wir wieder auf der Straße, wo ich im Überschwang der Gefühle lauthals drauflos jubelte: »Jaa, das ist es. Wir haben es geschafft! Wo sind die Mädchen, wo ist der Champagner! Hier, ich sehe meinen Namen in Leuchtbuchstaben – überall. Thomas D. an jedem Haus, ganz groß«. Bär meinte nur, ich sollte nicht zuviel erwarten. »Cool bleiben«, lautete seine Parole. Später wußte er dann selbst nicht mehr so genau, ob er doch darauf einsteigen oder weiterhin den Abgeklärten spielen sollte. 5000 Mark wären zwar für den Anfang nicht schlecht, unkte er, aber den großen Jackpot hätten wir damit noch nicht geknackt. Egal. Ich glaubte nur zu gerne an Addos salbungsvolle Worte.

Für mich war es auch so was wie ein Wink des Schicksals, daß die Desasterfahrt von Smudo und Bär nach München letztlich doch noch belohnt wurde. Als nämlich N. Diviner sich von dem denkwürdigen Treffen erholt hatte, schickte er ein paar Tage später im Namen des P1-Labels einen 22-seitigen Bandübernahmevertrag – Marke Halsabschneider. Was sollten wir tun? Endlich die lang erträumte Platte aufnehmen und dafür P1-Records wirklich alle Rechte an unseren Songs überschreiben? Oder die schlauen Jungs raushängen lassen, Nachbesserungen verlangen und den Meister womöglich verprellen?

Wir spielten auf Zeit und ließen den Wisch erst mal liegen. Plötzlich kam aus München die nebulöse Nachricht, daß P1 vorerst auf Eis läge, was uns Kenner der Materie ohne Umschweife mit »Kannste vergessen« übersetzten. Wieder ein, zwei Wochen später meldete sich EMI Publishing mit dem Hinweis, sie wären über eine Vermittlung von Herrn Weiner an unsere Aufnahmen gelangt. War wahrscheinlich eine Art Wiedergutmachung. Sie wollten sich umgehend mit uns treffen, um weitere Aktivitäten zu besprechen. Weil zu dem Zeitpunkt weder Andy noch Michi oder Smudo abkömmlich waren, erklärten sie für dieses eine Mal mich zum Buseneß-Botschafter. Geschäfte schön und gut, doch mich haben die verzwackten internen Debatten genervt. Ob irgendeine Rechtsabteilung etwas dagegen haben könnte, daß wir als Band nun genauso hießen wie die Superhelden aus diesen Marvel-Comics, interessierte mich nun wirklich nicht. Das Phantom oder Die Flamme jedenfalls haben sich nie gemeldet. Dafür durften wir jetzt 5000 Mark ausgeben, um »Hausmeister Thomas D.«, »Jetzt geht's ab« und »Tanz den Thomas D.« noch mal ordentlich und professionell aufzunehmen.

Als Smudo und ich aus Amerika zurückkehrten, redete alle Welt über Acid House, wahnsinnige Londoner Parties mit Trockeneisnebel, Stroboskopblitzen und Ecstasy-Pillen. House und Techno lösten HipHop gerade als aktuellste Sound-Entwicklung in den Clubs ab. Worauf findige Produzenten für kurze Zeit eine Mischform namens HipHouse erfanden: Hochgeschwindigkeits-Rap-Reime eilten über Pianoschlenker und verzerrte Baßlinien. Dazu pumpten, hochgradig tanzbar, die Beats. Einer der größten HipHouse-Hits war »Turn Up The Bass« von Tyree »Supa Dupa Trooper« Cooper. Als Tyree im Rahmen einer Clubtour auch nach Stuttgart kam, hieß der örtliche Veranstalter Bär, und wir durften im »Oz« die lokalen Einheizer spielen. Smudo hielt den Laden zwar für einen »Prollschuppen«, doch die *Fantastischen Vier* erwiesen sich als partytauglich genug, um auch hier nicht unterzugehen.

Aus dieser Zeit stammte das nie veröffentlichte »Tanz den Thomas D.«. Unsere kleine Hommage an die kurze HipHouse-Ära, die wir nun im »Basement«-Studio an der Tübinger Straße professionell verewigen wollten. An dieses Hinterhofkleinod der Aufnahmetechnik waren wir über Michi Becks Crossover-Kumpels geraten – was nicht unbedingt eine erstklassige Referenz darstellte. Unsere Inspektion ergab: steile Kellertreppe, winziger Vorraum, versifftes Klo. Doch die Technik stimmte, alle Geräte standen bereit und Studioboß Klaus Scharff machte einen relaxten Eindruck. Wir fühlten uns bald heimisch und verinnerlichten die abgerissene Atmosphäre mit halbleeren Bierflaschen und überquellenden Aschenbechern. Ein typischer legendärer Ort für legendäre Songs. Wir hatten das passende Ambiente gewählt.

Beklemmend war es dagegen, zum ersten Mal für mehrere Tage als Band aufeinanderzuhocken. Bislang entstanden alle Aufnahmen in Andys Zimmer. Man traf sich halt intern zum Rappen, und unsere Musikproduktion war bislang stückweise in größeren zeitlichen Abständen erfolgt. Doch jetzt gab es plötzlich einen Tonmeister, und alles mußte in einer bestimmten Zeit im Kasten sein. Die eigene Stimme klang peinlich und daneben. Immer wieder verpaßten wir unsere Einsätze. Keiner traute sich, die Sache beherzt anzugehen, mal schien der Refrain zu laut, mal der übrige Gesang zu leise. Wir tappten ziemlich anfängerhaft im dunkeln und versuchten verzweifelt, die eigene Unsicherheit in den Griff zu bekommen.

Und so klangen diese ersten Aufnahmen dann auch.

Es war die klassische »Könnte-was-draus-werden«-Situation. Nach den paar offiziellen Auftritten genossen wir einen Lokalmatadorenstatus, der über den engeren Bekanntenkreis aus dem »Exil« und dem neu eröffneten »On-U« schon hinausging. Das örtliche Stadtmagazin »Stuttgarter Illustrierte« wagte unter der Überschrift »Weißer HipHop« bereits erste ungelenke Definitionsversuche: »Gemessen an Acid-House bestehen Ähnlichkeiten nur im Groove. Der muß immer stimmen, wenn das Discothekenpublikum angesprochen werden soll. Aber schon beim etwas genaueren Hinhören bemerkt man himmelweite Unterschiede in den einzelnen Stilen. (...) Es gibt, soweit uns bekannt, keine zweite Live-Band dieser Art mehr in Deutschland. Vielleicht deshalb, weil in dieser recht kommerziellen Branche entweder noch keiner sonst auf diese Idee kam, oder einfach keiner den Mut dazu hatte.«

Tja, was sollte man dazu sagen, es köchelte vor sich hin. Bärs Plattenläden warfen weiterhin keine müde Mark ab, statt dessen verdiente er sich seine Brötchen als DJ und Marketingmensch für die Betreibergesellschaft der Discotheken »Boa«, »Roxy« und »Musicland«. Seine Stuttgart-Kolumne im Dancemusic-Fachblatt »Network Press« nutzte er ziemlich unverblümt für die eigenen geschäftlichen Interessen. Dort lobte er ihm verbundene Läden so lange über den grünen Klee, bis eine Art Sturm im Wasserglas losbrach. Weniger begünstigte DJs und Clubbetreiber witterten einen Skandal; unter großem Geschrei wurde eine öffentliche Debatte anberaumt, die der SDR-Moderator Friedemann Leinert zum zentralen Thema seiner abendlichen Radiosendung machte. Acht aufgebrachte DJs erschienen, bereit zur entscheidenden Debatte im Funkhaus, und eröffneten die Redeschlacht. Bär verstand es aber sehr eloquent, sein vermeintliches Vergehen als notwendige Aufbauarbeit für eine innovative Szene darzustellen. Im Verlauf der Sendung verfranste sich die Klägerschar heillos, und Bär brachte sogar noch die Studioversion von »Hausmeister Thomas D.« im Musikprogramm unter. Zu Dokumentationszwecken, wie er es listig nannte. Die versuchte Ächtung geriet damit zum Start seiner Karriere als gewiefter Tausendsassa und Machertyp. Der Name Bär wurde langsam zum Markenzeichen.

Michi Beck brachte mit Hängen und Würgen seine Lehre durch die IHK-Prüfung und kehrte mit dem Zivildienst ins Leben zurück. Er blühte richtig auf, fuhr beim Roten Kreuz behinderte Kinder zur Schule und machte nebenher ein wenig Mobilen Dienst. In seiner Dienststelle waren fast nur befreundete Freaks beschäftigt. Die quälende Ödnis mit Schnapspralinen im Sekretariat und muffigen Staplerfahrern auf dem Betriebshof war abgeschüttelt. Nun gab es auch tagsüber wieder HipHop-Beats. Smudo bekam Krach mit seinem Vater, weil er nach dem Zivildienst weder zur Uni wollte, noch seine Stelle in der Böblinger Akademie für Datenverarbeitung antreten. Er übernahm statt dessen einige Kellnerschichten im »On-U« und half tageweise im Plattenladen »Imports etc« auf der Tübinger Straße aus. Andy jobbte als angehender Informatikstudent bei Hewlett Packard – und ich war, wie gesagt, auf dem Aufbaugymnasium zwischengeparkt. Vor meinem geistigen Auge sah ich unser Tape durch die Plattenfirmenbüros der Republik wandern.

Smudo: **Auf alle Fälle live**

September '90. Der Mond scheint über Dresden, und mein Hintern hängt durch. Das wacklige Bettgestell quietscht bei jeder Bewegung. Ich drehe mich zum zweiten Mal auf links und beginne über Einschlaftechniken nachzudenken. Warum bin ich nach der langen Fahrt nicht todmüde?

Immerhin hatte gerade unser erstes Gastspiel im Osten stattgefunden, und nun lag ausgerechnet ich – als alter DDR-Fan – wach und haderte mit dem Schicksal: mieser Auftritt, grobe Mißverständnisse bei der Musikauswahl. Auch die anschließende Disco floppte, und dann gab es noch Ärger mit der vereinbarten Gage. Zumindest atmosphärisch hätte ich besser gerüstet sein müssen. Jedesmal wenn in der Schule

Ostblock-Begegnungstouren angeboten wurden – und das passierte immerhin zweimal –, war ich mit von der Partie gewesen. Zehn Tage lang fuhren wir auf diesen Studienreisen mit Geheimagentengefühl quer durch alle Bezirke – und überall gab es mittags Mischgulasch, Rotkraut und Salzkartoffeln (als Sättigungsbeilage) zum Pauschalpreis von 2 Mark 95. Aber ich verfluchte die bekritzelten Schreibtische in unserem muffigen Jugendbegegnungsschlafsaal. Ich haßte den lebensgefährlich quietschenden Aufzug aus Sperrholz und Pappe, ich haßte eigentlich alles in dieser vierzehnstöckigen FDJ-Kaserne.

Das Demo für EMI-Publishing war gerade fertig geworden, als ein Ludwigsburger Kumpel vom Bär von einer »richtig spannenden Auftrittsmöglichkeit« in der Mensa der Pädagogischen Hochschule Dresden berichtete. Wir müßten uns nur kurzfristig entscheiden, er würde das Geschäftliche regeln. Also entschlossen wir uns, den im Urlaub weilenden Andy durch Bär zu ersetzen. Merkt sowieso keiner, dachten wir, und Knöpfchen am Kassettenrecorder drehen kann jeder. Doch bereits die Anfahrt im gemieteten VW-Bus gestaltete sich mangels durchgehender Autobahn etwas zäh. Gefangen in endlosen Staus, bauten wir einen Joint nach dem anderen und glotzten auf die Broiler- und Würstchenbuden am Straßenrand. Einige Bilder von dieser denkwürdigen Fahrt mit kleinen Augen und grünen Gesichtern haben wir später im CD-Cover des ersten Albums »Jetzt geht's ab« verewigt.

Unseren ersten Wiedervereinigungseindruck erlebten wir am Platz vor dem Dresdner Hauptbahnhof. Es regnete, und das alte Gemäuer wirkte traurig, grau und verfallen. In breiten Rinnsalen lief das Wasser über die steinerne Außenfront und hinterließ dunkle Flecken. Neben dem Haupteingang stand ein riesengroßer, nagelneuer Truck mit zwei Anhängern: das eine offensichtlich eine mobile Grillküche von »BurgerKing«, das andere der Kassenbereich. Ein S-förmiges Spalier aus Pollern und Absperrketten sorgte für einen halbwegs reibungslosen Betrieb. Ringsumher verkauften unzählige fliegende Händler aus der Tschechoslowakei, Polen oder sonstwoher Zigaretten, Dosenbier und Plastikkram. Über diesem seltsambizarren Gewusel hing ein überdimensionales »BurgerKing«-Megaposter aus Kunststoff an der Bahnhofsfront. Willkommen in der Warenwelt.

»Nightflight – die etwas andere Party« verhießen die Plakate am Eingang der zugigen Formaldehyd-Speisehalle, die für unsere Kragenweite mindestens zwei Nummern zu groß war. Beim Aufbau unseres Equipments bemerkten wir zu spät, daß die 360-Volt-Starkstromkabel der Bühnenanlage über Keramikstecker verbunden waren. Zadong – mit lautem Scheppern sprangen Dutzende Splitter über die Bühne, und alle Lichter gingen aus. Einem findigen Aufbauhelfer gelang es, die ganze Chose notdürftig zu flicken. Seinen freundlichen Hinweis, später vielleicht ein wenig vorsichtig zu sein, konnten wir leider nicht berücksichtigen. Zweimal flog während des Auftritts die Sicherung raus.

Gegen neun enterten wir gewohnt schwungvoll unsere Bühnenpositionen. Michi Beck ließ ein paar Beats fallen, und Bär mimte den Tastendrücker. Doch nach dem ersten Anblick der ungläubigen Gesichter war klar: *Wir* hatten verloren.

Aliens, dachte ich nur. Etwa 300 Leute saßen im großen Halbkreis auf dem Mensa-Linoleum. Wir waren für die Außerirdischen. In meinem grenzenlosen Optimismus hatte ich zumindest fünf bis sieben örtliche B-Boys erwartet. Immerhin hatte das britische Musikmagazin »Soul Underground« schon im November '88 von einer Rap-Session aus dem nahe gelegenen Radebeul berichtet, wo ein DJ Gambler versucht hätte, mit Tapes zu mixen. Eine *Beastie-Boys*-hafte Crossover-Band namens *The Three M Men* wäre dort aufgetreten, außerdem *SBJ* aus Arnstadt mit deutschsprachigen Raps. Kurz vor dem Fall der Mauer hatte die gleiche Zeitung in Ost-Berlin und Leipzig sogar zwei UK-HipHop-Festivals mit DJ Jay Strongman, den *Stereo MCs* und dem Duo *Top Billin* organisiert. Und es gab »drüben« Radio DT64, wo zumindest in Spezialsendungen neue Musikrichtungen gespielt werden durften.

Bei unserem Auftritt in der Dresdner PH-Mensa herrschte trotzdem nur Unverständnis. Niemand hatte offenbar eine Vorstellung von dem, was ihn erwartete. Verloren hampelten wir durch unser Programm und kämpften tapfer gegen Verkabelungsprobleme und die miese Akkustik. Zwar setzte es milden Beifall, doch die Stimmung blieb eisig. Thomas stellte zur Halbzeit noch in bester Wessi-Gönnermanier eine Flasche Sekt an den Bühnenrand und versprach: »Wer bis hier vorne hintanzt, kann sie sich mitnehmen.« Doch auch diese plumpe Tour zog nicht. Erst ganz am Schluß drehte tatsächlich ein Ausdruckstänzer, der aber keinerlei Interesse an unserem Köder zeigte, einsam seine Runden. Bär wechselte nach unserem unspektakulären Abgang – natürlich ohne Zugabe – an die Plattenspieler und sortierte schon mal die supersicheren Tanzboden-Knüller vor. Doch weder »Le Freak« noch »Sex Machine« verursachten die geringste Regung beim Dresdner Publikum, statt dessen kamen Hörerwünsche wie Udo Lindenberg oder Westernhagen. Auch die Plattenkiste war offenbar zu 100 Prozent falsch gepackt.

Unser Ludwigsburger Vermittler lief aufgeregt durch die Gegend und faselte, die Studenten hätten sein Briefing nicht umgesetzt und keine Werbung gemacht. Damit war sein Einstieg ins Ost-Geschäft schlagartig beendet. Er schuldet uns bis heute die versprochenen 2000 Mark Gage. Wir nahmen zumindest die Erfahrung mit, daß die Bäume auch nach einem Verlagsdeal längst noch nicht in den Himmel wachsen.

Wir einigten uns darauf, daß der lausige Dresdner Gig die gerechte Strafe für unser Desinteresse an der großen Politik war, die in diesen Tagen heftig über Deutschland hinwegrauschte. Perestroika, Montagsdemonstrationen, Mauerfall und Wiedervereinigung nahmen wir ziemlich leidenschaftslos zur Kenntnis. Erst später, als wir mit großen Schallplattenfirmen in Berührung kamen, wurde das Gebilde »Deutschland«

ein Thema – bezeichnenderweise unter wirtschaftlichem Gesichtspunkt. Denn auch die Pop-Industrie witterte neue Absatzchancen im größer gewordenen Markt und versuchte die veränderten Rahmenbedingungen zu bedienen. Erste Maßnahme: deutschsprachige Popmusik wurde im Bewußtsein der Produktmanager höher eingestuft. Plötzlich gab es keine Debatten mehr darüber, ob man nicht doch besser auf englische Texte umsteigen wolle ...

Nürnberger Kunstverein. »Ay Alder. Kennsde die Fandas?« »Klar, die mit »Danz den Thomas D.« ... Dieser zufällig am Tresen aufgeschnappte Wortwechsel ging uns mitten ins Herz. Keine Bekannten, keine Geschäftskumpels vom Bär – und doch kannten sie eines unserer Stücke! Offensichtlich hatte sich ausgerechnet hier, im tiefsten Franken, wo abgerissene Dropouts und staubige Schäferhunde mit umgebundenen Halstüchern durch den Raum schlichen, eine erste echte Mini-Fangemeinde von uns gebildet. Die autonome Kulturbaracke roch nach Toilette und Haschisch, vor dem Eingang schlauchten Irokesen-Punks zum x-ten Male ihren »Hasse ma 'ne Maak«-Spruch. Der Gegensatz zu unseren Auftritten in Großraumdiscos, wo das Publikum sich fürs Wochenende in Schale schmiß und wo »Jacky-Cola« zu den Standard-Drinks gehörte, konnte nicht größer sein. Aber kaum eine Band leistete sich in ihren »Underground-Jahren« ein derartiges Kontrastprogramm wie wir. Wir wollten unbedingt auf die Bühne, also setzten wir uns mit Elan über die breiten Gräben zwischen den verschiedenen Subkulturen hinweg. Im Unterschied zu vielen Dancefloor-Produzenten, die sich lieber im Studio verschanzten, faszinierte uns die gute alte Herumreiserei mit wenig Schlaf, viel Bier und Blödsinn im Backstage-Bereich.

In Nürnberg eroberten wir sogar eine normalerweise spaßfreie Zone: Erst wurde unser vorab verschicktes Demo-Tape in der »Kunstverein«-Kneipe als heißer Geheimtip gehandelt, dann erschienen auch noch einige Leute mit selbstgemalten Schildern vor der Bühne, auf denen »Thomas« und »D.«

stand. Fränkische Autonome bejubelten schwäbische Rap-Typen.

An ein richtiges Tourleben von Stadt zu Stadt war allerdings noch nicht zu denken. Wir tauchten nach den einzelnen Auswärtsshows immer wieder im heimischen Stuttgart ab. Bislang bot das dortige Nachtleben keinen Raum für strenge Abgrenzungen, Coolness-Wettbewerbe oder Stilpflege in der Nische. Auf den privat organisierten Parties hingen immer die gleichen Leute rum. Man arrangierte sich, und heftige musikalische Brüche zwischen Indie-Rock und »Streetsounds«-Compilations waren durchaus üblich. Es gab einfach nicht genügend Orte, um sich aus dem Weg zu gehen. Zwar hieß es immer: »Schon wieder die HipHopper« oder »Da kommt der blöde Rocker«, doch es waren letztlich immer wieder die gleichen Visagen, die braunen Tequila, Weizenbier und Radler soffen.

Erst mit dem »On-U« auf der Theodor-Heuss-Straße eröffneten Ali Schwarz und Thomas Binder Mitte 1990 einen Club, der schlagartig überregionalen Glanz in diese selbstbezogene Szenerie brachte. Das »On-U« wirkte – nicht nur für uns – wie die nächste Ausbaustufe des »Exil«, das als unbestrittene Keimzelle aller möglichen Projekte von Film bis Musik langsam abdankte. Die enge Verbundenheit zwischen Machern und Gästen wurde aus der Kneipe auf die Tanzfläche übertragen, und wie überall funktionierte die Mischung über Engagement und Enthusiasmus. Thomas und ich arbeiteten an der Bar, Michi legte Platten auf, und Andy kümmerte sich hin und wieder um den Sound der Anlage.

Das »On-U« brummte frühestens ab Mitternacht, und nach der offiziellen Sperrstunde um drei ging es hinter verschlossenen Türen endlos weiter. Wenn unter der Woche alle anderen Läden längst geschlossen hatten, fielen von überall her ganze Nachtschwärmer-Clübchen ein. Man konnte sich durchaus einbilden, in Stuttgart sei gut was los. Rings um die Hamburger Reeperbahn blühten die umfunktionierten Rotlicht-Bars –

und wir hatten das »On-U« mit seiner abgerissenen Siebziger-Einrichtung! Auch das musikalische Programm deckte mit heimischen und auswärtigen DJs konsequent alle neuen Dancemusic-Entwicklungen ab. In den ersten Monaten lief viel Rare Groove und HipHop, später schwenkten neue DJs zu House und Techno über.

Ich werte es im nachhinein als riesigen Vorteil, daß wir in diesem überschaubaren, aber vielschichtigen Umfeld gewachsen sind. Wir mußten uns nicht frühzeitig von zig anderen Strömungen abgrenzen oder den Wettbewerb mit dem gerade angesagten Sound der Stadt suchen. Wir haben einfach gemacht, was wir waren. Nur so konnte etwas daraus werden. Im »On-U« jedenfalls setzte es auch in unserer Hitparaden-Ära weder Mißgunst noch Neidbekundungen. Wir blieben dem Laden verbunden und probten sogar bis zur Veröffentlichung der »Vierten Dimension« unsere Live-Shows dort.

Derweil blühte in der deutschen Provinz, ganz im verborgenen, in Leimersheim, Euskirchen, Heidelberg oder Kiel, eine kleine, dezentrale HipHop-Szene, die nach dem Do-it-yourself-Prinzip regelmäßig-unregelmäßig selbstorganisierte Stammestreffen abhielt. Diese Jams fanden nicht in den etablierten Clubs der Innenstädte statt, sondern weitgehend abgekoppelt von den übrigen Musikszenen in Jugend- oder Vorortzentren. Oliver von Felbert vom Musikmagazin »SPEX« hatte im März '90 eine Titelgeschichte über die musikalischen Anfänge von *Exponential Enjoyment* und *Advanced Chemistry* verfaßt. »Die Bands und Crews, an die ich dann doch irgendwie gerate, wissen oft nichts voneinander«, schrieb er damals. »Und wie sollten sie auch. HipHop in Deutschland hat keine Fanzines, keine Labels, keine Clubs. Der einzige sichere Treffpunkt ist und bleibt die HipHop-Ecke im lokalen Megastore.«

Die wenigen Eingeweihten mußten reisen. Mal kamen 60, mal 300 Sprayer, Breaker, Rapper und Fans angereist, um im frei fließenden Durcheinander eine Mischung aus Talentwettbewerb und Old-School-Traditionspflege zu betreiben. Für die

Breakdancer und ihre akrobatischen Figuren wurde im Publikum ein Kreis gebildet; die Rapper führten ihre weitgehend auf englisch vorgetragenen Reimkünste – je nach Beifallspegel – im Minutentakt auf. Ich fühlte mich zu diesen jungs-dominierten Leistungsshows nie hingezogen. Auch als Band blieben wir zumeist außen vor, obwohl die *Fantastischen Vier* – mal abgesehen von Thomas – selbst alle eine ähnliche Fan-Laufbahn aufzuweisen hatten wie die meisten der Jam-Teilnehmer. Wir waren schon damals zu unpuristisch, um uns mit Ernsthaftigkeit an der einzig wahren Auslegung von HipHop zu versuchen.

Für unsere erste richtige Tour entstand ein typisches Stuttgarter Gemisch. Es stand im krassen Gegensatz zur allgemeinen Aufspaltung der musikalischen Lager. Die Idee stammte von der örtlichen Spätpunkband *The Kerls* und ihrem Sänger Günne, einem drahtigen, gerne oberkörperfreien Mikrophonhelden irgendwo zwischen Iggy Pop und *Velvet Underground*. Am Schlagzeug saß Philippe Kayser, der heutige Studiobetreiber und Produzent von *Freundeskreis* oder *No Sé*. Der Chef vom Kurzfilmverein »Wand 5«, Uli Wegenast, zeigte zwischen den Auftritten Experimentalfilme – »die das Publikum verstören werden«, wie es in einem Ankündigungsfaltblatt hieß. Das standesgemäße Motto lautete: »The Great Hip'n'Roll-Swindle«. Die Anspielung auf das zweite Album der *Sex Pistols* mußte ich mir erst von Ulli erklären lassen. Punk war nicht mein Fach.

Wir starteten am ersten Weihnachtsfeiertag 1990 mit einem geliehenen Mercedes-Bus. Über die Tage saß jeder abwechselnd mal am Steuer und hoffte, daß es mit den Übernachtungsplätzen diesmal besser klappen würde als in der letzten Stadt, wo wir auf den letzten Drücker von barmherzigen Konzertgästen aufgenommen wurden. Da unsere Auftritte weniger einbrachten als erwartet, sah sich unser Roadmanager Uli genötigt, mit den versprochenen Winzgagen zu knausern. Nicht ohne den hämischen Hinweis, wir würden ja sowieso bald das große Geld machen. Als kleines Trostpflaster überließ er uns am nächsten Tag die viel zu kleine Bandwohnung. *The Kerls* mußten sich die Nacht in Kneipen um die Ohren schlagen.

Das Publikum schien nicht gerade auf unser Crossover-Paket gewartet zu haben; außer in Karlsruhe und Nürnberg herrschte überall gähnende Leere. In Hamburg kamen fünfzehn Leute in die »Zinnschmelze«. Im Kölner »Underground« schauten zumindest einige Dutzend aus der angeschlossenen Kneipe vorbei. Doch etwas war hier anders: Die rheinische HipHop-Szene begutachtete wenigstens unsere selbstgeschnitzten Reime. Wir schwatzten mit DefCon von *L. S. D.* über ihre erste Platte »Competent« und lernten Scope von den *Rude Poets* kennen, dessen wortgewandter Partner Chicken George einige Raggamuffin-Strophen auf kölsch zum besten gab. Weder sie noch wir waren offenbar die einzigen, die mit der eigenen Sprache herumexperimentierten. Zumindest in Köln-Ehrenfeld geriet der »Hip'n'Roll-Swindle« zum historischen Meinungsaustausch in Sachen Deutsch-Rap. Damals war noch nicht abzusehen, daß wir in den nächsten zwei, drei Jahren zum beliebten Haß-Thema der sogenannten Diss-Nummern werden würden. Scope verkündete: »Alles, was nicht *hardcore* ist, wird gedisst!« Und natürlich bekamen wir als »Singsang-Truppe« gehörig unser Fett weg.

An jenem Abend wurden die Claims noch abgesteckt, danach erhöhte sich die Geschwindigkeit. Es mag ein Zufall gewesen sein, daß wir als erste die Chance bei einer großen Plattenfirma bekamen. Doch im Gegensatz zu allen anderen hatten wir wirklich den vermessenen Plan im Kopf, groß herauszukommen.

Zwischenspiel:
Häßliches Entlein im Musterkoffer

Als Addo Casper von EMI Publishing das aluminiumgrau schimmernde Hochhaus in der Frankfurter Bleichstraße betrat, ahnte er nicht, welch bedeutungsschwere Last er in seinem Musterköfferchen herumtrug. Sein Verlagsvertrag mit den *Fantastischen Vier* war mehr ein Schuß ins Blaue gewesen als eine wohlkalkulierte Überzeugungstat. Ein Geistesblitz, den man sich für 5000 Mark Vorschußrisiko schon mal leisten konnte.

Mit HipHop hatte Casper nicht viel am Hut. Er kannte natürlich dessen geschäftliche Dimensionen in den USA, schließlich hagelte es dort reihenweise Gold- und Platin-Schallplatten; doch die musikalischen Feinheiten und kulturellen Hintergründe sagten ihm wenig. Zur Einschätzung des deutschen Marktes schien das völlig auszureichen, schließlich war die neue Rap-Generation bislang ein Thema für Spezialisten geblieben. Außerdem wirkten die erklärungsbedürftigen Botschaften von *Public Enemy* oder KRS One in den Augen der Vermarkter etwas befremdlich: Schwarzer Nationalismus? Schwarze Moslems? Back To Africa? Malcolm X? Nation Of Islam? Niggers With Attitude? Die Dancefloor-Abteilungen waren mit dieser Art von »Black Music« überfordert, die Progressive- und Alternative-Sektionen hatten noch weniger Erfahrung.

Kleine Disco-Labels wie zyx-Mikulski aus Elbtal-Dorchheim oder die niederrheinischen Aufsteiger von BCM (»If You're Not Into Rap, You Must Be Out Of Touch«) erledigten den Kulturtransfer der *Jungle Brothers, Stetsasonic, EPMD, De La Soul* oder *Ultramagnetic MCs* auf hemdsärmelige Art. Innerhalb von zwei Jahren war das Genre ins Kraut geschossen. Aus der New School hatte sich eine Next School entwickelt.

In der Bleichstraße residierte die deutsche Musikzentrale von Sony, die über ihre angeschlossenen Markenzeichen Epic oder Columbia Künstler und Bands wie Michael Jackson, *REM* oder die *Bangles* betreute. Erst 1989 hatte der japanische Elektrokonzern im Rahmen seiner weltweiten Entertainment-Strategiepläne das traditionsreiche amerikanische CBS-Label für die Riesensumme von zwei Milliarden Dollar aufgekauft. Zusammen mit den Firmengruppen Polygram, EMI, BMG-Ariola und WEA gehörte Sony Music nun zu den »Majors«, den größten Popmusik-Konzernen der Welt, die auch in Deutschland nahezu 85 Prozent des Schallplattenumsatzes machten.

Casper fuhr in die fünfte Etage zu einem Routinebesuch bei Fitz Braum, dem neuen Chef der Abteilung »Artist & Repertoire«, kurz »A & R«. Neben den internationalen Stars, die sie über den Konzernverbund zumeist aus den USA oder Großbritannien zur regionalen Vermarktung geliefert bekommen, kümmert sich jeder »Major« auch um die heimische Popmusik. Diesen Job übernehmen die A&R-Menschen. In Braums CBS-Zeit seit 1982 gehörten Nina Hagen, *Spliff*, Nena, die *Ace Cats*, *Die Münchner Freiheit* und *Die Ärzte* zum Programm der damaligen »family of music«.

Casper spielte Braum vier, fünf hoffnungsvolle Projekte vor und stieß jedesmal auf ein definitives »uninteressant«. Braum fragte, ob er nicht etwas Schwierigeres in seinem Koffer hätte, es könnte durchaus auch Material sein, das bei anderen Firmen schon durchgefallen war. Schließlich fischte Casper die Kassette mit den *Fantastischen Vier* aus seinem Koffer und schob sie in den Recorder. Braum hatte noch nie vorher von der Existenz dieser Band gehört und konnte die Reime auch nur schwer verstehen. Merkwürdige Idee, dachte er nur. Rapmusik mit deutschen Texten? Unter Umständen ein interessanter Ansatz ...

Braum versprach Casper, sich eingehender mit dem Demo-Tape zu beschäftigen. Als ersten Schritt ließ er die Aufnahmen im Haus kreisen. Worauf sich prompt die Kollegen aus dem gerade ins Leben gerufenen »Dancepool« meldeten, die sich schwerpunktmäßig um Black-Music- und Disco-Formate aller Art kümmerten. Das örtliche Studioprojekt *Snap* mit Rapper Turbo B., hieß es, würde gerade beim »Logic«-Label in Offenbach zu einer vielversprechenden Mixtur ansetzen. Außerdem gäbe es ein »Dancepool«-Projekt namens *Culture Beat*, ob man diese Typen nicht in die gleiche Richtung stricken könnte. *Snap* und *Culture Beat* feierten später internationale Millionenerfolge. Mangels Ordnungskriterien für diesen überaus populären Stilmix erfand die britische Musikpresse die Hilfsformel »EuroDance«.

Fitz Braum wußte bislang wenig über die *Fantastischen Vier*, doch eine »EuroDance«-Option kam nicht in Frage. Seine Analyse lautete: Die Songs klangen unkommerziell bis unverkäuflich, sie hatten keinerlei Aussicht auf Radioeinsatz. Die Fachpresse würde sie zerreißen. Fernsehen und Mainstream-Medien konnte man sowieso abhaken. Ein nächster Schritt konnte nur heißen: Live anschauen – was für ihn ohnehin das wichtigste Kriterium war.

Vor Weihnachten 1990 fuhr Braum ins Bonner »Brückenforum« und erlebte einen Auftritt, der ihn nicht überzeugte. Die *Fantastischen Vier* kämpften mit schlechten Mikrophonen, ihre Texte hallten als Lautbrei durch den Saal. Doch Braum registrierte einen gewissen Stil bei den Akteuren, trotz aller Unzulänglichkeiten wirbelten Charakterköpfe über die Bühne. Sein Kollege Bernd Rathjen aus dem Sony-Produktmanagement zeigte sich weniger analytisch. Er kam zu der weisen Erkenntnis, das Ganze sei wohl doch nur HipHop.

Trotzdem. Der entscheidende Moment war Braums Besuch hinter der Bühne. Es kam zwar zu keiner großen Unterhaltung oder gar Verbrüderung, weil Andy, Smudo, Thomas und Hausmarke heftig über ihren Auftritt lamentierten. Braum hörte einfach nur zu und stellte fest, daß er weder auf ein Zufallsprodukt aus der Retorte gestoßen war noch auf altgediente Musiker, die sich gerade dem nächstbesten Trend widmeten ...

Braums Aufmerksamkeit entsprang durchaus einer gewissen Notsituation. Als neuer A & R-Chef mußte er irgendwann beweisen, daß seine ständige Kritik an der rückwärtsgewandten Nachwuchspolitik bei CBS / Sony auch umsetzbar war. Nachdem sich *Die Ärzte* mit ihrem Live-Album »Nach uns die Sintflut« Anfang 1989 »endgültig« aufgelöst hatten, wurden nicht nur ihre Umsätze schmerzlich vermißt. Braum hatte immer für Talente und gegen Sicherheitsdenken plädiert. Jetzt mußte er zeigen, wie man Erfolge außerhalb des Mainstream-Lagers rekrutierte. Die Großwetterlage für Braums Vorhaben war jedoch alles andere als vielversprechend. Seit den frühen Tagen der *Beatles* orientierte sich die Popmusik in der »Vertriebsregion GAS« (Germany, Austria, Switzerland) weitgehend an anglo-amerikanischen Strömungen. Sie kupferte ab, setzte um, deutschte ein und schuf eine Handvoll Sprachraum-Superstars. Ausnahme-Erscheinungen wie *Can*, *Kraftwerk* und *Einstürzende Neubauten* standen Tausende Bands und Solisten gegenüber, die sich mit dem tödlichen Standardkommentar zufrieden geben mußten: »Für 'ne hiesige Band ganz o. k.«. Der letzte große Sprung nach vorn war mit Punk, New Wave und den Spätfolgen gekommen, doch Ende der Achtziger schien dieses Terrain endgültig abgegrast.

Sollte man es wagen, eine deutschsprachige Interpretation eines ureigenen schwarzen Musikstils herauszubringen?

Seit den Tourneen des angeschlossenen DefJam-Labels mit *Public Enemy*, LL Cool J und den *Beastie Boys* konnte man sich auch in der Bleichstraße ein ungefähres Bild der Begeisterung deutscher HipHop-Fans machen. Zwar litt die Qualität der Konzerte unter den auf Rock'n'Roll-Shows zugeschnittenen Hallen; auch die bewährten Stimmungssprüche wie »Say ho« oder »Throw your hands in the air« verkamen zu stereotypen Posen. Doch die Faszination stellte sich gleich wieder ein, wenn es auf Club-Ebene spontaner und direkter wurde. Das waren die Momente, die selbst den expliziten Nichtfachmann Fitz Braum über die Möglichkeiten des Sprechgesangs im deutschsprachigen Raum nachdenken ließen. Doch er war nicht der Mann, der jedem amerikanischen oder britischen Trend eine heimische Band hinterherwarf. Schließlich hatte er in seinen Anfangsjahren noch den Rummel um die Old-School-Legende Grandmaster Flash mitbekommen, der ebenfalls bei CBS unter Vertrag war. Auch damals hatten sich viele auf das neue »Ding« gestürzt, doch letztlich waren nur einige schnelle Disco-Produktionen und diverse Klamauk-Rap-Nummern entstanden. Braum jedoch suchte Talente. Er hätte den *Fantastischen Vier* auch dann eine Chance gegeben, wenn sie Punk oder sonstwas gemacht hätten.

Allerdings bereiteten ihm die schwierigen und stellenweise reichlich albernen Fanta-Bänder einige Bauchschmerzen. Er hatte seine Erfahrungen mit den *Ärzten* gemacht, dem Äußersten, was man sich bis dahin bei der Industrie leisten konnte. Dazu der schwer verdauliche Standort. Was aus Stuttgart kommt, hatte er selbst einmal verkündet, würde nicht unter Vertrag genommen. Kategorisches Verbot. Eine uncoolere Popgegend konnte es kaum geben.

Nachdem aber ein Berliner DJ namens Westbam bereits 1988 auf seiner Maxi »A Long Hard Dick« komische Sachen mit HipHop-Schnipseln angestellt hatte, ergab sich das weitere Vorgehen von selbst: Braum mischte sich nicht in stilistische Fragen ein; er hatte jedoch genügend Erfahrung gesammelt, wie man ungewöhnliche Ansätze in der Unterhaltungsindustrie mittelfristig durchsetzte. Damit lautete die Aufgabenteilung: Ihr macht kerzengerade euer Ding, nehmt so schnell wie möglich eure erste LP auf. Was dabei Single wird und ob überhaupt eine potentieller Song dabei ist, spielt erst mal überhaupt keine Rolle. Geht auf Tour, predigte er. Nehmt jede Live-Gelegenheit wahr. Er redete der Band die Vorstellung aus, solange Maxi-Singles zu veröffentlichen, bis es in der Clubszene rauchte. Das hatte keine Chance neben den internationalen Dancefloor-Projekten. Kein DJ, der was auf sich hielt, spielte deutschsprachigen Kram. Für ihn war diese Band nur über Bühnenpräsenz bekannt zu machen.

Die weitere Ausrichtung lautete schlichtweg: Macht, was ihr wollt, aber zieht es durch!

Michi: **Erstling**

Glück? Zufall? Zur rechten Zeit am rechten Ort? Der liebe Gott schützt Kinder und Liebende, sagt der Volksmund. Auch uns hatte irgendeine höhere Instanz ins Herz geschlossen: Wir ergatterten den Sony-Deal im Blindflug und wurden nicht über den Tisch gezogen! Wir übersprangen damit die ehrenvolle, aber mühselige Ära bei einem Independent-Label, ohne dafür Lehrgeld zahlen zu müssen. Kein Erfolgsproduzent mit Hitgarantie tauchte auf, auch penetrante Styling-Vorschläge einer übermotivierten Marketingabteilung blieben aus.

Wie es auch hätte laufen können, erfuhren wir nebenher. Peter Cadera von der heimatlichen Stuttgarter Plattenfirma Intercord, unser zweites heißes Eisen im Showgeschäft, bekundete vages Interesse an unserem Bandmaterial. Er ließ den kosmopoliten Branchenfuchs mit Polydor-London-Erfahrung raushängen, und am Nikolaustag '90 erschien er sogar zum »1. Dancefloor Club« in der »Boa«. Cadera wirkte profimäßig angeödet, klemmte sich an die Bar, langte zu und verzichtete vorsorglich auf jede Kontaktaufnahme. Sein späteres Angebot lautete: er könne sich unter Umständen vorstellen, uns weiterzuentwickeln. Seine Vision konzentriere sich allerdings auf die deutschsprachigen Texte. Party und Dancefloor könnten wir vergessen, HipHop sowieso; ihm schwebten die »*Fehlfarben* der Neunziger« vor. Ob das nun ernst gemeint war oder nicht: solche lauen Vermarktungskonzepte waren typisch für das Verhältnis der Industrie-Plattenfirmen zu jungen Nachwuchsbands. Man wurde als Rohmaterial für vermeintliche Marktlücken betrachtet und stolperte nach Vertragsabschluß durch ein verordnetes Image. Wir waren jetzt in der luxuriösen Position, nicht lange über solche Umkrempelungsangebote nachdenken zu müssen.

Die Vertragsunterzeichnung bei Sony Music in Frankfurt mit Sektchentrinken und Händchenschütteln verlief unspektakulär. Fitz saß an seinem Schreibtisch vor goldenen Nena- und *Ärzte*-Schallplatten und murmelte ein ums andere Mal im hessischen Tonfall: »Isch finns gail«. Ein Spruch, der zum *running gag* wurde, wann immer wir mit Braum zu tun hatten.

Ansonsten änderte sich für mich erst mal wenig. Aus einem Zivi beim Roten Kreuz wurde ein Zivi mit Schallplattenvertrag, der sich für die wirtschaftlichen Dimensionen und Feinheiten nicht interessierte. Jeder von uns erhielt 5000 Mark Vorschußanteil, alles weitere fiel in Bärs Verantwortungsbereich. Eine Buchhaltung existierte nicht; erst Jahre später haben wir die Frühphase mal grundsätzlich abgeklärt. Von Bärs finanziellen Abgründen und den Gläubigern im Hintergrund wußten wir damals wenig. Er war der manische Antreiber mit vielen Kontakten und einer gönnerhaften Seele. Wir waren immer blank, und er mußte ständig für uns einspringen. Dennoch fehlte ihm das entscheidende Chromosom oder die Windung im Gehirn, die ihn wissen ließ, wieviel Geld er gerade wirklich zur Verfügung hatte. Ob das 100 oder 100 000 Mark waren, spielte keine Rolle. Seine Großspurigkeit wirkte auf uns ungemein professionell. Er regelte unser gemeinsames Ding – wie er das machte, war erst mal scheißegal.

Entscheidender war für mich, daß Fitz Braum meiner Dienststellenleiterin Frau Reiche einen Brief mit der höflichen Bitte schickte, ob sie mich nicht zurück- oder freistellen könnte. Schließlich müßten wir wegen der ersten Platte ins Studio. Sie reagierte außerordentlich cool. Sie nahm mich beiseite und meinte:»Michael, wenn wir dich jetzt freistellen, mußt du das irgendwann mal nachholen. Kann ich machen, ist ja auch

eine Chance für dich. Aber wenn es tatsächlich so laufen sollte, wie der Plattenmanager hier schreibt – dann wirst du dafür
nie mehr Zeit haben.« Ich druckste herum, wir würden das
schon irgendwie hinbekommen, ich könnte vielleicht Sonder-
schichten oder Nachtdienste übernehmen. Sie grinste nur –
zwei, drei Monate lang durfte ich für einige Nachmittage verschwinden.

Als der Zivildienst vorbei war, wollte ich auf keinen Fall wieder als Stahlkaufmann arbeiten. Ich hatte noch ein bißchen
Geld übrig, also reichte es völlig aus, im »On-U« und »Musicland« ab und zu Platten aufzulegen.

Durch den Plattenvertrag änderte sich unsere Musik keinen
Millimeter. Niemand von uns wäre auf die Idee gekommen, es
gerade jetzt ganz besonders *richtig* machen zu müssen. Der
Rapper-Kollege Kolute behauptete zwar zur Veröffentlichung
der ersten Single seiner Band *L. S. D.*, man müsse als Nicht-
Ami, Deutscher und Weißer achtmal so gut sein, um im internationalen HipHop-Maßstab akzeptiert zu werden. Doch
solch verbissenes Streben nach Weltniveau, das letztlich
auch nur eine Underground-Platte aus Euskirchen hervor-
brachte, paßte nicht zu uns.

Wir hockten weiterhin blödelnd und kiffend in Andys Ludwigsburger Jugendzimmer herum und ließen die Mainstream-
Passagen aus den Anfangsjahren auch 1991 an ihrer Stelle.
Für Smudo und Thomas existierte »HausMeister« mit dem
wohlbekannten »Brickhouse«-Sample seit ihrer Gerlinger Par-
ty-Zeit. Das Stück hatte bereits eine persönliche Geschichte,
also konnte auch ich damit leben. Der sportive Charakter des
HipHop, möglichst unbekannte Funk- oder Soul-Samples zu
verwenden, sollte bei uns nicht in einen Seltenheits-Overkill
münden. *De La Soul* als ungekrönte Meister der leichtfüßigen
Komposition hatten schon ein, zwei Jahre zuvor gezeigt, in
welche Richtungen man die Quellen-Suche treiben konnte.
Selbst weiße Popbands wie die *Turtles* oder *Hall & Oates* fanden sich in ihren Songs wieder. Wir experimentierten mit

Sprachfetzen aus »2001«, der »Sesamstraße« oder »Krieg der Sterne« und waren felsenfest davon überzeugt, damit eigene Wege zu beschreiten. Die nachfolgende Rap-Generation jedenfalls griff einige unserer Ideen bereitwillig auf.

Ein paar Samples stammten von mir. Einige waren alt, andere stammten direkt aus dem Nachtleben. Grundsätzlich funktionierte das so: Wenn im Lauf eines Abends ein ganz bestimmter Sound im Ohr hängenblieb, mußte der DJ dran glauben. Die meisten waren nett und reichten bereitwillig das Cover rüber. Wenn nicht, mußte man versuchen, Band, Song und Label auf dem drehenden Plattenteller zu entziffern. Die Engländer nannten diese – manchmal rudelweise auftauchenden – Mischpult-Glotzer »deck sharks«, und in manchen Clubs gab es mehr oder minder ernstgemeinte Warnschildchen mit der Aufschrift »No Deck-Sharking«.

In Stuttgart lief das natürlich entspannter ab, und so fand man am nächsten Morgen einen Zettel oder einen bekritzelten Bierdeckel mit bestimmten Songtiteln in der Jackentasche. »Großstadt«, einer der wenigen trickreich produzierten Titel unseres Debüts, entstand auf diese Weise. Smudo entdeckte das *Fatback*-Stück »Bus Stop«, dessen Baßlauf immer wieder neu ansetzte und das Rückgrat unserer Version bildete, während seiner Barschicht im »On-U«.

Rap-historisch gesehen saßen wir mit unserem Sammelsurium, das sich über drei Jahre aufgetürmt hatte, natürlich zwischen allen Stühlen. HipHop in den späten Achtzigern lebte von der Wiederentdeckung vergessener Funk- und Soulplatten. Ganze Refrains oder *hooklines* von Otis Redding, Bobby Byrd oder Marva Whitney wurden übernommen und – versetzt mit frischen Beats – neu zusammenmontiert. Die Platten-Compilation »Ultimate Breaks & Beats« war sogar darauf spezialisiert, schwer erhältliche, aber besonders HipHop-taugliche Originalstücke zur weiteren Verwendung in Clubs und Studios zusammenzustellen. Damit war nicht nur das Prinzip erkannt, auch das Material wurde weltweit greifbar.

Michi Beck 1991 in Stuttgarts Soundzentrale »On-U«

Strenggenommen hätten wir 1991 einige Fragmente unseres alten Rohmaterials in die Tonne kloppen müssen. Einstmals revolutionäre Geistesblitze drohten zur Dutzendware zu werden. Doch weil wir gar nicht in der Tradition einer ehemals schwer angesagten und jetzt schwer abgesagten Schule standen, stellte sich für uns diese Frage auch nicht. Das vorliegende Material trug unser Lebensgefühl, basta. Die Speerspitze der Avantgarde wollten wir ohnehin nicht werden.

Die Kaffeekanne stand immer griffbereit. Wir hockten auf dem Boden herum, bis man die Luft in Scheiben schneiden konnte. Unser chaotisches Arbeitssystem, von der Textbaustelle zur Sound-Idee und wieder zurückzuschwenken, hatte sich mittlerweile eingespielt. Unter dem Schreibtisch standen zwei Kassettenrecorder, der Synthesizer und diverse selbstgebaute Effekt- und Rhythmusgeräte. Für jeden Produktionsschritt wurden die einzelnen Module entsprechend neu verkabelt und verstöpselt. Nicht gerade die komfortabelste

Lösung, doch es funktionierte. Hin und wieder schaute Andys Vater kopfschüttelnd in unserer Hexenküche vorbei. Mal servierte er Schnittchen, mal flog das benutzte Geschirr, das wir einfach in der Küche stehengelassen hatten, kommentarlos in den Raum. Keine Ahnung, ob er sich vorstellen konnte, was der Herr Sohn mit seinen verrückten Freunden da aussheckte. Wirklich neu war eigentlich nur der »Akai S 1000«-Sampler, mit dem sich Andy für die Endproduktion im Studio vertraut machen mußte. Nach dem Prinzip »Kennenlernen durch Ausprobieren« erkundete er die unendlichen Möglichkeiten der digitalen Musikproduktion damit, und zwar manchmal derart gründlich, bis uns schwarz vor Augen wurde. Wir befürchteten, er würde sich eines Tages in Nullen und Einsen auflösen. Letztlich führte diese Frickelei dazu, daß der »Jetzt geht's ab«-Sound nicht jene rauhe Schönheit bekam, die ich mir manchmal gewünscht hätte. Dafür gelang es uns aber – zum ersten und letzten Mal –, den vorgegebenen Abgabetermin genau einzuhalten.

Smudo: **Schnitte**

Für Gesangsaufnahmen und finalen Mix blieben wir Klaus Scharff und seiner sympathischen Rumpelkammer im »Basement«-Studio treu. Als Thomas und ich in den ersten beiden Tagen zielsicher unsere Strophen neben die Beats setzten, hob Klaus zu einem kleinen Grundkurs in Sachen Vokaltraining an. Locker werden durch Einsingen, hieß eine erste Lektion: Kopfhörer auf und erst einmal mitgrooven, dann einmal, zweimal, siebenmal eine Aufwärmstrecke rappen. Dann wurde aufgenommen. Immer wieder und wieder neu, bis ich mich völlig leer und unfähig fühlte.

Dabei gab es doch diese wunderbar schlüssigen Legenden aus New York: Vor dem Ausgehen schaute man mal eben im

Studio vorbei und riß seine Zeilen frei Schnauze herunter. Vierzehn Tage später stand der Song dann fertig gepreßt im Plattenladen. Statt dessen bekam ich, leicht angesäuert, mit, daß es offenbar durchaus üblich war, Schnitte zwischen die einzelnen Strophen zu setzen! Das ging an die Rapper-Ehre. Ich lamentierte herum, von wegen Spießermethoden und altmodischem Quatsch, doch Klaus behauptete, alle würden es so machen. Zum Beweis spielte er mir einige Songs von *Gang Starr* vor. Und siehe da: Man bemerkte die Schnitte zwar nicht, aber es war zu hören, daß der Rapper-Guru viel zu selten einatmete. Auch wir kamen also nicht um die Finessen der Studiotechnik herum.

Im Lauf der Zeit entwickelte jeder seine besonderen Marotten. Ich machte im Aufnahmeraum gerne das Licht aus, damit mich niemand bei meinen Mikro-Verrenkungen beobachten konnte. Das gipfelte im nächsten Jahr sogar darin, daß wir bei »Arschloch« den Tonfall nicht cool genug fanden und kurzerhand unsere Hosen auszogen. Wir dachten, mit heraushängenden Schwänzen würde die Sache organischer klingen.

»Dreck an die Wand werfen und sehen, was hängen bleibt« – so lautete der wichtigste Merksatz für Nachwuchsarbeit bei der Plattenindustrie. Bär sah das unromantisch. Während wir uns im Studio abstrampelten, versuchte er uns immer wieder klarzumachen, daß alle Mühe ohne geschäftliche Begleitmaßnahmen für die Katz wäre. Jetzt würde eben der Unterschied zwischen Hobby- und Profimusik beginnen. Er mietete für die nächsten Monate einen »Sixt«-Dauerleihwagen. Damit fuhr er regelmäßig nach Frankfurt, stiefelte durch die Sony-Büros und erzählte jedem, den es angehen könnte, von unseren musikalischen Fortschritten.

Hauptansprechpartner blieb natürlich unser »Entdecker« Fitz Braum, mit dem Bär eine Art Busineß-Brüderschaft schloß, die über schmutzige Branchenwitze und gelegentliche Kneipenbesuche hinausging. Sie bastelten an unserem *standing* innerhalb der Firma, schließlich waren wir nur ein kleines Veröffentlichungsprojekt unter vielen. Hausintern kursierte gerade der Entwurf für ein Faltblatt zur kommenden Musikmesse »Popkomm« in Köln, auf dem sich Sony als edelmütige Adresse für heimische Talente präsentierte: »Artist Development ist eine Frage der Einstellung«, hieß es. »Der Aufbau von neuen Künstlern ist die Visitenkarte einer Plattenfirma. Einfach nur sichtbar viel Geld ausgeben, kann jeder. Künstler zu finden, wo sie zu Hause sind, sie entsprechend ihrer individuellen Eigenarten zu fördern und zu produzieren, fair zu beraten, ihnen und sich selbst die nötige Zeit zu geben und ruhig mal was auszuprobieren: Das ist Artist Development«. *The Pilgrims*, *The Slags*, *Peacock Palace*, *Die Lassie Singers*, *Nationalgalerie* und *Smiles in Boxes* und *Die Fantastischen Vier* wurden als »Klasse von '91« ins Rennen geschickt.

Als einzige Nicht-Gitarrenband genossen wir einen gewissen Exotenbonus, der uns ohne Schwierigkeiten verzögerungsfrei durch die Band-Endabnahme brachte. Fitz war zufrieden. Und das Produktmanagement versuchte nach besten Kräften, unsere merkwürdigen Entwürfe zu verstehen.

Ende Juni '91 war es dann soweit, Start frei für die erste Stufe: Als Vorab-Single wurde »Hausmeister Thomas-D.« – mit dem echten Sony-Hausmeister aus der Bleichstraße als Coverstar – an alle wichtigen DJs und Trendläden verschickt. Unser Partysong aus dem Gerlinger Kraftraum verursachte in diesem Insider-Zirkel, dem Monat für Monat Dutzende Promotion-Exemplare frei Haus in den Briefkasten flatterten, nicht gerade ein Erdbeben. »Deutscher Rap-Knüller mit *Commodores*-Sample. *Die Ärzte* machen in HipHop«, aus dem »ME / Sounds« war noch die freundlichste Notiz. »SPEX« erinnerte daran, daß Frank Zander zur gleichen Zeit mit »Absolut Gut« einen noch schlechteren Blödel-Rap vom Stapel ließ und verlieh »den silbernen Nerd für die originellste Zusammenstellung zerscratchter Hochkultur-Samples.« Fazit: »Gequirlter Kinderquatsch vom Feinsten.« Erste Interviews mit lokalen

Stadtmagazinen ließen ahnen, was auf uns zukam: »Hip.
kommt aus den schwarzen Ghettos. Ihr hattet aber im schwäbischen Stuttgart eine wohl eher durchschnittliche Jugend.
Wie paßt das zusammen?«

Schönen guten Abend, meine Damen und Herrn
wir machen Rap-Musik und wir hören sie auch gern
Herzlich willkommen zu unserer Show
und meine Wenigkeit, ich heiße S. M. U. D. O.
Mit mir am Mikrophon, mein Kumpel Thomas D.,
an den Plattenspielern Burger B – D.J. Hausmarke
Andy Ypsilon am Rhythmus-Sample-Klavier
Heute abend für Sie: die Fantastischen Vier
(Jetzt paßt auf)

So sah es also aus, unser erstes Album: die Essenz der späten Teenagerjahre, verpackt in ein uninspiriertes, rotes Knit-
tercover. Wir waren stolz darauf, es endlich in Händen zu halten, wunderten uns aber über die schläfrige Aufmachung. Die
Collage mit Bildern aus den Anfangstagen weckte zwar freu-
dige Erinnerungen: das erste Heimstudio, meine legendäre
goldene »Warsteiner«-Jacke, Rapper-Posen auf dem Schrott-
platz und Michi Becks selbstgemachtes Sesamstraßen-T-
Shirt. Doch alles andere? Selbst die häßlichen, mit dem Na-
deldrucker meines Vaters fabrizierten Textausdrucke hatte die
Sony-Hausgrafik unverändert übernommen und einmontiert.
Nichts gegen Trash-Layout, doch dieses Cover wirkte wie auf
einer Arschbacke abgesessen.

Aber die Nörgelei unseres Stilministers Michi Beck lief ins
Leere: selber schuld, hieß es im »On-U«. »Wer so wichtige Arbeiten in die Hände fremder Apparatschiks gibt, braucht sich
über das Ergebnis nicht zu wundern.«

Wir waren zu jung, zu brav und zu unbedarft zur Durchset-
zung klarer Vorgaben – die wir, nebenbei bemerkt, gar nicht in
petto hatten. Nun mußten wir mit einem Erscheinungsbild le-

ben, das niemanden so recht zufriedenstellte. Auch bei der Plazierung in den Plattenläden standen wir anfangs im Deutschrockfach neben Peter Maffay und *BAP*. Vertriebslogik: Wir erfüllten weder die Ordnungskriterien für »Black Music« noch für »Alternative«. Bär erkämpfte schließlich für uns ein Fach im HipHop-Umfeld.

Immer wieder hieß es: Wie wir es nur wagen könnten, unsere Texte auf Party und Spaß zu beschränken! Schließlich sei HipHop doch eine Musik der unbequemen, harten, gar politischen Botschaften.

Für bestimmte Bereiche im weiten Spektrum des amerikanischen Raps Anfang der Neunziger stimmte das. Doch auch da hatte es einige Jahre gedauert, bis Nachfolger von Kurtis Blows Disco-Reimen – »all the ladies in the house say ohhh ...« – vermeintlich relevantere Zeilen zu schmieden begannen. Als *wir* 1988 langsam in die Gänge kamen, war das New Yorker Label Cold Chillin' mit Marley Marl, MC Shan, Roxanne Shante, Biz Markie oder Big Daddy Kane gerade schwer im Gespräch. Supermusik, keine Frage. Doch worüber haben die geredet? Über sich, über Alltägliches, über Sex und Musik. Warum auch nicht? Wir waren fasziniert, wie wenig die mit vielen Worten sagten. Wir wollten diese Leichtigkeit in *unsere* Welt übersetzen. So entstanden, neben den eher atmosphärischen Bildern wie in »Großstadt« oder »Auf der Flucht« mit »Jetzt geht's ab«, »Hausmeister« oder »Mikrofonprofessor«, die typischen Bläh-Raps, wie sie Bär immer nannte ...

He Leute was geht ab, oder seid ihr schon schlapp?
Na guck mal was ich hab, ich hab 'nen tollen Rap
Von Westen nach Osten, von Ost nach West
ich rappe zur Musik und dann geb ich euch den Rest
Ich bin der Trommelfellputzer, der Schallplattenputzer
der Rhythmusverwutzer und der Mikrofonbenutzer
Sag S. M. U. das D. das O. – Ich rock das Haus in Stereo
(Mikrofonprofessor)

Zu irgendeiner ernsten Aussage fehlte mir damals eindeutig der Mut. Ich mußte dabei immer an Mutters Tucholsky-Vorliebe denken. Dessen Appell, »nichts erfordert mehr Mut und Charakter, als sich im offenen Gegensatz zu seiner Zeit zu befinden und laut zu sagen – Nein!« hing noch aus den APO-Zeiten bei ihr an der Wand. Unsere Rebellion hieß Spaß. Wir suchten unsere Bestimmung ganz bewußt im freien Fluß naiver Gedanken.

Zurück von seiner Frankfurter Pendelmission, bat Bär zum Meeting in sein neues Hauptquartier über der Disco »Musicland« in der Reinsburgstraße. Der geheimnisvolle Unterton in seiner Stimme ließ bedeutendes vermuten, und nachdem der übliche Kleinkram abgehakt war, kam er auch gleich zur Sache. Nach rund vierzig Auftritten in Discos und Rock'n'Roll-Clubs, verkündete er, wäre die Aufwärmphase im Off abgeschlossen. Mit der Platte im Rücken kämen Musikkritik und Medienwelt ins Spiel. »Von daher, meine Herren, kann die einzige Lösung nur heißen: Professionalität.« Er hatte sich mehrere Ideen notiert. Die ausgeflippteste und teuerste war das »Boom-Car«, eine Art Fanta-4-Mobil, über das wir kürzlich noch freischwebend herumgesponnen hatten. Die in einen Opel Admiral montierte 1500-Watt-Anlage würden wir der Plattenfirma genauso als unverzichtbare Maßnahme verkaufen wie eine komplette, feuerrote »Jetzt geht's ab«-Lackierung. Lustigerweise pickte sich Sony ausgerechnet diese Maßnahme aus Bärs Katalog.

Außerdem hatte er spezielle *Flightcases* für unsere neuen Funk-Mikrophone und zwei verchromte Sonderausfertigungen von Technics-1210-Plattenspielern in Auftrag gegeben. Bär fand Geschmack an den Gepflogenheiten des internationalen Band-Managements: der vertraglich zugesicherte Hummer für den nicht gerade superprominenten US-Rapper Redhead Kingpin war da noch das Popeligste. Wenn man nicht den großen Schuh macht, lautete Bärs Maxime, wird man auch nicht ernst genommen.

tz beherzter Profistrategien wuchsen die Bäume nicht in Himmel. Das erfuhren wir bei einer Stippvisite auf der dritten Popkomm in Köln, wo sich exakt niemand für uns interessierte. Zwischendurch hatten wir die ersten Rückläufe der »Hausmeister«-Bemusterungsaktion studiert. Sonderlich vielversprechend klangen die eingeforderten Antworten nicht gerade. Auf fotokopierten DIN-A4-Bögen teilten Club-DJs und Trendschreiber der Plattenfirma mit, unsere verschiedenen Mixversionen seien weder sonderlich »kickend« noch »dancefloor-tauglich«. Larifari-Aussagen wie »ganz erfrischend, aber viel zu lieb« oder »Sonnenschein-Pop mit Rap-Geschmack« heiterten unsere Stimmung nicht unbedingt auf. Lediglich einige Radiomenschen kündigten den Einsatz in ihren Spezialsendungen an – immerhin.

Einige Tage nach der Popkomm-Nullnummer traten wir zur Sony-Vertriebstagung im Sporthotel »Hetzel« am Schluchsee / Hochschwarzwald an. Fitz wollte sein neues *Signing* innerhalb der Firma vorstellen und hatte uns um einen kleinen Showblock gebeten. Diese einmal im Jahr stattfindenden Treffen sind eine Mischung aus Betriebsausflug, Produktvorstellung und Motivationscamp. Je nach Gemütslage der Geschäftsführung wird der Geist der Firma entweder mit gruppendynamischen Orientierungsmärschen im Naturschutzgebiet oder – traditioneller – mit reichlich Alkohol und Schwenkbraten beschworen. Bodenständige Vertretertypen, die tagaus, tagein beim Zentraleinkauf von »Karstadt« oder »Saturn« um Bestellmengen ringen, dürfen endlich mal den Spinnern aus den Kreativabteilungen ihre Meinung geigen. Die verschiedenen Unterlabels stellen in einem Schnelldurchlauf ihre zukünftigen Schwerpunkte vor. Musik definiert sich bei solchen Treffen über Zahlen, Erwartungen und *Point-of-sale*-Maßnahmen – nirgendwo ist Pop so wenig Kultur wie hier.

Ansonsten geht alles schwer happy zu. Die Branchenfachpresse braucht heiter-dynamische Bilder für ihre ausführlichen Berichte aus dem Entertainmentgeschäft. Für sensible Künstlertypen ist das gemeinhin der Horror selbst. Bär versicherte uns aber, solche innerbetrieblichen Nummern gehörten zum Profi-Dasein. Schließlich würden diese Leute für uns arbeiten, und ohne den Vertrieb könnte man gleich einpacken. Wir nickten beflissen. Vor bekloppten Auftritten hatten wir nun wirklich keine Angst. Im Laufe des Nachmittags montierten wir unsere Anlage in der hoteleigenen Kellerdisco »Zinngrube«, wo allerlei Blechpötte die rustikalen Holzregale zierten. Die improvisierte Minibühne vor dem künstlichen Kamin war bestenfalls ein Karaokepodest, aber Tuchfühlung mit dem versammelten Sony-Personal war damit zumindest garantiert.

Als sich die Vertriebsmeute gegen Abend zum gemütlichen Besäufnis zusammenfand, waren zuerst die Kollegen vom »Dancepool« an der Reihe. Sie schickten *B. G. Prince Of Rap* ins Rennen: internationaler Disco-Standard aus deutschen Landen. Hüften wippten, die Stimmung stieg. Dann trat der Dancefloor-Koordinator Herr Aupperle vor den Kamin und begrüßte die Anwesenden noch mal recht herzlich. Auf sein kurzes Handzeichen drückte jemand die Starttaste des Kassettenrecorders: Er grinste schelmisch und holte tief Luft:

> *»Hallo Leute – was geht ab? – alles klar?*
> *Ich bin Herr Aupperle – und für Freunde Gunther ›A‹*
> *Diese Woche, heute abend, gleich jetzt, gleich hier*
> *von uns, für uns – die Fantastischen Vier.«*

Die Profi-Präsentation wurde auf die Spitze getrieben. Weichgeklopft von Bärs Predigten, hatte Thomas dem Sony-Vorschlag nach einem Vertriebstagungs-Rap nichts entgegenzusetzen. Er schrieb einen Rap für Aupperle, den dieser – mit roten Ohren und beswingter Pose – leidenschaftlich vortrug.

»Mit dem Album ›Jetzt geht's ab‹ – letzte Woche erst
erschienen
werden wir und die Vier noch 'n Haufen Geld verdienen
Und auch der Plattenkonsument liegt voll im Trend
wenn er sich die Scheibe kauft oder sie zumindest kennt
Denn mit dem beigelegten Textblatt kann jeder mitreden
es gibt Bilder zum Gucken und Kleber zum Kleben
Und damit nicht genug, als garantierte Kundenfänger
gibt's auch Baseballkappen oder Messinganhänger
Wir starten auch jetzt unsere Anzeigenaktion
in »Bad«, in »Cut« und in der »Rap Nation«
in »Karstadt Music News« für die Leute von heute
oder in »Skateboard« für die wilde Skatermeute
Im Radio gehört, im Fernsehen bald gesehen
denn wir planen mit den Jungs noch einen Video zu drehen
Bald sind sie auf Tournee und auch Caveman ist dabei
Heute abend sind sie hier, und morgen auf der Loreley
Doch jetzt lehnt euch zurück, und nehmt euch 'n Bier
und freut euch mit mir auf die Fantastischen Vier
Die Jungs sind hochmotiviert und das nicht zu knapp
und wir sind es auch – denn jetzt geht es ab.«

Unter donnerndem Beifall übernahmen wir das Mikro und präsentierten unsere zehn, zwölf Nummern mit allen Hits und einigen choreographischen Mätzchen. Peinlich oder nicht, wir mußten da jetzt durch.

Es wurde ein hausinterner Stimmungserfolg. Die Firma ging voll ab und klopfte uns später am Tresen anerkennend die Schultern. Wir mischten uns, anders als viele Showacts, die nach solchen Nummern mit ihren Bodyguards in der Ecke sitzen und teure Drinks mit Schirmchen schlürfen, völlig selbstverständlich unters Busineßvolk. Mit uns konnten selbst die immer unterschätzten Vertriebsleute noch ein bißchen reden und auf die Zukunft anstoßen. Als wir uns am nächsten Morgen in Richtung Mittelrhein verabschiedeten, hieß es allseits:

Choreographie für Herrn Aupperle – Sony-Vertriebstagung '91

richtig nett gewesen. Wir hatten unsere Mission als pfiffige Nachwuchsband zum Anfassen erfüllt: Der Vertrieb mochte uns – keine schlechte Voraussetzung im komplizierten Mechanismus einer großen Firma.

Andy: Ice T, Bravo und Run DMC

St. Goarshausen am Rhein. Oberhalb dieses Städtchens feierten wir den ersten, wirklich großen Tag unserer Debütanten-Karriere. Auf dem terrassenförmig abfallenden Freiluftgelände hatte die Konzertagentur Contour unter dem Titel »Loreley Groove '91« ein großes Festival mit elf Bands zusammengebucht, das – nach dem Muster der bekannten Rock-Spektakel – einen aktuellen HipHop-Querschnitt samt seiner munter sprießenden Nachbarschaft präsentierte. Für jeden etwas: *Ice*

T und *Hi-Jack* für die harten Jungs, *De La Soul* für die Feinschmecker oder Galliano aus London für die Clubjazz- & Poetry-Fraktion.

Live spielen, wo es nur geht, so hieß die Parole unseres Mentors Fitz Braum – also rutschten wir mit Sony-Unterstützung auf den letzten Drücker ins Loreley-Programm. Mir war ziemlich egal, daß Plakate und Anzeigen bereits gedruckt waren. Der »All-Areas«-Paß reichte völlig als Souvenir. Bei der *Kerls*-Tour hatte ich noch den Job des Tonmischers übernehmen müssen, weil niemand sonst mit unserem Kassettenrecorder-, Plattenspieler- und Mikrofon-Equipment klarkam. Nun, sieben Monate später, sollten wir vor ein paar Tausend Zuschauern auf einer amtlichen Riesenbühne stehen! Verständlicherweise dachte niemand von uns darüber nach, daß so ein »tour support« eine altbewährte Maßnahme der Plattenfirma war, ihre frischen »acts« ein wenig bekannter zu machen. Schon aus Fan-Perspektive hätte sich die Sache für uns gelohnt.

Unser Auftritt war für den späten Nachmittag angesetzt. Wir stolperten zu den Künstlergarderoben, die in einem Baucontainerdorf untergebracht waren. Ich fühlte mich wie in einer Filmdokumentation über den Open-air-Zirkus. War das nicht gerade ein Westcoast-Rapper, der da mit Sonnenbrille und L.A.-Raiders-Mütze vorüberging? Unser neuer Produktmanager Thomas Zimmermann berichtete, nach unserer Show hätten sich einige Pressemenschen angesagt, darunter auch jemand von der »Bravo«. Es schien ein Ereignis zu werden – *Ice T* und die »Bravo« in einem Aufwasch!

Der untere Zuschauerbereich verwandelte sich in ein Meer aus Baseballkappen, weiter oben kampierte das normale Konzertpublikum. Wir saßen auf Gartenstühlen vor unserem Container, als ein hektischer Bühnenmanager *N-Factor* aus Bielefeld auf die Bühne lotste. Sie übernahmen die undankbare Anwärmer-Rolle. »Halbe Stunde«, zischte uns ein Bühnenmensch zu. Letzte Gelegenheit für ein wenig Konzentration. Nur nicht nervös werden, immerhin waren wir Profis, haha. Und überhaupt: Was sollte schon schiefgehen? Wir hatten extra ein härteres Intro gemacht, um dem Open-air-Publikum mit ordentlich Beats einzuheizen. Smudo erwischte es dennoch: Vor allen wichtigen Auftritten mußte er kotzen. Kein Doktor konnte die Ursache feststellen. Bei einem Gig im Frankfurter »Schlachthof« waren es mal nur noch fünf Minuten bis zur Show. Das Klo lag viel zu weit weg, Smudo brach an die Wand neben der Bühne ... Wir hatten uns endlich an sein extremes Lampenfieber gewöhnt – da hörte es irgendwann einfach auf.

Der eigentliche Loreley-Auftritt rauschte an mir vorüber wie im Flug. »Jetzt geht's ab«, »Ich muß«, »Großstadt«, »Auf der Flucht« ... Ich stand hinter meinem Sampler und blickte auf den hin- und herwogenden Rücken von Thomas, der in seiner MCM-Brille, der Kuhkopf-Gürtelschnalle und dem kauzigen Woody-Woodpecker-Haarschopf so überhaupt nicht zum Sportswear-Einheitslook paßte, der vor der Bühnenkante zu besichtigen war. Genaugenommen entsprachen wir alle nicht gerade den gängigen HipHop-Klischees. Einen langhaarigen DJ, ein paar fröhlich-bunte Rapper – und ich legte sowieso keinen gesteigerten Wert auf ein besonderes Klamotten-Image.

Ganz vorne hüpfte jemand an der Bühne herum, der den »Hausmeister« auswendig mitreimte und Ähnlichkeiten mit König Phillip von den *Coolen Säuen* hatte. Überhaupt standen viele Kölner und Heidelberger im vorderen Pulk, auch Torch von *Advanced Chemistry*. Einen kurzen Moment lang dachte ich: So muß der große Durchbruch aussehen. Mit dem kleinen Unterschied, daß nicht drei Fans die Texte kennen, sondern dreitausend. Nach einer knappen dreiviertel Stunde setzte es verhaltenen Applaus vom Normalpublikum, und auch die B-Boys fanden unser Rap-Experiment auf deutsch offensichtlich ganz o. k. Unsere Festivalfeuertaufe war überstanden.

Erst nach einer ganzen Weile wich unsere Anspannung. Michi Beck riß schon wieder Witze, auch Thomas grinste unter seinem Handtuchturban. Die Zeichen standen auf Spaß – der weniger stressige Teil des Festivals begann. Während oben auf der Bühne *Screaming Target* und später Rebel MC die Reggae-Variante im HipHop ausloteten, blickten wir vom malerisch gelegenen Pressebereich auf den sich dahinschlängelnden Rhein und gaben Interviews. Wieder diese Fragen nach Gangstern, Ghettos und politischen Inhalten. Michi predigte über das weite inhaltlich-musikalische Spektrum im internationalen HipHop. »Wäre doch vermessen gewesen, wenn ausgerechnet wir versucht hätten, die radikale Variante aufzugreifen. Die Gefährlichen Vier aus Gerlingen, die Richtig Revolutionären aus Heslach, oder was?«

Offenbar verleitete unsere heitere Art selbst harmlose Pop-Schreiber dazu, den engagierten Kritiker raushängen zu lassen. Auch der Mann von »Bravo« konnte sich nicht entscheiden, ob er mit seinem Fotografen lieber die gefährlich-geheimnisvolle Welt des HipHop einfangen sollte oder besser doch die Standardnummer abspulen. Vorsichtshalber reichte er uns die berühmt-berüchtigten Fragebögen rüber und stellte die typischen Einsteigerfragen der Teenager-Presse: Lieblingsessen, Sternzeichen, Hobbies. Das schlimmste und das tollste Erlebnis. Der erste Kuß und ähnliche Geheimnisse.

Als der Bericht erschien, hatte sich die Redaktion für die knallige Lösung entschieden: »Waffen-Kontrollen und ein Riesenaufgebot an Ordnern. Die Sicherheitsvorkehrungen waren beim ersten Dance-Groove-Festival auf der Loreley ungewöhnlich streng. Der Grund: Die brutalen Ausschreitungen von Hardcore-Rap-Fans in den USA – dort gab es auch schon die ersten Toten.« Dazu eine Doppelseite HipHop-Fotos in wilder Aufmachung: Die britischen Poltermänner von *Hi-Jack* stürmten in mit Theaterblut verschmierten T-Shirts und Wollmasken die Bühne ... Zu unserer Verwunderung standen wir dabei zum ersten und einzigen Mal auf der Seite der Bösen: Wir wurden doch tatsächlich als die »ersten deutschsprachigen Hardcore-Rapper« unter die Teenies gejubelt!

Spielen, spielen, spielen – so lautete die Marschroute bis zum Ende des Jahres. Als Vorgruppe von *Screaming Target* im Münchner »Nachtwerk«, zwei Tage später mit Sidney Young-blood beim sechsten Geburtstag von »Radio Gong« im Olympiapark. Das eine Publikum studentisch-progressiv-kritisch (*Screaming Target*), das andere volkstümlich-hitparadenmäßig (Radio Gong) – das brachte uns aber nicht aus dem Konzept. Wir hatten ohnehin keinen genau definierten Masterplan im Kopf, also testeten wir einfach unsere Wirkung und Möglichkeiten. Die nächsten »ernsten« Einsätze folgten unmittelbar: Sieben Termine mit dem englischen Duo *Caveman*, gleich darauf acht Auftritte vor den Altmeistern von *Run DMC*.

Die *Caveman*-Tour begann im österreichischen Graz, wo Rapper MCM und sein Partner Robi erstaunt neben der kleinen Bühne standen und uns beim »Mikrofonprofessor« zusahen. Wir waren Party, sie *hardcore* – aber nach dem Konzert saßen wir biertrinkenderweise zusammen und schossen Erinnerungsfotos in abgerissenen Hotelzimmern. Die kargen Bedingungen schweißten zusammen. Bei *Run DMC*, die nach ihrem Comeback-Album »Back From Hell« und der Greatest-Hits-Platte »Together Forever« zum ersten Mal wieder durch Europa tourten, war die Ausgangslage anders. *Run DMC* und Jam Master Jay waren lebende Rap-Legenden, sozusagen unantastbar – auch wenn ihre besten Jahre bereits hinter ihnen lagen. Bei einigen Konzerten hatten wir sogar den Eindruck, daß unsere Show beim Publikum besser ankam. Unser Kontakt mit ihnen blieb auf ein kurzes Händeschütteln oder Zunicken beim gemeinsamen Essenfassen beschränkt, wo sie sich als wahre Leberwurstliebhaber herausstellten. Einzig DJ Jam Master Jay schaute über die Tage mal kurz bei uns vorbei und erkundigte sich über den Stand von Rap in Germany. Zu den Ehrfurchtsmomenten eines Fans gehörte es auch, als plötzlich DefJam-Gründer Russel Simmons auftauchte und sich uns als der ältere Bruder von Josef (besser bekannt als Rapper Run) vorstellte.

Das große Programm mit Hotels und Luxusreisebus gab es für die kleine Vorgruppe natürlich noch nicht. Eher das Rucksacktouristen-Gefühl wie im Berliner »Quartier«, wo wir auf Notbetten unterm Dach kampierten, während unter uns noch die Tanzfläche bebte. Aber zugige Nächte hin, Tramperdasein her – insgesamt waren die Tour-Projekte genau der richtige Weg. Überall entstanden direkte Fan-Kontakte, wie in »funky Passau«, wo Bär konspirativ über die österreichische Grenze fuhr, um eine neue Palette mit »Red Bull« zu schmuggeln, das seinerzeit in Deutschland noch illegales Aufputschmittel war. Oder in Isny im Allgäu: Hier machten uns drei örtliche HipHop-Enthusiasten ihre Aufwartung, die später als *Die Allianz* zu Underground-Plattenmachern wurden. Sie alle bekamen ihren Gruß auf der nächsten Platte.

Thomas: **Frohes Fest**

Wir hatten ein ziemlich deprimierendes Konzert in der Stadthalle Hildesheim hinter uns. Gerade mal achtzig bis neunzig Leute wollten uns und den Soulsänger Karl Keaton im Rahmen einer groß angekündigten Party sehen. Keatons Top-Twenty-Hit »Love Burns« verpuffte, auch wir zogen nur eine Handvoll Fans. Kurzum: die totale Pleite. In einem Club wäre es vielleicht ein lauschiger Abend geworden, doch der zugige Betonzweckbau war einfach einige Nummern zu groß. Null Atmosphäre, null Stimmung. Eine typische »Arsch-Abspiel-Nummer«, wie Bär mit Galgenhumor verkündete. Nun saßen wir ausgelaugt und ein wenig deprimiert in der gekachelten Garderobe herum. Der verzweifelte Veranstalter ertränkte seine Sorgen an der Künstlertheke. Niemand sagte was. Bär schmiß den Stoß Zeitschriften, in dem er eben noch herumgeblättert hatte, demonstrativ auf den Tisch. Im Musikmagazin »SPEX« hatte ein gewisser Detlef Diederichsen eine herbe Breitseite gegen uns abgefeuert: »Müssen die doofen Deutschen denn nun wirklich jeden Amischeiß nachmachen?« schrieb er in seinem Jahresrückblick '91. »Sollten sich diese jungen Leute denn nicht lieber um ihre Freundin oder eine Lehrstelle kümmern? Na ja, in Gottes Namen sollen sie sich auch künstlerisch betätigen, wenn es sich denn partout nicht vermeiden läßt, aber ... Hip-Hop? Deutscher Rock'n'Roll ist ja schon albern genug. Warum nicht Gamelan-Musik auf deutsch? Oder Samba? Oder Flamenco? Oder was auch immer. Alles wäre sicherlich nicht so bitter wie die *Fantastischen Vier*, deren wahrhaft unterirdische Platte einen Tiefpunkt in diesem jungen Jahrzehnt gesetzt hat, der schwer zu unterbieten sein wird.«

Was sollte man dazu sagen? Viel Feind, viel Ehr? Arschloch? Bär murmelte nur was von den üblichen Schlaumeiern, auf deren Geschwätz man nichts geben dürfte. »Macht euch keine Sorgen«, meinte er später auf der Fahrt ins Hotel. »Dieses Gezuppel und Gezappel, was jetzt cool ist und was nicht, das kenne ich aus dem Plattenladen. Das braucht uns nicht zu interessieren«. Doch wer läßt sich schon gerne runtermachen? Wir waren nicht die Lieblinge der hohen Kulturkritik. Aber Auftritte in leeren Stadthallen wirkten weitaus frustrierender ...

Nach dem Loreley-Festival und den Tourneen wollten wir den Faden nicht abreißen lassen. Die Gefahr, in ein Loch zu fallen, nachdem das Album draußen und die begleitende Tour runtergespielt war, kannten wir von anderen Bands.

Deshalb wurden auch Medienkaufhauseröffnungen – wie bei »Virgin« in Frankfurt oder »fnac« in Berlin – nicht abgelehnt, bittere Erfahrungen, wo wir uns auf schlechten Anlagen vor acht Fans und versprengter Durchlaufkundschaft zum Playbackaffen machten. Man hätte sich die eine oder andere Peinlichkeit ersparen können, sicher. Doch mir waren selbst miese Erfahrungen allemal lieber als ein großartig ausgedachtes Underground-Image, für das sich letztlich kein Mensch interessierte.

Sicher hätte es auch Gründe gegeben, einen Beitrag zum Soundtrack »Manta – Der Film« zu verweigern. Doch wir wollten *machen* – keine Bedenken vor uns her tragen. Auf einer unserer Uralt-Kassetten, die Smudo und Bär damals in der Münchner Hotelbar Andy Weiner und seinen Saufkumpanen vorgespielt hatten, gab es noch das unveröffentlichte Gag-Stück »Golf GTI«. Auch Matthias Mend vom Dancefloor-Magazin »Network-Press« kannte diese Aufnahme und schlug sie kurzerhand dem »Manta«-Produktionsteam vor, das händeringend junge Bands für ihren jungbewegten Streifen suchte. Die Filmfirma zeigte sich hocherfreut und forderte umgehend einen endgültigen Mix an. Für Smudo und Michi, die gerade im Frankreichurlaub waren, übernahm der Stuttgarter DJ-Kollege Friction eine Gastrolle an den Plattenspielern. Andy und ich sorgten für die Fertigstellung. Beim gemeinsamen Kinobesuch in dem hochnotpeinlichen Streifen mußten wir dann feststellen, daß unser Song für etwa zwei Nanosekunden im Autoradio der feindlichen VW-Gang lief... So wurde zwar »Golf GTI« kein Welthit. Aber immerhin eine rasante Auftragsproduktion mit *BT-Express*-Sample, die heute bei echten Fans als gesuchte Rarität gilt.

Als die zweite Single anstand, fiel unsere Wahl auf »Mikrofonprofessor«. Wir beauftragten nicht einen gerade angesagten DJ mit der Überarbeitung, sondern übernahmen den Job kurzerhand selbst. Ein bißchen Radio-Airplay konnte nicht schaden. Die Version geriet dermaßen kommerziell, daß wir uns in einem Schäm-Anfall hinter einem Pseudonym versteckten: »Remix von Supermarkt« stand auf der fertigen Platte. Beim nächsten Meeting in Bärs Hauptquartier hieß es, man hätte sich zu unterstützenden Maßnahmen entschlossen: Ein Video beim legendären »Musikladen«-Macher Mike Leckebusch wurde gedreht! Damals war MTV noch ganz weit weg und Viva noch lange nicht in Sicht – also klang dieser Plan überaus vielversprechend. Wir durften zum ersten Mal auf Kosten der Plattenfirma fliegen – wenn auch nur nach Bremen.

Auf dem Flug erklärte mir Smudo den dahintersteckenden Deal: Wer bei Leckebusch für 15 000 Mark produzieren ließ, bekam einen TV-Einsatz in Carlo von Thiedemanns altbackener Hitsendung »Eurotops« garantiert, die in den Dritten Programmen von NDR und Radio Bremen lief. Als unser Sony-»Pfadfinder« Thomas Zimmermann uns dann vom Flughafen hinaus aufs flache Land nach Osterholz-Scharmbeck dirigierte, staunten wir nicht schlecht. Am Rande eines Wäldchens lag Leckebuschs Privatanwesen samt Studio, in dem damals, neben einigen Striptease-Filmchen fürs RTL-»Männermagazin«, der größte Teil der noch sehr bescheidenen deutschen Videoproduktion abgedreht wurde.

Im Flur hingen allerlei Trophäen und Andenken internationaler Popgrößen, die schon in Leckebuschs Reich gedreht hatten. Mike begrüßte uns herzlich und zeigte uns seinen Keller, wo neben einem kleinen Blue-Screen-Studio feinste Spätsiebziger-Betacam-Technik samt Zuspieler und Bildmischer herumstanden. Kumpelhaft erklärte er uns seine Kreatividee: In Anlehnung an einen Bob-Dylan-Clip sollten wir auf Zeichenkarton geschriebene Stichworte aus unserem Song verstreuen und dazu entsprechende Posen vor der blauen Wand machen. Eine astreine Trash-Produktion, die wir – aufgeregt und ahnungslos – bereitwillig mitmachten: Eine Mitarbeiterin von Mike nahm sich unseren Songtext vor und schrieb mit Edding-Schreiber einen Riesenstapel Stichworten-Karten. Andy ließ diese Zettel etwas ungelenk fallen, Smudo und ich machten alberne Ausfallschritte, und Michi mimte den eifrigen DJ in Aktion.

Als wir in einer Drehpause in Mikes Wohnzimmer auf der Ledergarnitur saßen und Lieferservice-Pizza aßen, dachte ich nur: Im Showbusineß sieht's aus wie in Gerlingen. Auch Smudo fühlte sich unwillkürlich an die elterlichen Parties im Hobbykeller seiner Nachbarn erinnert: holzgetäfelte Bar, Fischernetz an der Decke. Wir waren Darsteller in einem Siebziger-Jahre-Film, und uns saß die leicht schräge Vorstellung im

Nacken, daß Mike wahrscheinlich auch die Mädchen vom »Männermagazin« zum Pizzaessen aufs Ledersofa bat. Ein paar Wochen später schickte uns Leckebusch das fertig abgemischte Werk, worauf für Smudo und Michi erst einmal die Welt zusammenbrach: »Die totale Katastrophe.« Ich nahm es gelassener. Immerhin war die dort zu besichtigende Hampelei unser erstes »Profi-Video« aus fremder Hand. Genau wie die beiden Hobbyfilm-Versuche zuvor und das Tricktechnik-Massaker unseres Cover-Layouters Oli Krimmel zu »Jetzt geht's ab« gehörte auch dieser Versuch in die Kategorie: peinlich, aber legendär. Stolze siebenhundert Singles von »Mikrofonprofessor« wurden übrigens insgesamt verkauft. Dafür lief das Stück – kleiner Nebeneffekt – für Newcomer-Verhältnisse ganz gut im Radio.

Unseren ersten richtigen TV-Auftritt hatten wir übrigens beim späteren Gameshow-Moderator Jochen Bendel. Der moderierte die Sendung »P. O. P.« beim frühzeitig eingestellten Privatkanal Tele 5, und alles lief cool. Das »P. O. P.«-Team besuchte uns vor Ort im cremefarbenen 49er Buick Super Eight Convertible (das Auto aus »Rain Man«) und befragte uns ausführlich zu unseren HipHop-Experimenten. Während wir – mal abgesehen von der Lifestyle-Moderation (»frisch, fromm und frei, wie ihnen der schwäbische Schnabel gewachsen ist«) – mit unserem Beitrag recht zufrieden waren, mußten wir beim gemeinsamen Fernsehgucken doch herzlich über Heiner Lauterbach und Sabine von Maydell lachen, die in der gleichen Folge von »P. O. P.« zum Todestag des Sängers Serge Gainsbourg ihre deutschsprachige Version von »Je t'aime« samt einem Billig-Schmusevideo vorstellten.

Ich fand diese komischen Erlebnisse in der Welt des Showgeschäfts viel interessanter als die angestrengte Diskussion um HipHop in Deutschland. Da gab es zum Beispiel diesen Streit um die Compilation »Krauts With Attitude«, die mit fünfzehn heimischen Rap-Projekten eine erste Bestandsaufnahme der versprengten Szene versuchte. Wir steuerten unseren

Song »Jetzt geht's ab« bei und erschienen im undergrounur
gen Umfeld von *Raw Deal*, *End Two*, *Lyrical Poetry* oder *Exponential Enjoyment*, die alle ihr Glück mit englischen Raps versuchten. Zwei Monate lang galt diese Platte als akzeptabler
Versuch des Münchner DJs Michael Reinboth, eine Infrastruktur ohne kommerziellen Gedanken aufzubauen. Dieser Sze-
neüberblick käme zwar spät, doch: »Was lange währt, wird
endlich gut. Vielleicht mußten erst mal die kulturellen und politischen Widerstände verdaut / verarbeitet werden«, schrieb
Reinboth im CD-Beiheft. Dann erschien ein vierseitiger
»SPEX«-Aufsatz von Dirk Scheuring, wie »ignorant« und
»haarsträubend« dieser Ansatz wäre. Die Verwendung eines
schwarzrotgoldenen Schriftzuges fand auch ich ziemlich daneben gegriffen; zumal wir kurz vorher in München bei einigen Kumpels des Sprayers katmando gewesen waren, die uns
ganz anders geartete Graffiti-Entwürfe für dieses Cover gezeigt hatten.

Ansonsten erstaunte mich die angestrengte Rechthaberei,
mit der jeder Satz dieser Linernotes auseinandergenommen
wurde. Ein Denkaufwand wie bei einem internationalen Zwi-
schenfall – dabei ging es nur um eine kleine CD! Der Haupt-
vorwurf bestand jedenfalls darin, deutsche Rap-Musiker leg-
ten in puncto HipHop eine »okkupatorische Vorstellung« an
den Tag, die sich in einer »hemmungslosen Selbstbedienung
in anderer Leute Kulturen« äußere. Der enge Bezug auf die so-
zialen Umstände der bewunderten Originalmusik hätte zu einer »besinnungslosen Gleichsetzung von Unvergleichbarem«
geführt. Soweit ich verstand, hieß das: die deutsche Rap-Szene bestand aus einer Handvoll Nachmachern, die die kompli-
zierte Welt der schwarzen US-Kultur vorn und hinten nicht
verstanden hatten.

Mir war dieser Rundumschlag zwar viel zu abgehoben und
akademisch, gleichzeitig dachte ich: Wenn andere so tief in
dieser Welt stecken, haben sie mit ihrem Vorwurf, wir hätten
nichts damit zu tun, vielleicht sogar recht. Sollten sie doch re-

den. Dann machen wir halt keinen HipHop und nennen es Popmusik oder sonstwie. Ich fand es geil und konnte mich hundertprozentig damit identifizieren. Michi und Smudo sahen das natürlich völlig anders, doch die Bezeichnung interessierte mich nicht. Es zeigte sich, daß unsere Platte viel ernsthafter betrachtet wurde, als wir das jemals erwartet hatten. Ich staunte über diesen Kindergartenstreit um komische Dogmen und versuchte mich so weit wie möglich herauszuhalten. Ich konnte bei diesem schlauen Geschwätz ohnehin nicht mithalten.

Bär wollte den Kessel unter Dampf halten. Beim nächsten Meeting kam er auf das Thema Weihnachten zu sprechen. Wenn sich in der Richtung was produzieren ließe, könnte man das auf ewig und drei Tage vermarkten. Was sollte man dazu sagen? Gegen ökonomische Überzeugungskraft war kein Kraut gewachsen. Wir traten wieder den bewährten Weg in Andys Jugendzimmer an und lungerten dort herum wie eine Drehbuchschreibertruppe, die eine todsichere Marktlücke füllen soll. Aber außer Peinlichkeiten vom Schlage »Ich bin der Nikolaus, packt alle eure Socken aus« kam nicht viel. Der Knoten platzte erst, als wir es von der musikalischen Seite angingen. Ich brachte eine Festtags-Compilation von meiner Mutter mit, auf der es eine weihevolle »Oh Happy Day«-Stimmung gab, die prima zum schon vorliegenden Rhythmusgroove paßte. Michi platzte dann zur Chorus-Rhythmus-Schlaufe heraus: »Mein Dealer freut sich, daß ich an der Nadel häng« und erntete hysterisches Gelächter. Der eine oder andere Joint tat ein übriges, die Sache driftete immer mehr ins Groteske:

Mein Dealer freut sich, daß ich an der Nadel häng
das ist mir scheißegal – das seh ich nicht so eng
Die Kohlen für den Stoff verdien ich aufm Strich
warum ich das so mach, das weiß ich selber nicht

Irgendwann hielten wir das Wort-Ton-Zusammenspiel für gelungen. Auf die Rückseite packten wir die dahingestümperte Übersetzung des *2 Live Crev*-Hits »One on One«, die Smudo und ich als kleine Erinnerung an unsere USA-Reise im Flieger zurück geschrieben hatten. »Eins und Eins« war ein Livehit aus unserer frivolen Partyzeit, den fanden wir für die »Frohes Fest«-Platte genau richtig. Die benötigte Live-Atmosphäre stellten wir im »Basement« mit einigen biertrinkenden Kumpels nach, die wir am Abend zuvor im »Musicland« rekrutiert hatten. In der dahergebrabbelten Eingangssequenz ist angeblich das Wort »Karlsruhe« herauszuhören, was natürlich nicht stimmt. Dennoch hält sich der eiserne Fan-Glaube, es handele sich um einen echten Mitschnitt eines Karlsruher Konzertes.

Das Kreideportrait auf dem Cover war übrigens ursprünglich ein Geburtstagsgeschenk an Bär, das auf den letzten Drücker bei einem Fußgängerzonen-Maler für runtergehandelte fünfundsiebzig Mark in der Stuttgarter Königstraße entstand. Die Platte erschien ohne großen Marketingwirbel und verkaufte sich entsprechend mau. Was uns nicht weiter störte. Wir waren überzeugt, daß wir zumindest eine abgedreht-kontroverse Arbeit abgeliefert hatten. Womit wir letztlich recht behielten. Bei der Zweitveröffentlichung im nächsten Jahr sorgte ein Pädagogikprofessor aus Heidelberg für einen Indizierungsantrag: Was Besseres hätte uns nicht passieren können.

Smudo: **Hitküche**

Aschaffenburg »Klimperkasten«, Ostfildern / Ruit »Zentrum Zinsholz«, Lage »Jugendzentrum« ... Die malerischen Adressen der Auftrittsorte deuteten darauf hin, daß die Zeit für einen neuen Schachzug gekommen war. In der Stuttgarter Presse galten wir mittlerweile zwar als »Exportartikel«, doch unsere Lebenssituation hatte sich seit der Veröffentlichung von »Jetzt geht's ab« nicht sonderlich verändert. Die Vorschüsse waren verballert oder steckten im Equipment. Den Rest, wenn es einen gab, verwaltete Bär. Wir waren weiterhin rappende Kellner, Plattenverkäufer und Elektronikbastler, die bei den Eltern wohnten und das Leben im Wartestand auskosteten. Nur selten machten wir uns ernsthafte Gedanken über ein mögliches Scheitern des großen Musikertraums. Wenn uns jemand fragte, zauberten wir irgendwelche Ersatzkarrieren aus dem Hut. Nur der Ex-Eisenwarenkaufmann Michi Beck beschwor seinen Absturz als heroinsüchtiger DJ.

Im wahren Leben gerieten mein Vater und ich genau zu jenem Zeitpunkt hart aneinander. Ich hatte mich endgültig entschlossen, meinen Platz auf der Informatik-Akademie sausen zu lassen. Es kam zur üblichen Brüllerei, ich packte meinen Kram und verließ das heimische Nest. Nach einigen Wochen wurde auf dem neutralen Gebiet des Gerlinger Cafés »Gärtner« eine Aussprache unter Männern anberaumt. Eine gewisse Beklommenheit schwebte über den Kaffeetassen. Wir hatten beide keine Erfahrungen mit solchen Aussprachen. Ich mußte zum ersten Mal in meinem Leben versuchen, halbwegs überzeugend eine Perspektive als Popmusiker zu vermitteln. Im Gegenzug schilderte er mir – ebenfalls als Premiere – seine nicht immer rosigen Erfahrungen als freiberuflicher Programmierer, erzählte von den Schwierigkeiten, ohne Hochschulabschluß wieder eine Festanstellung zu finden. Man dürfe Chancen nicht leichtfertig wegschmeißen, lautete sein Credo. Im Endeffekt konnte ich ihn überzeugen, daß wir durchaus Ziele vor Augen hatten und ich in der Lage wäre, Verantwortung zu tragen. Als er dann zum ersten Mal »Großstadt« im SDR-Radioprogramm hörte, schien mein Vortrag langsam zu wirken. Trotzdem wurde ich das Gefühl nicht los, daß ich mich um Kopf und Kragen geredet hatte. War ich wirklich davon überzeugt, mit HipHop auf deutsch meine Zukunft meistern zu können?

Auch bei Sony ging es um Strategien, Perspektiven und Möglichkeiten. Fitz Braum zog Bilanz und zeigte sich hocherfreut, daß »Jetzt geht's ab« bislang 17 000 Platten verkauft hatte. Ein respektabler Auftakt, versicherte er uns, ungezählte Hoffnungsträger hätten diese Stückzahl nie erreicht. Wir wären ähnlich gut vom Start weggekommen wie damals *Die Ärzte*. »Ihr seid viel getourt und fragt euch bestimmt, wie es nun weitergehen könnte«, setzte Fitz sein pädagogisches Programm fort. »Man sollte darüber nachdenken, eine Schippe draufzulegen.« Wir nickten zustimmend und blickten etwas ungläubig in Richtung Schreibtisch. Wie sollte das funktionieren? »Nach allem, was ich bislang mitbekommen habe, müßt ihr einfach weitermachen, euch vielleicht ein wenig mit dem Thema Radio befassen. Ich weiß, ihr habt das Zeug, eine echte Single zu schreiben.« Er erklärte uns den Unterschied zwischen einem klassischen »Album-Act«, dessen Programm sich, manchmal über Jahre hinweg, außerhalb der Charts entwickelt, und einem »Single-Act«, der ausschließlich über Hits funktioniert. Wir sollten versuchen, diese beiden Welten miteinander zu verbinden. Wie genau das klingen sollte? Das wußte Fitz auch nicht. »Das überlasse ich euch!« Weitermachen und über Singles nachdenken – schön gesagt. Auf dem Weg nach Hause rauchten die Köpfe. Wir konnten uns beim besten Willen nicht vorstellen, wie man überhaupt eine deutschsprachige Platte richtig ins Radio bringen konnte, die nicht Liedermacher, Schlager oder Volksmusik war.

Fitz hatte uns einen Floh ins Ohr gesetzt, der im Frühjahr '92 munter vor sich hin pikste. In der amerikanischen HipHop-Sprache gab es den Begriff des *Sellout*, mit dem der Ausverkauf eines schwarzen Musikstils an den Geschmack der von Weißen dominierten Unterhaltungsindustrie bezeichnet wurde. Wir dachten darüber nach, daß unsere Hit-Gedanken strenggenommen in Richtung *Sellout* gingen. Doch war es nicht viel lächerlicher, ausgerechnet als weißer Mittelständler aus Deutschland alle Kriterien der amerikanischen HipHop-Kultur erfüllen zu wollen? Mußte nicht erst einmal ausprobiert werden, was Rap hierzulande überhaupt bedeutete? Für mich gehörte auch das Schreiben eines Hits ins weite Feld der Kreativität. Warum sollten wir uns gerade in diesem Bereich beschränken? Nach innen bestärkten wir uns mit einer »Wir-sind-cool-und-dürfen-alles«-Haltung. Trotzdem hatten wir ziemliches Hosenflattern, wenn wieder mal ein Auftritt im strengen HipHop-Kulturbetrieb anstand.

Die »HipHop Euro-Jam« in der Frankfurter »Kommunikationsfabrik« mit *Advanced Chemistry*, *L. S. D.*, *C. U. S* und einigen lokalen Crews war so ein Treffen in der Höhle des Löwen. Schon unsere Ankunft mit Bärs dickem Leasing-Benz sorgte für herablassende Blicke, doch eingepackt in Kapuzenjacken mischten wir uns konspirativ unters Volk. Die Halle war für Jam-Verhältnisse recht groß geraten. Vielleicht setzten die Veranstalter auf die ebenfalls angekündigte New Yorker Old-School-Legende *Rocksteady Crew*, wobei man bei Jams nie so genau weiß, ob alle angekündigten Bands auch wirklich auftauchten und ob die Anlage bis zum Ende des Abends durchhält. Andy mußte sich gleich um die Technik kümmern – das Mischpult war falsch verkabelt. Ich suchte nach bekannten Gesichtern, traf Scope von den Kölner *Rude Poets* und Matthias Lanzer von Rap-Nation-Label aus Braunschweig, der von seinem Compilation-Projekt »That's real Underground« erzählte. Selbst die Kieler Rapperin Cora E., die ich nur vom Hörensagen kannte, stellte sich mir vor und erklärte in freundlichem Ton, sie fände unsere Weihnachtssingle »Frohes Fest« ganz gut. Solange wir zwischen Breakdancern und Theke standen, schien die Stimmung regelrecht entspannt. Abgesehen davon, daß alle mit Schrecken die Ankunft der »Berliner« erwarteten, einer fast schon mythologischen Gang, welche die HipHop-Treffen angeblich regelmäßig dazu nutzte, Prügeleien anzuzetteln oder die Abendkasse zu plündern.

Als wir am frühen Abend unsere Funkmikros auspackten, hieß es hinter der Bühne, die gefürchteten Hauptstadtschläger wären eingetroffen. Das bedeutete zwar nichts Gutes, doch wir wollten unbedingt beweisen, auch in diesem Umfeld bestehen zu können. Der Empfang war durchwachsen, einige Buh-Rufer sorgten dafür, daß wir nicht gerade den lockersten Auftritt unserer Laufbahn hinlegten. Doch wir hielten unser Programm tapfer durch und ernteten aus vielen Ecken sogar offenen Beifall. Selbst der allgegenwärtige MC Torch ließ sich einige Minuten lang zu einer jovialen »Ich-steh-auch-mal-beidenen-auf-der-Bühne-rum«-Pose hinreißen. Die deutsche Rap-Szene hatte sich zu diesem Zeitpunkt offenbar noch nicht umfassend darauf verständigt, uns per se bescheuert zu finden. Auch die allseits befürchtete Saalschlacht blieb aus, dafür brach kurze Zeit nach dem Auftritt von *Advanced Chemistry* der Sound zusammen. Der Tonmann war völlig überfordert. Eine Jam wie aus dem Bilderbuch.

In dieser Zeit entstand auch der Text für den Song »HipHop Musik«, in dem wir eine Art Definition für unseren Umgang mit der importierten Musik wagten:

Respekt – ist unsre Aufgabe
und nicht ne falsche Maske, die ich aufhabe
Du musst den Ursprung nur erkennen und dann halte ihn in Ehren,
doch jetzt wirds höchste Zeit die Rap-Familie zu vermehrn
Es gibt verdammt viele Sprachen die hörn sich verdammt gut an

und das ist halt meine eigene die ich am besten kann
Drum geht's hier nicht um schwarz und weiss oder was für
Farben es noch gibt
– es geht hier um den Beweis für die Macht von – HipHop
Musik ...

Wir waren hin- und hergerissen zwischen dem Selbstbehaup-
tungswillen innerhalb der Szene und der fixen Idee, echte Hits
zu komponieren. Insbesondere Michi und ich wollten uns
nicht von irgendwelchen Stilpäpsten vertreiben lassen, sondern das Bewußtsein für die verschiedenen Ansätze schärfen,
wie es sie im internationalen HipHop schon lange gab. Spielte nicht *Public Enemy* auf Europa-Tournee mit der weißen
Thrash-Metal-Band *Anthrax?* Verbreiteten *Arrested Development* nicht ein friedlich-abgehangenes Weltbild vom Leben
auf dem Lande? Das alles funktionierte mit HipHop, doch
hierzulande wurde mit Schaum vor dem Mund ein selbstgeba-

Als der HipHop-Underground noch zu Scherzen aufgelegt
war – F4 und Akim Walta

steltes Terrain zwischen Old School und Underground vertei-
digt. Zum Zentralorgan dieser eifersüchtigen Haltung wurde
das »absolute HipHop Magazin« »MZEE« aus 55257 Buden-
heim. Ein bundesweit erscheinendes Fanzine mit Farbcover
und rund 40 Seiten Inhalt, das sich zum Ziel gesetzt hatte,
den »aufsteigenden HipHop-Markt nicht großfirmenmäßigen
Abzockern zu überlassen«, wie Vize-Chef Kotthoff in der zweiten Ausgabe programmatisch verkündete.

Michi Beck war bei seinen gelegentlichen DJ-Jobs im »On-
U« mit dem Plattensammler und späteren Produzenten Rainer
Trüby ins Gespräch gekommen. Sie fachsimpelten über alte
Funk- und Soulplatten. Trüby erwieß sich als wahrer Schatz-
meister rarer Originale, die er im Lauf der Jahre auf Flohmärk-
ten und Second-Hand-Börsen aufgespürt hatte. Wir verabredeten uns zum Plattenhören in seiner Stuttgarter Wohnung.
Diese Sessions gerieten jedes Mal zu langen Reisen durch die
Soundgeschichte, wobei die Baßlinien, Gitarrenpickings oder
Flöteneinsätze in unseren Köpfen bereits neu zusammen-
wuchsen. Schließlich fragten wir Rainer, ob wir einige Songs
für unser Sample-Archiv verwenden könnten. Er sagte nur:
»Klar, warum nicht«, worauf wir zum nächsten Treffen mit
einem DAT-Recorder anrückten und einige Kassetten mit allerlei Klangschnipseln aufnahmen. Trüby gehörte glücklicherweise nicht zu jenen eifersüchtigen DJ-Typen, die ein Geheimnis
um ihre seltenen Platten machten und die Labels beim Auflegen im Club abklebten, damit nur ja niemand den Songtitel
erfährt. Sein Credo lautete: »Die eigentliche Leistung beginnt
beim Zusammenmontieren«. Eine überaus korrekte Einstellung – vor allem wenn man bedenkt, welches Theater um
Samplingquellen bei den ersten HipHop-Produktionen in
Deutschland gemacht wurde.

Wie die Eichhörnchen trugen wir unsere neuen Schätze in
Andys Jugendzimmer und erstellten erste musikalische Lay-
outs. Einige Sekunden von »25 Years« von *The Catch* und *Laid
Backs* »White Horse« verschmolzen zu einer neuen Einheit;

fehlte nur noch der Text. Das knarzige Les-McCann-Sample eignete sich ausgezeichnet für eine böse Stimmung (aus der später »Arschloch« wurde), und auch mit Grover Washington ließ sich einiges anstellen. Wenn wir uns auf das jeweilige musikalische Grundmuster geeinigt hatten, ging es parallel zur weiteren Produktion daran, die verwendeten Songelemente übers Bärs Büro und die Sony-Lizenzabteilung »klären« zu lassen.

Die ersten, aus Samples zusammengesetzten Hits wie »Pump Up The Volume« von *M/A/R/R/S* sorgten Mitte der Achtziger für große Aufregung und lange Rechtsstreitereien. Traditionelle Geister ereiferten sich über die vermeintliche Verschandelung geistigen Eigentums durch digitale Technik. Ein Grundsatzurteil des New Yorker Federal Court wertete die Verwendung von Gilbert O'Sullivans »Alone Again (Naturally)« 1991 sogar als kriminelle Handlung – Rapper Biz Markie war damit vorbestraft.

Sampling als künstlerisches Prinzip setzte sich trotzdem durch. In der Alltagspraxis entwickelte man ein juristisches Verfahren zur Anfrage und Abrechnung des jeweiligen Originalanteils eines gesampelten Songs. Die Bandbreite reichte dabei von einer einmaligen Gebühr bis zur Beteiligung an den Erlösen der neuen Version. Je nach Bekanntheitsgrad und Wiedererkennungswert des Originals, begannen diese Gebühren bei wenigen tausend Mark; nach oben gab es keine Grenzen. Eine andere Variante überließ dem ursprünglichen Songschreiber wie bei einem nachgespielten Stück *alle* Rechte und Lizenzeinnahmen. Das Piratenprinzip – »erst mal absampeln und darauf hoffen, daß niemand klagt« – galt nur noch für den musikalischen Underground. Die Industrie suchte die Vorabeinigung mit den Urhebern.

Bär besuchte uns regelmäßig bei der Vorproduktion und kommentierte unsere musikalischen Fortschritte. Die bisherige Auswahl war geprägt von einer gewissen Leichtigkeit, was ihm als Freund und Berater gefiel. Denn auch er hatte die Radio-Idee natürlich nicht vergessen. So gut es ging, überspielte er seine geschäftlichen Sorgen und rückte mit der wirklichen Lage nur heraus, wenn ihm nichts anderes mehr übrig blieb. In seiner alten Wohnung klingelte der Gerichtsvollzieher einmal so lange an der Tür, bis die Schelle durchbrannte. Die erste offizielle Telefonanmeldung in Bärs WG-Büro mußte auf meinen Namen laufen. Ich stiefelte als Vertreter des Fanta-4-Managements zum nächsten T-Punkt-Laden. Der Name Läsker durfte hier nicht fallen. Trotzdem hatte Bär noch Zeit und Muße, um einige Ideen zu unserer Sample-Auswahl beizusteuern. Im Auto-Kassettenrecorder spielte er uns das *Rolling-Stones*-Gitarrenriff von »Hey Negrita« vor, während wir auf der Rücksitzbank unsere Reime zu »Vier Gewinnt« ausprobierten. Eine ausbaufähige Idee, Musik und Textrhythmus paßten ausgezeichnet zusammen! Im Studio spielte Armin Sabol diese Gitarrenakkorde neu ein und Andy jagte sie für den endgültigen Loop nochmals durch den Sampler. Man hatte mehr Collagemöglichkeiten, wenn das Material digital vorlag. Andy war groß darin, an jedem einzelnen Takt zu feilen.

Das Profil des neuen Albums vervollständigte sich Stück für Stück. Als die endgültige Produktion im »Basement«-Studio näher rückte, pendelte unsere Auswahl für eine erste Single zwischen »Saft« und »Die Frau, die freitags nicht kann«. Besonders Thomas setzte sich für »Saft« ein, für ihn war es der »volle Burner«. In hektischen Streitgesprächen überzeugte uns Bär, »Saft« erst einmal zurückzustellen. Wenn man schon einen gezielten Hitversuch wagen wollte, müßte man jede Eventualität einkalkulieren. »Jungs, das kriegen wir nie im Leben ins Radio«, lautete seine Botschaft. »Austausch von Körperflüssigkeiten? Habt ihr einen Knall?«

Wir durchforsteten noch einmal unseren Sample-Fundus und stießen auf die gerade abgelegten E-Piano-Takte von Grover Washington, die ausgezeichnet zur heiter-swingenden Sequenz von »Right Down Here« der indischen Cocktailsängerin Asha Putli paßten.

Oftmals reichten ein Sample, ein programmierter Beat und ein irgendwo gefundenes Drum-Loop nicht aus, um einen vernünftigen Songaufbau hinzubekommen. Auf dem Weg zum perfekten Mix entstanden unzählige Instrumental-Versionen. Thomas und ich hatten unser Reimduett über eine harmlose kleine Dreiecksbeziehung insofern ausgefeilt, als die drei Strophen jeweils auf einen Refrain zuliefen und sich die Geschichte am Ende halb naiv, halb spaßig auflöste. Außerdem entschieden wir uns dafür, das Wortspiel mit »Die Da« auch gleich zum Titel zu küren.

Die Urversion dieses Songs mit dem Titel »Wie konnte ich so blöd sein« jonglierte übrigens mit einer echten Partyaffäre von mir, die Thomas einige Zeit später mit derselben Frau unter ganz ähnlichen Umständen ebenfalls passierte. Nachdem wir die Wahrheit in allerlei Radio-Interviews immer weiter ausgesponnen hatten, wollte »Bravo« für eine Enthüllungsstory wissen, wer denn die wahre »Die Da« wäre. Im Endeffekt wurde aus einer alkoholbeduselten Teenager-Liebschaft eine wunderschöne blonde Frau, die uns beiden den Kopf verdrehte. »Die Da« war in jeder Hinsicht eine kalkulierte Feinarbeit, die großen Spaß machte.

Im Frühsommer waren »HipHop Musik«, »Saft« und drei andere Songs soweit fertig, daß sie eine erste kleine Meinungsumfrage erlaubten. Mir lag der Kontakt zu den verschiedenen HipHop-Cliquen nach wie vor am Herzen, deshalb kopierte und verschickte ich einige Kassetten an Fanzines, die Demo-Tapes in speziellen Kolumnen besprachen. »SWAT« aus Berlin, hergestellt im Jugendzentrum »Die Insel«, schrieb daraufhin: »Alle fünf Stücke sind ausgereifter und anspruchsvoller als das Material der ersten LP. Die Samples sind nicht mehr so ausproduziert und wesentlich witziger.« Und selbst die puristischen Kontrolleure von »MZEE« bescheinigten uns »nach der wenig respektierten Debut-LP« aufsteigende Tendenzen. Während sich der Underground milde positiv äußerte, wurden unsere Aufnahmen auch bei Sony und EMI Publishing bereits fleißig taxiert. Einer der ersten, der »Die Da« recht freimütig zum Hit erklärte, war Addo Caspers EMI-Verlegerkollege Michael Feeth – und von Prognosen wie dieser hing letztlich das Budget für Marketing und Promotion ab. Wollten die wirklich viel Geld für uns raustun? Gemeinsam mit Fitz und dem Sony-Produktmanagagement entschloß man sich dann, keine riesige Kampagne zu starten. Nicht mal ein Video war in der ursprünglichen Planung vorgesehen. Die Sache sollte »organisch« wachsen. Alle Anstrengungen konzentrierten sich aufs Radio.

Ich habe mir manchmal ausgemalt, wie es wohl zugeht, wenn die Musterexemplare unserer Platte in Dutzenden Sendern ankommen und sich die Redakteure gelangweilt durch einen Riesenstapel Musik kämpfen. Gab es Sitzungen, bei denen beschlossen wurde, welches Stück in die Ablagekiste oder ins Tagesprogramm wandert?

Zu dieser Zeit hatte die Formatierung der öffentlich-rechtlichen Jugendwellen zwar noch nicht begonnen. Doch die sehr erfolgreichen Kommerzfunker ließen sich auf Experimente außerhalb ihrer »Senderfarbe« gar nicht erst ein. Es gab Schlager-Radio und Hitparaden-Radio und Stationen, die goldene Klassiker dudelten. Für HipHop, ob auf englisch oder deutsch, existierte kein spezielles Programm. Wir mußten unter der Pop-Fahne segeln und überlegten uns allerlei unterstützende Maßnahmen. Dabei entstanden legendäre Reime wie »Seid ihr Zwerge oder Hünen, ob auf Bergen oder Dünen, ihr hört Radio SDR Live mit Patrick Lynen.« Zusammen mit unserem Radiopromoter Frank Mayer fuhren wir im schwarzen Saab auf große Sendertour. Franks Chef prophezeite für »Die Da« schon damals eine große Zukunft und verkündete ihm väterlich: »Jetzt kriegst du mal mit, wie ein Titel abgeht.«

Wir waren weniger überzeugt und flüchteten uns in die üblichen Späße, wenn es in einer Redaktion mal nicht so gut lief. Thomas hatte sich für die einzelnen Programme einen Standard-Jingle überlegt, den wir jeweils »exklusiv« präsentierten:

»Im Radio und in Stereo, hört ihr uns überall und jeden Tag und sowieso...« Danach folgte ein individueller Gruß an den Moderator oder die jeweilige Sendung. Gerade unsere Naivität kam bei vielen Radioleuten gut an. Sie hatten offenbar das Gefühl, eine aufgeweckte Truppe zu entdecken, die zufälligerweise mit HipHop daherkam. Große Erklärungen konnten wir uns sparen. Hauptsache, der Song kickte.

Da die Berechnung der Hitparaden damals viel mehr Gewicht auf die Radioeinsätze legte als heute (seit 1996 werden die Verkaufszahlen stärker gewertet), stieg »Die Da« während unserer Rundreise auf Platz 93 der offiziellen Media-Control-Hitliste – um in der nächsten Woche direkt wieder rauszufallen. War's das schon?

Im Umgang mit der Presse mußten wir die verschiedenen Kategorien und Anforderungen erst noch lernen. Beim zentralen Interviewtag in München käste mein Kopf schon zur Halbzeit. Nach zehn Stunden und ungezählten Gesprächen wußte ich beim besten Willen nicht mehr, wem ich gerade was erzählt hatte. Beim abschließenden Tequila-Umtrunk in der nächstbesten Kneipe blickten wir endgültig in die Abgründe der Zunft: eine vollgedröhnte Kollegin bekam plötzlich den Blues und zerfloß in Tränen.

Wir wollten in erster Linie unseren Job machen und achteten nicht besonders darauf, was mit unserem Image passieren könnte. Für die klassische deutsche Band mit ernsthafter Absicht war die Zusammenarbeit mit »Bravo« und Co. immer ein grundsätzlicher Diskussionspunkt. Für uns nicht! Wir fanden die Zusammenarbeit mit den Teenagermagazinen anfangs völlig cool und hatten keinerlei Hemmungen, jeden Quatsch mitzumachen.

Im Vorfeld der Album-Veröffentlichung organisierte Sony ein großes Essen mit »Bravo«, »Popcorn« und »PopRocky«-Leuten. Uns war völlig egal, daß die mit herbeigekarrten Newcomern andauernd beim Carpaccio saßen. Eine Unbefangenheit, die offenbar menschlich sehr gut ankam. Ziemlich genau ein Jahr nach dem HipHop-Bericht vom Loreley-Festival standen wir wieder in »Bravo«. Auf den vermischten Seiten stellten sie unser »Boom-Car mit tierischem Sound« vor. Die Leserschaft erfuhr in der Bildunterschrift, daß die *Fantastischen Vier* »schweinische Texte« rappen, und ein paar Wochen später konnte man unter 089/19700 unsere Stimmen vom Tonband hören. Offenbar waren wir noch jung genug, um als Boygroup durchzugehen, denn schon im Vorfeld der Plattenveröffentlichung wurden »die frechsten Texte zum Mitbrüllen« vorgestellt: »Sie sind die Rap-Sensation aus Deutschland. Wenn sie mit ihren scharfen Texten von ihrer neuen Platte ›Vier gewinnt‹ loslegen, brüllen die Fans begeistert jede Zeile mit«. Auch »PopRocky« entdeckte eine »explosive Mischung mit Pfiff«: »Vier Chaoten auf dem Durchmarsch. Jubel, Trubel, Heiterkeit beim Interview mit Redakteurin Patricia«.

Das Zusammenspiel von Teeniepresse und stabilen Radioeinsätzen brachte »Die Da« wieder zurück in die Charts. Die Zeichen standen gut und Bär bereitete mit großem Aufwand die offizielle Präsentation von »Vier Gewinnt« vor. Der Tenor der »Stuttgarter Nachrichten« stand stellvertretend für die allgemeine Gemütslage: »Damit sich eine Stuttgarter Popgruppe bundesweit Gehör verschaffen kann, muß sie Besonderes bieten. *Die Fantastischen Vier* versuchen es bisher erfolgreich mit deutschem Sprechgesang. Die Stuttgarter haben zwar die deutsche Volksmusik nicht neu erfunden, wenn aber am 31. August ihr Album ›Vier Gewinnt‹ bundesweit erscheint, werden sie beweisen, daß sie internationalen Vergleichen standhalten können: Dance-Music – ganz trendgemäß mit etwas Jazz, einem Schuß Multi-Kulti-Groove und Funk-Anspielungen. Das Stuttgarter Quartett jedenfalls hat mit seiner zweiten Langspielplatte endgültig unverwechselbare Stilmittel gefunden. Kritiker sagen der Single ›Die Da‹ jetzt schon gute Chancen auf einen vorderen Platz in den Hitparaden voraus.« Bär ließ unser »Boom Car« auf die Bühne des extra angemieteten »Theaterhaus Wangen« schaffen und kündigte eine zweieinhalbstündige Monstershow mit allen Songs an. Eine sechstürige Stretch-Limousine samt Motorradeskorte holte uns am Abend des Konzerts im Büro ab. Der kantige Clint-Eastwood-Chauffeur erzählte uns voller Stolz, er besäße eine ständige Sondergenehmigung für das Rollfeld des Stuttgarter Flughafens, um dort VIPs wie Paul Simon abzuholen.

Vorverkauf, Abendkasse und der großzügige VIP-Bereich für Freunde und Medienpartner sorgten dafür, daß das altehrwürdige Theaterhaus gefährlich überfüllt war. Bär hatte wirklich alle Hebel in Bewegung gesetzt. Mit Sirenengeheul rauschten wir an den Warteschlangen vorbei, um abgeschirmt wie Michael Jackson im völlig unspektakulären Backstage-Bereich zu verschwinden. Der Auftritt selbst wurde zur einzigen Jubelorgie: Vorne kreischten die Teenies und hinten im Foyer fragten sich unsere Kumpels, wie es soweit kommen konnte. Drei Stunden dauerte das Konzert, doch selbst dann war noch nicht Schluß. Bär verfrachtete uns in der Prominenten-Kutsche zur Aftershowparty im »Musicland« und zog breit grinsend einen Riesenpacken Geldscheine aus der Tasche: »4000 in bar pro Nase, als kleiner Vorschuß auf die Kohlen des Abends!« Ich war absolut von den Socken: Mit 4000 Krachern in Paul Simons Stretchlimo. Darauf einen Whisky aus der Bordbar.

Bär: **Road To The Riches**

Meine persönliche Situation war völlig absurd. Strenggenommen war ich pleite hoch zwanzig, völlig zerbrochen und hatte über den Daumen 150 000 Mark Schulden; eine unglaubliche Horrorsumme. Mit meinem Anwalt mußte ich laufend Vergleiche aushecken. Allein beim Schallplatten-Vertrieb »Discomania« standen 80- 90 000 Mark Warenkredit offen. Scheißsituation. Es konnte nur besser werden. Gleichzeitig standen die Zeichen bei »Vier Gewinnt« auf Sturm. Die Medienmaschine war supergut angelaufen. Für den Großraum Stuttgart hatte ich mit der örtlichen »Prinz«-Vertretung diverse Konzerte und Aktionen klargemacht. Im Rahmen einer Homestory gab es einen Exklusiv-Haarschnitt von Thomas und ein Essen mit Michi Beck zu gewinnen. Wobei ich mir nicht sicher bin, ob die Preise jemals eingelöst wurden ...

Als Aufwärmprogramm zur Tour hatten wir einen Auftritt an der Tankstelle im Bohnenviertel. Ringsum war Weinfest. Man trinkt Trollinger aus eigenem Anbau, sitzt auf Holzbänken, plärrende Kinder im Schlepptau. Mittendrin die *Fantastischen Vier*, live und direkt auf der Aral-Tankstelle, 150 Kumpel schwangen mit und die Bürgersleute beobachteten von der anderen Straßenseite aus das seltsame Treiben: Dürfen die das überhaupt?

Der Tankstellen-Gig sollte für lange Zeit der letzte im intimen Kumpelkreis sein. Auf das, was nun kommen sollte, waren wir nicht im geringsten vorbereitet. Der 2. Oktober 1992 war ein blöder, verregneter Tag. Im Böblinger »12 Inch« startete die »Vier Gewinnt«-Tour. Alles verlief im Rahmen. Ein gut besuchtes Konzert, mit einigen bemerkenswert dickbäuchigen Prolls in selbstgemalten »5 Verliert«-T-Shirts. Dann über Krefeld, Bad Salzuflen und die Frankfurter »Batschkapp«

nach Heidelberg. Die Tour war bis dahin wie eine langsam ansteigende Fieberkurve verlaufen. Mir war nichts Besonderes aufgefallen. Ich war ja ziemlich *busy*, habe das ganze Ding praktisch alleine durchgezogen und mußte nach jedem Gig immer wieder schnell ins Büro: Anfragen bearbeiten, Geld zählen, Faxe schreiben, irgendwelche Sachen checken und natürlich immer wieder frische Klamotten für die Jungs kaufen. Business as usual. So auch am 8. Oktober in Heidelberg. Hektisch, auf den letzten Drücker, schwang ich mich in den Dauerleihmercedes, raste in anderthalb Stunden von Stuttgart nach Heidelberg, stieg vor dem »Schwimmbad Club« in die Eisen und war baff. Gab's hier irgendein Fußballspiel? Erste Liga, oder was? Schwingt Boris Becker da hinten auf dem Gelände seinen Schläger? Was zum Teufel wollen diese ganzen Leute hier? Da standen 1200 bis 1500 Menschen dichtgedrängt vor dem Club. Kann doch unmöglich sein, daß die alle anstehen. 500 maximal, hatte ich vage in Erinnerung, paßten in den Laden rein.

Ich ging also ans Ende der Schlange und fragte einen Typen, auf was er hier wartete. »Auf die *Fantastischen Vier*«, sagte der. »Ich muß da unbedingt rein.« Mir rutschte das Herz in die Hose. Der Laden war bereits bumsvoll, komplett ausverkauft. Ich hab' mich reingezwängt, durch die Menge gekämpft, Smudo und Andy entdeckt, die ziemlich geschockt an einer Dachluke hingen und auf die endlose Meute vor der Tür glotzten. »Scheiße, Bär«, sagt Smudo. »Jetzt geht's voll ab! Da draußen stehen tausend Leute, das darf doch nicht wahr sein.« Ich legte ihm beruhigend die Hand auf die Schulter und flüsterte: »Vergiß es, es sind eher 1500! Also, wir lassen so viele rein, wie's nur irgendwie geht und ihr macht eine gute Show. Ich gehe jetzt wieder da raus.« Zurück durch die Menge, raus an die Luft, zum Lkw, die Heckklappe auf – und dann habe ich angefangen, T-Shirts zu verkaufen. Das war der einzige Trost für die vielen Leute, die nicht mehr reinpaßten. Und natürlich eine angenehme Art, ein bißchen Geld zu verdienen.

Nun würde alles anders werden. Ich lief direkt nach dem Konzert ans Telefon und rief unseren Booker Volker May an: »Alter, buch alles um!«

»Wie, bitte?!«

»Mensch, hier stehen 1500 Leute vor der Tür, die Tour fängt erst an und die Single klettert in den Charts nach oben. Also, buch um! Mach irgendwas! Kriegst du das hin?«

»Klar, logisch. Größer geht immer.«

Ich war sehr glücklich. Na, endlich. Und jetzt ging es wirklich los: Eine größere Anlage bestellen, mehr Security-Leute, mehr Licht, Tickets nachdrucken, Plakate umkleben, der ganze Rotz. Viel Arbeit, hektische Arbeit. Aber schön. Die Tour nahm plötzlich Wahnsinnsausmaße an. Das Ganze explodierte förmlich. Und ich war wie im Rausch.

Unser Hauptquartier war immer noch in meiner WG über dem »Musicland« in der Reinsburgstraße. Herrgott, wir hatten meine Büronummer 07 11–61 60 03 auf das Cover von »Vier Gewinnt« gedruckt! Wir hatten schon befürchtet, nicht mehr als 10 000 Exemplare davon zu verkaufen. Die größte Fehleinschätzung aller Zeiten. Das Telefon bimmelte ohne Pause, ich ging gar nicht mehr ran. In Zukunft würden wir sowieso ein paar Telefone mehr brauchen. Kleine Ironie des Schicksals: Kurz bevor der Wahnsinn losbrach und meine finanziellen Alpträume endgültig beendet waren, hatte ich mich mit »Discomania« auf ein Viertel der ausstehenden Summe geeinigt. Ich borgte mir das Geld zusammen und zahlte. Besser als gar nichts, dachten die wohl. Wenig später rollte der Rubel. Wann immer mir der »Discomania«-Boß seitdem begegnete, meinte er nur: »Bär, geh mir aus dem Weg.«

Eines der letzten Konzerte der Tournee stieg am 26. Oktober in Berlin. Im »Huxleys«, einem großen Laden, in den 3000 Leute reinpassen, wenn man ein bißchen schiebt. An dem Abend waren es 3500. Ich bin mit Fitz Braum hingefahren. Wir standen vor dem Club, natürlich wieder zu spät dran, und nichts ging mehr. Außerdem hatten wir keine Backstagepässe, so was gab's damals noch nicht – jedenfalls war niemand auf die Idee gekommen, welche zu drucken. Und der Bouncer meinte, wenn überhaupt, dann kämen nur noch Leute mit Backstagepässen rein. Herrje. Eine endlose, nervtötende Diskutiererei ging los, schließlich stand ich doch drin, mit Fitz und einem Koffer in der Hand, lästig und schwer. Manager haben halt immer irgendwelche superwichtigen Koffer dabei.

Wir zwängten uns durch die Menge, als plötzlich einer unter den Tausenden von Teenies rief: »Ey, guck mal, der *Bär*!« Und dann ging es ab. Getümmel, Leute rudern auf mich zu, zerquetschen mich fast, ich kriege Platzangst, und irgendwo hinten im Kopf denke ich: Tja, jetzt sind wir berühmt. Das war ein beängstigender, schöner Moment.

Auch später, als ich am Mischpult stand und die Jungs auf der Bühne, spürte ich wieder dieses Kribbeln. Da hüpften 3500 Leute vor der Bühne auf und ab und sangen jede Zeile von der gesamten »Vier Gewinnt« mit. Jede gottverdammte Zeile! Sogar die kleinen gesampelten Zwischenzitate »Viel Spaß damit – Danke« oder »Hallo Thomas – Hallo – Alles Klar. Klar!« Ich stand einfach nur da und dachte: Es klappt. Ich stand da, glotzte auf das Spektakel und konnte mich gar nicht sattsehen. Dann habe ich geheult. Ich hab' dagestanden und habe einfach geheult. Wie ein Schloßhund.

Welche Airplay-Zahlen »Die Da« in jenen Monaten hatte, wie oft die Single im Radio gespielt wurde, könnte ich heute gar nicht mehr sagen. Immer wenn ich den Kasten anmachte, lief der Song. Wir haben verkauft wie blöde. Irgendwann gegen Ende der Tournee bin ich zu Sony in Frankfurt rein und sagte: »Ich will zu Fitz.«

»Der sitzt gerade in einem Meeting.«

Na ja, alles klar, dachte ich, da will ich nicht stören. Ich lungere also bei Sony rum, warte auf Fitz, bis der sein superwichtiges Meeting beendet – aber prompt kommt der rausgerauscht aus dem superheiligen Meetingroom.

Er sagt: »Gut, daß ich dich sehe, zum Glück haben wir das noch hingekriegt!«

»Was'n?« frage ich ganz harmlos.

»Wir sitzen gerade da drinnen«, sagt Fitz, »und beschließen die Stückzahlen der Nachpressung von ›Vier Gewinnt‹. Die ersten 20 000 sind weg. Jetzt haben sie glorreich beschlossen, noch mal 20 000 zu pressen. Und da haben sie zu schwitzen angefangen. Man weiß ja nie. In dem Moment ruft ein Vertriebsmann aus München an und sagt: Jungs, habt ihr gerade Planungs-Meeting? Wie viele von den *Fantastischen Vier* laßt ihr nachpressen? Na, so 20 000, sagt einer der Herren. Die nehme ich alle, meint darauf der Vertriebsmann aus München. Du kannst dir denken, was dann passiert ist?«

Konnte ich. Sie preßten 80 000 statt 20 000. Und die waren innerhalb von zwei Wochen ausverkauft. Die Folge hieß »Nicht lieferbar«. Das hörten Fans überall in Deutschland. Kaum war die Platte ausgeliefert, war sie schon wieder ausverkauft. Sony kam mit dem Pressen nicht mehr nach. In dem Rekordzahlenwirrwarr konnte man schon mal den Überblick verlieren.

Irgendwann im schönen November sagte ich den Jungs: »Wir haben 15 000 Alben und 10 000 Singles verkauft.«

Smudo nickte anerkennend: »Echt, so viele schon?«

Ich grinste: »Ja, heute.«

»Wie, heute?«

»Wir haben heute 15 000 Alben und 10 000 Singles verkauft. Und gestern auch. Und morgen werden es wahrscheinlich noch viel mehr werden.«

Das haben die nicht begriffen. Das habe ich selbst auch nicht wirklich begriffen. Am Ende waren es 350 000 verkaufte Exemplare von »Die Da« und 800 000 von »Vier Gewinnt«.

Thomas: **Die Welle schwappt über**

Wir hatten ein Monster erschaffen, das immer größer wurde. »Die Da« hier, »Die Da« dort, »Die Da« überall. Und die aktuellen Charts-Plazierungen liefen bei uns ein wie die Hochwasserstände am Neckar. Nachdem die Single unaufhaltsam auf die Top Twenty zusteuerte, entschloß man sich bei Sony, so schnell wie möglich ein Video nachzudrehen. MTV in London hatte bereits Interesse bekundet. Eine echte Sensation, denn bis auf ein paar Alibi-Songs interessierte die Pop aus Deutschland nicht! Über die »Dancepool«-Abteilung der Plattenfirma bestanden enge Kontakte zum Videoregisseur Angel Garcia, der eigentlich aus Los Angeles kam und über sein Frankfurter Büro recht erfolgreiche Euro-Dance-Clips für *Snap* und Dr. Alban gedreht hatte. Seine kitschige, frühneunziger Dancefloor-Optik paßte eigentlich gar nicht zu uns. Doch wir kamen beim besten Willen nicht dazu, uns mit Video-Konzepten zu befassen. Es gab nur den nächsten Tag auf der Tour. Angel besuchte uns in irgendeiner Stadt kurz vor dem Auftritt in der Garderobe. In dieser Zeit wimmelte es von Medienmenschen mit oder ohne Kamerateam und er schneite profimäßig dazwischen.

»Ich hab' da euren Song gehört, flotte Scheibe«, erzählte er uns in breitem Hollywood-Englisch. »Jedenfalls sehe ich euch in einem offenen Wagen, immer in Bewegung, immer auf Zack. Wir drehen das in Leipzig, da gibt es noch unverbrauchte Einstellungen zwischen Verfall und Neuaufbau. Das trifft die Aussage besser als New York, London oder so.« Wir nickten nur pflichtschuldig und mußten auch gleich auf die Bühne. Was sollten wir groß sagen? Sein Vorschlag klang okay und man mußte sich erst einmal daran gewöhnen, daß wildfremde Leute sich völlig selbstverständlich für uns Gedanken machten.

Zwei konzertfreie Tage wurden für den Videodreh verplant

und wir flogen nach Leipzig. Kaum angekommen, verkündete eine sonore Lautsprecherstimme: »DIE HERREN SCHMIDT, BECK, DÜRR UND RIEKE WERDEN GEBETEN, ZUM LUFTHAN-SA-INFORMATIONSSCHALTER ZU KOMMEN – DIE HERREN SCHMIDT…« Der erste Gedanke war natürlich: schon wieder mal eine Umbuchung fällig. Doch die Stewardeß am Tresen reichte uns nur einen Telefonhörer rüber, aus dem eine schwäbische Stimme sprudelte. »Ja Wahnsinn, Jungs, ihr seid gerade Top Ten gegangen. Herzlichen Glückwunsch!« Typisch Bär! Er hatte unsere Ankunftszeit abgepaßt und spielte den Erfolgsbotschafter.

Entsprechend aufgekratzt stiegen wir in den Bus des Videoteams. In knapp sieben Wochen aus dem Nichts unter die ersten zehn – das hatte doch was, oder!?

Erst das ziemlich abgerockte Hotel, das dem FDJ-Bunker damals in Dresden sehr nahe kam, brachte uns wieder in den Alltag zurück. Besonders die Radiowecker mit den großen Klappzahlen, die am nächsten Morgen um 4:20 Uhr Alarm schlugen, sind mir in Erinnerung geblieben. Laut Ablaufplan sollte die erste Einstellung bei Sonnenaufgang gedreht werden. Fanta 4, Frau mit Bauhelm, Bahngleise im Hintergrund oder so. Am Drehort angekommen hieß es, irgendwelche Skins hätten in der Nacht den Stromgenerator zerlegt. Die Reparatur könne dauern, im Wohnwagen gäbe es Kaffee. Der Tag verging. Mit sehr viel Warterei und kleinen Scherzen mit dem netten sächsischen Catering-Mädchen, das fürchterlich schmalzige Stullen schmierte. Das Ergebnis ist bekannt: eine lustig bunte Angelegenheit, mit einem amerikanischen Möchtegern-Model als »Die Da« zwischen Autorücksitzbank und Kulissendisco. »Wenn diese Dame über die Straße geht, qualmen sogar die Trabis«, meldete die örtliche »BILD«-Ausgabe auf der Titelseite. Man hatte uns ein Pausenhof-Image verpaßt, das uns per Heavy Rotation auf MTV noch lange nachhängen sollte.

Wir kamen kaum noch dazu, unsere Außenwirkung zu verarbeiten. Alle ernsthafteren Musikmagazine hatten »Vier Gewinnt« ohne große Worte durchfallen lassen. Die Fanzine-Fraktion von »MZEE« mäkelte am »kommerziellen Touch«. Wir hätten den deutschen Rap nicht vorangebracht, schrieb Chefideologe Akim Walta. Dafür berichtete die Teeniepresse mit »Blitz-Interviews« wie in »Bravo« mittlerweile im Wochenrhythmus: »Als ihr neulich in Köln einen Fernsehauftritt hattet, haben sich die Mädchen von euch Autogramme auf den Busen geben lassen. Wie habt ihr reagiert?«

Wir spielten das Spiel, so gut es eben ging. Anfangs nahmen wir den unerwarteten hysterischen Aufmarsch der 11- bis 15 jährigen mit Humor. Doch mit der Zeit entstanden seltsame Verhaltensweisen. Michi legte sich in kürzester Zeit eine Art Schutzschild aus Arroganz zu. Er ließ sich von vorne bis hinten bedienen und war fest davon überzeugt, daß sich Top-Ten-Popstars 24 Stunden lang von normalen Menschen unterscheiden müßten. Er schlug Krawall, wenn Dr. Alban am Flughafen mit einem S-Klasse-Mercedes zur Fernsehshow abgeholt wurde, wir dagegen nur mit einem VW-Transporter. Im-

Die neuen Teenie-Lieblinge – Michi und Smudo 1992

mer und überall befürchtete er, eine höhere Macht könnte uns schrecklich ausnützen.

Mich erwischte es aus einer ganz anderen Richtung. Bei einem völlig überfüllten Heimspiel im Gerlinger »Flic Flac« packte mich nach dem Auftritt eine tiefe Sinnkrise. Abgesehen davon, daß die Veranstalter 2500 statt der erlaubten 1300 Kids in die Halle packten und einige Ordner daraufhin durchdrehten, konnte ich dieses »Vier, Vier, Vier...«-Gekreische nicht mehr hören. Ich war nie ein depressiver Mensch. Doch an jenem Abend wollte ich nach dem Auftritt nur noch nach Hause. Wie ein Schwermütiger schlich ich über den Parkplatz und dachte: Ihr seht doch gar nicht, wer ich wirklich bin. Ihr habt doch nur dieses aufgeblasene Bild im Kopf und glaubt plötzlich alle, mich zu kennen. Auf einmal bin ich was Besonderes – oder der Super-Arsch, der Rap in Deutschland ausverkauft. Mich umgab ein riesiges schwarzes Loch.

Smudo: **Musik liegt in der Luft**

»Die Da« hatte sich hinter Phil Collins und *Inner Circle* auf Platz 3 der deutschen Charts vorgeschoben. In Bärs Büro lagen 150 Anfragen für Konzertauftritte herum. Einige Hundert Kids baten um Aufnahme in den soeben gegründeten »Fantastischen Fanclub«. Die »ZDF-Hitparade« erkundigte sich zum wiederholten Male, ob wir nicht doch bei ihnen spielen wollten. Wir würden mit unseren deutschen Texten hervorragend ins neue, aufgefrischte Konzept passen. Wir blieben bei Nein.

In den europäischen Videocharts von MTV, deren Berechnungssystem ich nie so recht verstanden habe, kletterten wir auf Platz 4 vor Michael Jackson. Was die »BILD«-Zeitung prompt als Siegeszug deutscher Unterhaltungskultur herausposaunte. In der englischen Moderation gab es jetzt immer kleine Verständnishilfen fürs internationale Publikum: »»*Die* da‹ from Fantastischen Vier sneak up three in the German charts this week. It's a tale of two guys talking about their girlfriends and they asking each other ›Die Da‹. Is she the one?« Wir gehörten plötzlich völlig selbstverständlich zum dahinplätschernden Programm-Alltag. Damals glaubte MTV noch an ein gesamteuropäisches Programm, und der deutsche Markt war halt wichtig für die Werbekunden. Wenn man allerdings bedenkt, mit welcher Geringschätzung deutsche Popmusik in Großbritannien jahrzehntelang abgebügelt worden war, behandelte man uns erstaunlich fair und ohne die sonst üblichen Spitzen gegen die *Krauts* ... Als kurz darauf noch eine offizielle Anfrage des Starmoderators Ray Cokes für »MTVs Most Wanted« einging, verstanden wir die Welt endgültig nicht mehr: Wir sollten zur beliebtesten Chaos-Show des Musikfernsehens!?

Der 13. November wurde umgehend für einen Tag in London geblockt. Bereits im Vorfeld entstand ein Kurzbeitrag für Steve Blames »News-Show«, wo wir vor der Trümmerkulisse des Berliner »Tacheles« aus tiefster Überzeugung feststellen, daß *the German language* durchaus *rapable* wäre. In dieser Sendung erfuhr ganz Europa: »We are from the Mittelstand!« Thomas zog abschließend Bilanz: »On our concerts the visitor is involved because we speak their language and that's a Vorteil, äh, was heißt Vorteil?« »Advantage ...«, übersetzte ich vor laufender Kamera. Aus der zweiten Reihe fügte Michi hinzu: »Advantage, Becker!«

Gepackt vom London-Fieber gingen wir noch mit einer anderen, sehr zweifelhaften Anfrage schwanger: »Musik liegt in der Luft« mit Dieter Thomas Heck hatte bei Sony angeklopft, ob wir bei ihrem Gastspiel in Hof dabei sein könnten. Wir in einer volkstümlichen Schlagersendung? Das kam überhaupt nicht in Frage. Nie würden wir unseren Kumpels wieder in die Augen schauen können. Außerdem gab es am gleichen Tag diesen MTV-Termin in London.

Doch Bär und das Produktmanagement bearbeiteten unsere Profiseele. Das Weihnachtsgeschäft steht vor der Tür, hieß es. Zehn Millionen Leute sehen diese Show, berichtete die PR-Abteilung. Und wenn nur ein Bruchteil davon unseren Song gut findet und kauft, bilanzierte Bär, haben wir es endgültig geschafft. Und auch die Terminüberschneidung mit MTV ließe sich regeln. Dann würde halt ein Lear-Jet angemietet, der uns zwischen Stuttgart, London, Hof und der nächsten Tourneestadt Bremen zur Verfügung stünde. Nach langem Hin und Her willigten wir ein. Die Vorstellung, mit einem eigenen Lear-Jet durch die Gegend zu fliegen, war unwiderstehlich.

Wir trafen uns in Bärs Büro wie zu einem Schulausflug. Es war gar nicht so einfach, die Taschen richtig zu packen. Wieviel Paar Socken braucht man für ein Dutzend Konzerte und zwei Fernsehauftritte? Der Tourplan der nächsten zwei, drei Wochen stand zwar fest, doch mit Änderungen durfte jederzeit gerechnet werden. Am Flughafen angekommen, ließen wir das Abflugterminal links liegen und hielten vor einem Nebengebäude, in dem unsere Crew bereits wartete. Beim Zoll gab es nur ein freundliches Hallo, und der Co-Pilot packte unsere Taschen höchstpersönlich in die Gepäckluke des Fliegers, als würde er einen VW Käfer beladen. Entspannt erzählten die beiden alten Hasen im Cockpit, daß diese Art des Fliegens im Grunde wie Autofahren wäre, und mit einer kleinen Touristen-Schleife (»Rechts unten die Tower-Bridge«) brachten sie uns chefmäßig nach London. Völlig überdreht nahmen wir ein ultranobles Hotel in Beschlag. Wie Popstars aus dem Bilderbuch saßen Thomas, Michi und ich gemeinsam in meiner Blubber-Badewanne, killten den Champagner aus der Minibar und spielten mit Thomas langen Hoden Eier im Sektglas!

Unsere MTV-Betreuerin entpuppte sich als Steffi »Hallole, ich bin auch aus Stuttgart« Prem. Sie lotste uns am nächsten Morgen auf direktem Weg zur Sendezentrale nach Camden und beantwortete bereitwillig alle neugierigen Fragen. Ein Aufnahmeleiter begrüßte uns im Namen des Teams, und alles ging trotz der Anspannung einer Live-Show freundlich und routiniert zu. Steffi berichtete, daß Ray Cokes von drei Assistenten gleichzeitig über Kopfhörer mit Informationen über die Anrufer versorgt werde, mit denen er in »Most Wanted« plauderte und seine Späße trieb.

Irgendwann hieß es, wir müßten jetzt rein, während man noch schnell das angesteckte Mikrofon gerichtet bekam. Und dann hockten wir – *all the way from Germany* – mit ihm auf dem Sofa und durften unseren Werdegang im Schnelldurchlauf schildern.

Cokes erkundigte sich nach dem rassistischen Terror in Hoyerswerda, Rostock und Mölln oder wie er es ausdrückte: *Are you singing about the heavy stuff what's going on at the moment?* Es war nicht einfach, vom Plauderton über die neue Platte in eine halbwegs differenzierte Aussage zu einem ernsten Thema zu schwenken. Ich verwies zwar auf unseren kurzen Botschafts-Rap »Hört euch den hier an«. Aber gleichzeitig stellte ich klar, daß unsere Gedanken zu diesem Thema bereits viel früher ansetzten. Udo Lindenberg sang damals »Wir haun mit den Tatzen den Skins auf die Glatzen« oder so ähnlich. Das war nichts für uns. Unsere Songs »Es wird Regen geben« oder »Laß die Sonne rein!« handelten davon, mit sich selbst ins klare zu kommen und die Dinge im Kopf zu regeln. Mehr als ein bestärkendes »Schau dich selbst an und laß dich nicht leiten« konnten wir den Kids sowieso nicht glaubwürdig vermitteln. Cokes erwähnte den Ost-Berliner Rapper Jay, dessen Video zu »We are the majority« als multikulturelles Musterbeispiel aus deutschen Landen auch bei MTV lief. Doch wie sollte man ihm in wenigen Worten klarmachen, daß da jemand von seiner Plattenfirma ein paar Monate lang als Anti-Nazi-Ikone vermarktet wurde, um danach wieder sang und klanglos in der Versenkung zu verschwinden? Ich jedenfalls nannte Jay, live und vor allen Leuten, einen aufgeblasenen Hype. Vielleicht tat ich ihm Unrecht, aber mir ging diese Verknüpfung von Betroffenheit und Pathos, bloß um eine Marktlücke im Popgeschäft zu füllen, ziemlich gegen den Strich. Cokes erwähnte sogar unsere Radioshow »Die Vierte Dimension«.»So ähnlich wie deine Show, nur im Radio«, meinte Thomas.

Mit der nächsten Werbeunterbrechung endete unser Cokes-Besuch. Wir verabschiedeten uns rasch, denn vor dem Rückflug hatten wir noch ein Interview im legendären »Broadcasting Buildung« der BBC am Langham Place. Auch die Kulturredaktion des »World Service« war auf ein Phänomen namens »Die Da« gestoßen.

Im Eiltempo ging's zurück zu unserem Lear-Jet. Mit der letzten Nachmittagssonne hoben wir ab. Auf unsere Anfrage an den Piloten, ob er nicht einen kleinen Stunt fliegen könnte, polterte Bär wie aus der Pistole geschossen: »Auf gar keinen Fall«! Keine gewagten Experimente mit der Startruppe! Es war bereits dunkel, als wir auf einem Militärflugplatz in der Nähe von Hof landeten und in die bereitstehenden Limousinen für die Heck-Gala hechteten. Normalerweise gibt es bei großen Abendshows immer aufwendige Stellproben. Doch unsere Termine in London bewahrten uns vor einem längeren Aufenthalt in der Welt des Schlagers. Der stolze Produktionschef zeigte uns später die Aufnahmen des letzten Durchlaufs: Zwei schnauzbärtige Beleuchter mit verkehrt herum aufgesetzten Baseball-Kappen führten zum »Die Da«-Playback ungelenke Tanzschritte auf. So ähnlich, meinte er, würden wir dann in der Sendung rüberkommen...

Für vierundzwanzig Stunden tauchten wir in ein fremdes Universum. Die Hofer Stadthalle lag mit angrenzendem Hoteltrakt in einer grauen, konturlosen Gegend. Ringsumher wie hingewürfelt einige Gebäude. Zonenrandgebiets-Stimmung. Auf einem Tisch lag die Hofer Amtszeitung mit einer aktuellen Meldung auf der Titelseite: »Kurzfristig ins Programm aufgenommen wurden *Die Fantastischen 4*, die Newcomer, die derzeit in Deutschland die Hitlisten erobern. Mit von der Partie sind weiterhin Frank Ryan, *Belamy Brothers*, Bernd Clüver, Marianne Rosenberg, *Die Münchner Freiheit* und Jochen Schäfer. Es tanzt das Deutsche Fernsehballett, für den guten

Ton sorgt das RIAS-Tanzorchester unter der Leitung von Horst Jankowski.« Wir schüttelten unzählige Hände und waren ganz die Vorzeige-Jugendlichen, als Dieter »Thomas« Heck den Saal betrat. Wir wurden ihm vorgestellt und er sprach mit uns, als wären wir Kamera eins und Kamera zwei. Hände schütteln, breites Lächeln. »Willkommen bei ›Musik liegt in der Luft‹. Habe schon viel über euch von meiner Tochter gehört: Großartige Musik, ganz großartige Musik ...« Keine zwei Minuten dauerte die Audienz. Später kam er noch mal kurz zurück, als wir mit einigen Omas am Tisch zusammensaßen, die aus Thüringen einen Ausflug zu seiner Show unternommen hatten. Sie wollten ein Erinnerungsfoto. Als die rote Leuchtdiode der Autofocus-Kamera zu blinken begann, meinte er nur »Ah Rotlicht« und sagte seinen legendären ZDF-Hitparaden-Spruch auf: »Guten Abend, meine Damen und Herren ...« Die Omas fanden es grandios komisch.

Wir hatten das beklemmende Gefühl, völlig auf dem falschen Dampfer zu sein. Thomas nahm Bär beiseite und raunte ihm mit ungewohntem Ernst zu: »Sorg dafür, daß wir so was nie wieder machen müssen!«

Wir teilten mit Bernd Clüver einen Mehrzweckhallen-Umkleideraum. Der Junge mit der Mundharmonika. Irgendwann stand er in gediegenem Münchner Dallmeier-Prodomo-Chic mit Schal, Designerbrille und hochgeschlagenem Kragen im Raum und musterte seine jungen Kollegen. Er klopfte mir auf die Schulter: »Tolle Nummer, Alter. Die ist ja jetzt Platz eins«. »Ne, sie hängt auf zwei«. »Na ja«, meinte er nur und fummelte an seinem Bühnenanzug herum, »was zwei ist, kann auch eins werden«. Den Regieassistenten, der uns hinter die Kulissenwand führte und uns anwies, auf seine Zeichen zu achten, bekam ich gar nicht mehr so richtig mit. Wir führten vor zehn Millionen Zuschauern in drei Minuten unsere Tanzschritte zum »Die Da«-Playback in bunten Cross-Colours-Klamotten vor und hatten damit das Non plus ultra der deutschen Mainstream-Musik erreicht. Die Moderation von Heck schrieb Sample-Geschichte: »Von Null auf die Zwei mit der Kleinen, mit der Maxi-Single. Mit der CD von der Null auf die Vier, und das, haben wir gedacht, ist einfach fantastisch – das ist nicht »Die Da«, nicht »Die Da« auch nicht »Die Da« – NEIN – es ist »Die Da«.

Andy: **Profialarm**

Ich hatte in unserem Spiel die Rolle der stillen Kraft im Hintergrund übernommen. In einer klassischen Rockband wäre ich wohl der Bassist, die sind angeblich ähnlich gestrickt. Mitten im Geschehen, bei allem voll dabei, doch nie als großer Alleinunterhalter. Das lag mir nicht. Aber genausowenig war ich der weltfremde Elektronikprofessor, der schnellstmöglich in sein Produktionsstudio wollte. Meist genoß ich den Popzirkus sogar und fand alles superaufregend. Das Wechselspiel der Eindrücke ging mir weit weniger an die Substanz als dem Rest der Band. Ich dachte: Man wird nur einmal im Leben berühmt, das muß ausgekostet werden.

Von Hof flogen wir zum vorerst letzten Mal per Lear-Jet nach Bremen, wo die »Celebrate-The-Disc«-Tour begann, die ursprünglich als Revue zum zehnjährigen Bestehen des Mediums CD geplant war. Wie bei der Event-Präsentation eines neuen Herrenduftwassers gab es eine aufwendige Lasershow, Tänzer, Dekoration und für jede Stadt einen extra CD-Kuchen. Als Musikprogramm für diese Jubelfeier waren die Düsseldorfer Electro-Pop-Band *Jean Park* und wir engagiert. Ohne die Erfolgswelle von »Vier Gewinnt« hätte wahrscheinlich wirklich »die CD« im Mittelpunkt gestanden. Doch nun geriet diese Tour von Anfang an zu einer einzigen Jubeltour für uns. Die Absprache, daß mal *Jean Park*, mal wir zuerst auf die Bühne gingen, wurde prompt fallengelassen. »Die Da« war in den Charts hinter Phil Collins angekommen, nun wollten alle das Phänomen Deutsch-Rap besichtigen. Der ungeahnte Publikumszuspruch und die viel zu aufwendige Technik brachte die Aufbau-Crew regelmäßig an den Rand des Wahnsinns. In Gera gab es keinen Aufzug, das zentnerschwere Gerät mußte von eigens angemieteten Tragehelfern über die Treppen gewuchtet werden. In Hamburg blieb die halbe Anlage im LKW, weil die Kapazitäten der Markthalle nicht ausreichten. Wir bekamen aber diese Schwierigkeiten nur am Rande mit. Bär hatte uns einen eigenen Sicherheits- und Fitneß-Beauftragten zur Seite gestellt, Akko Hintzen, der neben der sogenannten »crowd-control« vor allem die Aufgabe hatte, uns vor allzuviel Hektik abzuschirmen. Bär drehte voll auf und regelte siebzehn Sachen gleichzeitig. Er meinte nur: »Jungs, was hier gerade läuft, ist die Chance des Lebens. Das bedeutet: Allerhöchster Profialarm mit Fitneß- und Stimm-Training, ausgewogenes Essen und Entspannungsphasen. Bis Weihnachten müssen wir diesen Wahnsinn durchhalten. Dann sehen wir weiter.«

Bär krempelte gerade in Windeseile die ganze Organisationsstruktur um. Sein Einmannbetrieb wurde zur Agentur, die spätere Bear Music Factory, in der alle notleidenden Kumpels erst mal eine Aufgabe bekamen. Nebenbei wurde unser Leben neu geordnet. Er bestellte für uns Mobiltelefone, Faxgeräte, machte Termine mit Steuerberatern, Anwälten und handelte die Verträge mit Sony sowie dem Musikverlag neu aus. Selbst eine Risiko-Lebensversicherung auf Gegenseitigkeit – eine Million Mark für jeden Verbleibenden – hat er für uns abgeschlossen. Damit hatten wir einen neuen Running Gag: Wer beißt als erster ins Gras?

Bei »Bravo« hatten wir mittlerweile eine eigene Sachbearbeiterin, Corinne Ullrich, die laufend Stoff für neue Geschichten brauchte. Sie bekam, was sie wollte: Unzählige Tournee-Meldungen, ein postertaugliches Foto im roten »Boom-Car« und ein Aufklärungsgespräch, das unter dem Titel »Zum Sex kamen wir erst spät« erschien. Die Teenie-Presse gehörte im

Herbst '92 zum großen, übergeschnappten Durchmarsch. Uns blieb nichts anderes übrig, als die eigenen Geschichten als bunten Comic zu betrachten. Wir hatten es nicht anders gewollt.

Das Thema Sex reizte die Redaktionen offenbar ganz besonders: Mädchen, die nur darauf warteten, bei einem von uns ins Bett zu hüpfen. Mädchen, die Thomas das Hemd vom Leib rissen. Mädchen vor und hinter der Bühne. In Österreich war es besonders schlimm: Hier trugen unsere »Groupies« Zahnspangen und wurden von ihren Eltern nach der letzten Zugabe bereits sehnsüchtig erwartet. Es existiert ein auf Video festgehaltener Verzweiflungsseufzer von Michi Beck: »Warum finden uns nur Kinder gut!!??«

Smudo kränkelte die ganze Tour über vor sich hin. Sein Kehlkopf schmerzte, jeder weitere Auftritt nagte an seiner Stimme. Ihm blieb vorerst nichts anderes übrig, als soweit wie möglich aufs Sprechen zu verzichten. Ein Rapper ohne Stimme, Horror. Wenn es tagsüber etwas zu bereden gab, kratzte er seine Fragen und Antworten auf eine extra angeschaffte Kindertafel, die ansonsten mit der Aufschrift »Kann nicht sprechen« um seinen Hals baumelte. Witzigerweise gestikulierten die Leute, die Smudos Tafel erblickten, immer wie wild, wenn sie ihm etwas mitteilen wollten. Als hätten sie es mit einem Tauben zu tun. Er änderte daraufhin seine Botschaft in »Kann nicht sprechen – du schon«, was regelmäßig zu erhellenden Ach-so-Effekten führte. Doch die Stimme blieb angekratzt, nach jeder Show wurde es schlimmer. Bär hatte mit Akkos Trainingseinheiten zwar ein Fitneßprogramm eingeführt, doch gegen Kehlkopf-Ärger wußte auch er keinen Rat. Zum Glück verlangte die CD-Jubelfeier nur ein verkürztes Programm von uns. Nach der Tour würde man weitersehen.

Zwischenspiel:
Widersacher im Underground

Ein beiläufiger Telefonanruf machte den *Fantastischen Vier* endgültig klar, wie unversöhnlich ihr Weg durch die Hitparaden gesehen wurde. Als Smudo dem Heidelberger Rapper Torch zum Geburtstag gratulieren wollte, verlangte dieser mit schroffen Worten, ihn zukünftig aus der Gruß- und Dankesliste der Band zu streichen. Offensichtlich war es mittlerweile rufschädigend, im Fanta-4-Umfeld aufzutauchen.

Auf HipHop-Platten war es üblich, in einer Ecke des Covers Freunde, Helfer, Mitmusiker und überhaupt alle zu verewigen, die im weitesten Sinn am Zustandekommen der Platte beteiligt waren. Amerikanische HipHop-Bands nutzten diese oft ellenlangen Aufzählungen, um die gesamte Bandbreite ihrer religiösen, politischen oder musikalischen Vorbilder zu benennen. Zwar hatte die freundliche Nennung eines Taxis, das Smudo und Thomas die liegengelassenen Tonbänder zu »Jetzt geht's ab« wohlerhalten zurückbrachte, nicht unbedingt jene hintergründige Bedeutung wie die Aufzählung der »Black Liberation Army« oder die »All African People's Revolutionary Party« beim *X-Clan*-Album »To The East, Blackwards« – doch auch die *Fantastischen Vier* steckten ihre Welt über mehrere Dutzend Grußadressen ab. »Dank an alle deutschen HipHop Kollegen« hieß es im Innencover von »Vier Gewinnt«. *Die Rauhen Poeten* aus Köln bekamen ihre Erwähnung, ebenso wie MC Torch. Nun wollte der dort nicht mehr stehen und ein lange schwelender Zwist war offen ausgebrochen.

Die Szene reagierte mit zunehmender Verbiesterung auf die populären Fanta-4-Songs: Persönliche Seitenhiebe, abfällige Äußerungen in Interviews und immer wieder die Befürchtung, ihre sorgsam gepflegte HipHop-Kultur käme im Bild der Öffentlichkeit (»das deutsche Rap-Phänomen« hieß es sogar in den »Tagesthemen«) zu kurz.

Torch und seine Band *Advanced Chemistry* hatten im November 1992 ihre Debut-Maxi »Fremd im eigenen Land« herausgebracht. Ein Song mit deutschen Reimen und einem markanten Sample aus der Titelmelodie von »Spiegel TV«, der wie ein Gegenstück zu »Die Da« wirkte. Torch war in der umtriebigen Rap-Szene des Rhein-Neckar-Raumes kein Unbekannter. Genaugenommen beschäftigte er sich seit dem Kindesalter mit HipHop. In seinem deutsch-haitianischen Elternhaus spielte Musik aller Art eine große Rolle. Schlager, Soul und karibische Rhythmen. Mit zehn, elf Jahren bekamen Torch und seine Freunde die erste LP von Kurtis Blow in die Finger. Seitdem übte man sich im Nachrappen. Auf dem Pausenhof der Internationalen Gesamtschule in Heidelberg wurde zum Ghettoblaster getanzt. Die Old School erlebte Torch als Breakdance-Kid in der Heidelberger Fußgängerzone. Eine Straßenkultur, aus der Mitte der Achtziger eine lockere Formation mit Tänzern und Rappern erwuchs, die 1987 als *Advanced Chemistry* in Ludwigshafen-Oppau einen ersten umjubelten Auftritt hatten.

Gleichzeitig begann Torchs Karriere als Sprayer. Er verzierte Wände und Unterführungen, später Züge. Bis heute hat er sechs Gerichtsverhandlungen wegen Sachbeschädigung und Vandalismus hinter sich. Er brach die Schule vor dem Abitur ab, versuchte es erst gar nicht mit einer Ausbildung. Er malte Graffitis und reiste mit dem Tramperticket der Bundesbahn von Stadt zu Stadt, besuchte Jams und Konzerte. Das bedeutete für ihn, HipHop zu leben. Die klassische Musikerkarriere war für Torch und seine Mitstreiter, Linguist und Toni, der Koch, eher zweitrangig. *Advanced Chemistry* machten ihre Songs in erster Linie für die eigene Szene – die Popwelt außenherum wurde eher mißtrauisch betrachtet. Sie verschickten die Demo-Versionen von »Fremd im eigenen Land« zwar an alle großen Plattenfirmen, doch ohne Ergebnis: »Die bisherigen Angebote von sieben Prozent Beteiligung sind absolut lächerlich. Warum sollen wir das Geld an den Herrn Krawatte und den Herrn Zigarre geben, wenn es genausogut in B-Boy-Hände fließen könnte, um damit die Kultur zu unterstützen«, sagte Torch damals in einem Interview. Letztlich erschien die Platte beim Label des Fanzines »MZEE«. Die Underground-Gemeinde versuchte, ihre eigenen Geschäfte zu machen. In einer diffusen Mischung aus Mißgunst, Besserwisserei, antikapitalistischen Vorbehalten und dem tatsächlichen Gefühl, daß ihnen auf der Popschiene die musikalische Identität weggenommen würde.

»Fremd im eigenen Land« entwickelte sich zum Mini-Hit bis hinein in die Radiocharts der großen Sender. *Advanced Chemistry* – independent, ernsthaft und multikulturell – wurden eine Zeitlang als *die* großen Gegenspieler der *Fantastischen Vier* gehandelt. Etwas weniger Bedenkenträgerei gegenüber der Musikindustrie – und Torch hätte vielleicht sogar ein konventioneller Star werden können. Doch die Nachfolgesingle von *Advanced Chemistry* »Welcher Pfad führt zur Geschichte« ließ auf sich warten. Das immer wieder angekündigte Album ist nie erschienen. Die große Medien-Öffentlichkeit verpuffte – Torch blieb Kulturbotschafter des Undergrounds und ist damit bis heute zufrieden.

Auch keine andere Band aus der Frühphase der HipHop-Produktion in Deutschland folgte den *Fantastischen Vier* bei ihren Pop-Erkundungen. Niemand wollte (oder konnte?) die offenbar unüberbrückbaren geschmacklichen Differenzen in breitenwirksame Songs umsetzen. Im Gegensatz zu den großen Vorbildern in den USA, wo der ökonomische Erfolg fester Bestandteil des kreativen Wettbewerbs ist, verzettelte sich die »Konkurrenz« in einen verkrampften Streit zwischen »Echtheit« versus »Ausverkauf«. Vermeintliche Gegensätze, die sich erst in der nächsten Generation auflösen sollten. Ein dritter Weg, ernsthaft und ironisch zugleich, zeichnete sich ab ...

Michi: **Ein Tag auf Morrison Island**

Mitte Dezember '92 kam Land in Sicht. Noch ein letztes Konzert in Trier und Schluß. Wir wollten einfach nur weg, ganz weit weg und keiner Menschenseele begegnen. Die letzten drei Monate waren etwas viel gewesen.

Thomas und ich gingen ins nächste »Explorer«-Fernreisebüro und fragten, wo es ruhig, hammerwarm und angenehm wäre. Die Reisekauffrau schlug die Philippinen vor. Philippinen? Zum ersten Mal weit weg. Wir überlegten nicht lange und griffen zu. Beim Zwischenstopp in Hongkong fuhren wir vom Flughafen geradewegs ins Shangri-La-Hotel, mit Blick auf die berühmte Skyline, am Ufer des Stadtteils Kowloon. Wir krochen ziemlich gejetlagt ins Bett und erwachten erst im Dunkeln wieder. Der Blick aus dem Hotelfenster zeigte ganz Hongkong als gigantische Neon-Nikolaus-Kulisse, unten auf der Straße hatten alle Leute rote Zipfelmützen auf. Weihnachten in Asien? Im Reiseführer stand nichts davon. Wir trauten uns gar nicht auf die Straße, so merkwürdig wirkte das alles.

Ein anderer Reiseführerpassus beschäftigte sich mit der komischen Sitte, alle Fragen erst mal mit »Ja« zu beantworten – auch wenn es gar nicht so gemeint war. Bei »Nein« würde man sein Gesicht verlieren. Wir bestellten zwei Sandwiches beim Roomservice. Als das Zimmermädchen damit ankam, fragte sie, ob wir sonst noch Wünsche hätten. Dessert, Sweets, Drinks, Coffee? Ich verstand sie nicht so recht, doch ganz im Sinne der Reiseführer-Schulung nickte ich fleißig und sagte nur »Yes, yes«. Das schnöde Ergebnis war ein ganzes Tablett voller Verpflegung!

Früh morgens ging es weiter, über Manila auf Nebeninseln nach Puerta Princesa. Dort herrschte der unorganisierte Tropen-Flash, was wir tierisch cool fanden. Endlich angekommen. Auf dem Dach eines 300prozentig überladenen Bus-Taxis – neben mir lag eine Ziege in einem Autoreifen – fuhren wir stundenlang über Land. Unser Ziel hieß Port Barton, ein kleiner Ort mit ein paar Bambushütten am Strand, einer Bar, einem Restaurant und sonst nichts. Hier am Ende der Welt trafen wir erst mal einige Schweizer, die uns auch prompt erkannten.

Nach ein, zwei Tagen hatten wir uns bereits bestens akklimatisiert. Wir hingen am Strand rum, schlüften unsere Drinks unter Palmen und erzählten uns gegenseitig, mit der Band und der Musik müsse alles anders werden. Unsere immer leicht bedröhnten Gespräche pendelten zwischen Größenwahn und unbedingtem Bekenntnis zur Bodenhaftung. Vormittags waren wir fest davon überzeugt, jetzt alles auf der Welt erreichen zu können, nachmittags wurde nach dem Sinn des Lebens geforscht. Anlässe für kleine Feiern gab es genug, Thomas' Geburtstag zum Beispiel oder Sylvester.

Wir hatten uns vorgenommen, mit einem ausgeliehenen Einbaum auf eine der vorgelagerten Inseln zu rudern, um ein kleines spirituelles Experiment zu wagen. Bei einer Autogrammstunde in Heilbronn hatte uns ein Kumpel ein paar Pillen mit dem Hinweis zugesteckt, sie doch mal in einer stillen Stunde auszuprobieren. Wir wußten bis dahin nie so recht, etwas damit anfangen. Die entspannte Inselatmosphäre, dachten wir, wäre genau das richtige für eine neue Erfahrung. Vor der Abreise hatten wir uns die Unterhosen aufgetrennt und die Mikrotrips unter dem Gummizug eingenäht.

Unser Plan sah vor, Sylvester auf einer der vorgelagerten Inseln zu begehen. Wir borgten uns bei den Einheimischen einen Einbaum, packten eine Feuerwerksrakete, einen Ghettoblaster, eine Videokamera, ein kleines Zelt und ein paar Konserven hinein. Vom Ufer sah alles relativ nah aus, doch es dauerte ewig, bis wir auch nur in die Nähe dieser Inseln kamen. Eine Strömung und ein ungünstiger Wind trieben uns schließlich zu einer anderen, eher blöden Insel. Außerdem dümpelten da einige Typen auf einer fetten Jacht. Wir stachen wieder in See und mußten den Kahn sogar noch über eine Untiefe tragen. Eine heftige Böe fegte den Blaster und die Kamera über Bord. Geistesgegenwärtig fischte Thomas das Zeug wieder aus dem Wasser. Nach gut fünf Stunden Ruderei erreichten wir endlich Morrison Island. Ein himmlisches Fleckchen Erde – an den meisten Uferstellen so dicht bewaldet, daß man definitiv nicht anlanden konnte. Es war längst später Nachmittag, als wir endlich einen kleinen, flachen Sandstrand entdeckten, der wie gemacht für unsere Jahreswechselparty war. Wir bauten unser Zelt auf, sammelten Feuerholz und glotzten selig in den Sonnenuntergang.

Zeit für den Trip. Schluck und weg. Warten, was passiert.

Am Anfang war noch alles klar, mir gingen die gutgemeinten Überlebenstips durch den Kopf, die uns die Fischer in Port Barton gegeben hatten. Gegen Mücken sollte man Kokosnußschalen verbrennen. Gab es hier Mücken? Und immer trinken, trinken ist wichtig. Und die Haut schützen. So saßen wir wohlig angeknallt mit Zigaretten, Sonnencreme und Orangensaft in den seichten Wellen. Und plötzlich surrte eine Mücke heran. Es wurde langsam dunkel. Mücken hieß: Feuer machen. Das feuchte Holz wollte erst nicht anbrennen, dann stank es furchtbar. Der Trip wirkte, wir bekamen langsam den Horror. Vom Wasser her kribbelte und krabbelte es, dunkle Flächen schoben sich über den Sand. Ein Zerrbild wie aus einem psychedelischen Film. Nach einer unendlichen Weile griff sich Thomas die Taschenlampe und näherte sich todesmutig den Krabbelpunkten: »Millionen Krebse!« brüllte er nur. »Hundert Millionen«. Dann war der Bann gebrochen und das Gruseln vor der unbekannten Bewegung wandelte sich in glasklare Erkenntnis: In diesen Breiten stiegen gegen Abend halt Einsiedlerkrebse aus dem Meer. Ganz normal und natürlich. Im nächsten Augenblick durchzuckte mich ein »Master-Of-The-Universe«-Flash – der Weltherrschaft stand nichts mehr entgegen. Gepackt von allerlei Visionen und einer Achterbahnfahrt der Stimmungen wünschten wir uns gegen Mitternacht alles Gute für 1993. Eine einsame Sylvester-Rakete zischte durch den stockdunklen Pazifikhimmel.

Der Neujahrsmorgen dämmerte heran, die Wirkung des Trips ließ langsam nach. Ein kurzes Nickerchen noch, dann weckte uns die Sonne.

Das Zurückrudern wurde zu einem echten Kampf. Wir trieben noch viel weiter ab als auf der Hinfahrt. Total geschafft von unserer Sylvesterfeier, konnten wir die Winkenden am Ufer schon deutlich erkennen. Doch wir kamen dem Land nicht näher. Zuletzt sprangen wir aus dem Boot wie Obelix auf dem Weg nach Ägypten und schoben es schwimmend voran. Schließlich schafften wir es doch, und ich setzte mich hin und schrieb meine Strophen für »Tag am Meer« – ein echtes Trip-Sylvestergefühl mit Krebsmonstern, Space-Mücken und einer milden Brise.

Als Thomas und ich am Frankfurter Flughafen ankamen, hing am Kiosk die neue Ausgabe von »Popcorn«. Die Coverfiguren hießen die *Fantastischen Vier*... Wir hatten schon gedacht, der Rummel hätte sich bei unserer Rückkehr ein wenig gelegt.

Thomas: **Nachbeben**

Die kurze Auszeit war zu Ende, viereinhalb schizophrene Monate folgten.

Jeder von uns hatte »Die Da« abgehakt, Ideen für neue Songs und Projekte schwirrten längst durch unsere Köpfe. Wir waren uns einig: Alles muß anders werden! Doch bereits ein kurzer Blick auf den Ablaufplan zeigte, daß »Vier Gewinnt« noch längst nicht ausgereizt war. Mit »Saft« und »Laß die Sonne rein« standen zwei weitere Single-Auskopplungen fest. Dazu kamen massenweise Konzerte, Interviews und

Fernsehauftritte. Direkt nach dem Urlaub traten wir – natürlich mit »Die Da« – bei Günther Jauch in der Jahresshow »Menschen '92« auf. Für die breite Allgemeinheit war HipHop in Deutschland zum Klischee geworden – und wir führten es auf. Eine gewisse Lustlosigkeit ergriff uns, die wir nur noch auf der Bühne hundertprozentig in den Griff bekamen. Hier machte es »klick« und wir meisterten die absurdesten Situationen mit Ironie. Wie Andy und Michi zur besten Sendezeit braungebrannt mit verkehrt herum aufgesetzten Wintermützen hinter ihren Geräten standen – das hatte schon wieder was. In der »Bravo«-Leserwahl fürs abgelaufene Jahr wurden wir zu den drittbeliebtesten Newcomern gewählt und landeten in der Kategorie »bestaussehendste Band« immerhin auf Platz sechs. Bei der Preisträger-Gala im Münchner Künstlerhaus teilten wir mit der aufstrebenden Nachwuchsband *Take That* eine Garderobe. Es kam zum freundlichen Händeschütteln unter Kollegen. »Hi Robbie, I am Thomas«, »Hi Gary …« – fünf Minuten später brachte ich Namen und Gesichter schon nicht mehr zusammen. Kaum zu glauben, daß diese Typen einige Monate später eine weltweite Teenager-Hysterie auslösten.

Als magisches Datum leuchtete der 24. April in Krakelschrift auf Bärs Terminliste. In der Baseler Sporthalle St. Jakob sollte die »Die-Da«-Ära abgeschlossen sein. Bär griff zu allerlei Motivationstricks, um unsere heftig angeschlagene Moral aufzurichten. Smudo hatte auf seinem neuen Faxgerät ein etwa zehnseitiges Schreiben von ihm erhalten: »Hurra, wir sind Kult« stand da in Riesenbuchstaben.

Im Fahrwasser des riesigen Erfolges hatte Sony natürlich die Weihnachtssingle »Frohes Fest« noch einmal veröffentlicht, die prompt bis auf Platz 16 in den Charts stieg. Das bekam der Pädagogikprofessor aus Heidelberg mit, der aufgrund der Textaussagen einen Indizierungsantrag bei der Bundesprüfstelle einreichte. Der gute Mann hielt Drogen- und Prostitutions-Anspielungen für überaus bedenklich und nicht jugendfrei. Dabei verstand er in einem fünfzehnseitigen Gutachten die Zeile »Mein Bruder sagt, er hätte jetzt die Nase voll, denn der Schnee in diesem Jahr, der wär mal richtig toll« nicht als Der-Typ-nimmt-Koks-Anspielung; er ging vielmehr davon aus, der arme Mensch sei in seiner schlimmen Familie depressiv geworden und »Schnee« eine Metapher für das Traurige! Damit die Platte auch wirklich geradewegs auf dem Index landete, ist von uns niemand zum offiziellen Anhörungstermin bei der Prüfstelle erschienen. »Frohes Fest« durfte fortan nur noch gegen Vorlage des Ausweises an Erwachsene verkauft werden. Der Heidelberger Professor bekam von Bär ein Dankesfax, denn er hatte uns wirklich einen Gefallen getan. Ohne die Indizierung wäre die Single irgendwann aus dem Katalog geflogen. Heute ist sie ein Coolness-Argument für werdende Fanta-Fans.

Bär hatte mit Sony vereinbart, zur zweiten Single »Saft« ein weiteres Video zu drehen. Erstmalig skizzierten wir unser eigenes kleines Drehbuch, in dem es in erster Linie um viel Farbe ging. Uns schwebte eine Art Happening vor, in das wir Pop-art-mäßig bis zum Hals eintauchen wollten. Am Ende versinkt alles in Rot, Blau, Grün und Gelb. Sony brachte als Regisseur wiederum Angel Garcia ins Spiel, der unsere Idee direkt mit blumigen Worten in Kameraeinstellungen übersetzte. Angel überzeugte das Produktmanagement, daß der Dreh aus technischen Gründen unbedingt in Los Angeles stattfinden müßte. Angeblich gäbe es nur dort einen ganz speziellen Kamerakran, ohne den sich unverzichtbare Effekte leider nicht verwirklichen ließen. Wir hatten nichts gegen einen Trip an die Westcoast. Trotzdem wirkte es komisch, wegen einem solchen Stahlgebilde zehntausend Kilometer weit fliegen zu müssen. Ein halbes Jahr später sahen wir exakt den gleichen Kran bei einer deutschen Produktionsfirma.

In L. A. angekommen, mußten wir für unsere eigene Ausstattung sorgen. Wir klapperten Spezialgeschäfte ab, in denen es passende weiße Anstaltskleidung für unsere Farborgie gab. Am zweiten Tag sollte es gegen fünf Uhr nachmittags in einem leeren Swimmingpool losgehen. Doch heraufziehende dunkle Wolken verhießen nichts Gutes. Bereits am Mittag schüttete es wie aus Eimern. Gegen Abend wurden die stärksten Regenfälle in der Region seit fünfundzwanzig Jahren gemeldet. Angel und sein Team schafften alle verfügbaren Plastikplanen heran, doch immer wieder brachen irgendwo die Wassermassen durch. Der Drehplan war kaum noch einzuhalten; Scheinwerfer, Generatoren und Effektgeräte gaben nach und nach ihren Geist auf. Die Zeit lief uns davon. Aufgeben oder improvisieren, lautete die große Rätselfrage.

Weil der Drehort nur für einen Tag angemietet war und wir am nächsten Tag pünktlich zur jährlichen »Bravo«-Show nach München abfliegen mußten, wurde bis zum nächsten Morgen um fünf eine improvisierte Version durchgezogen. Wir standen in unserer Swimmingpool-Ecke und frösteln. Immer wieder gab es Schwierigkeiten mit der Technik. Ein absolutes Wunder, daß niemand einen Stromschlag bekam, als wir mit unseren weißen Anzügen über und über mit farbiger Brühe begossen wurden. Auch ein MTV-Team sprang durch das allgemeine Chaos. Im späteren News-Report hieß es dann, »Dee Jay Ownbrand« und »Caretaker Thomas D.« hätten viel Spaß auf dem Set gehabt. So kann man es auch ausdrücken. Michi jedenfalls holte sich eine Ohrenentzündung, und unsere ursprüngliche Video-Idee beschränkte sich in der fertigen Version auf ein wildes Gekleckse. Ganz klar unser peinlichster Clip!

Lustig war aber der letzte Abend in unserem Hotel. Hier wurden zufällig die »Rock 'n' Roll Hall of Fame«-Awards an berühmte alte Haudegen wie George Clinton oder *Creedence Clearwater Revival* vergeben, und überall wimmelte es von Autogrammjägern, die irgendwelchen bärtigen Typen hinterherrannten. Uns kannte natürlich kein Schwein. Das wirkte nach dem Riesenrummel daheim ungemein befreiend.

In Deutschland lief der »Die Da«-Film unerbittlich weite Mit der Vorstellung von »Saft« landeten wir in der damal

Thomas: **Nac**

RTL-Talkshow von Thomas Gottschalk, der es sich nicht nehmen ließ, in der Moderation auf seine Verdienste als »Großvater des deutschen Rap« hinzuweisen. »Deutschland lag ja lange, lange weit zurück, wenn es um eine musikalische Richtung ging, nämlich den Rap«, verkündete Gottschalk. Mit Frank Laufenberg und Manfred Sexauer hatte er Anfang der Achtziger »Rapper's Delight« als Blödelnummer übersetzt, was ihn nun zum kompetenten Gesprächspartner aus der Old School machte. Wir saßen auf der Showcouch und ließen Bonmots über uns ergehen wie: »Ich kann mir vorstellen, daß ein rappender Sohn für eine Mutter eine große Belastung ist«. Auf die Frage nach der Bandgeschichte, die wir in den letzten Monaten etwa 8000mal erzählt hatten, stellte ich eine Gegenfrage ans Publikum, wer sie noch nicht kannte. Dreiviertel der Finger gingen tatsächlich in die Höhe.

Als kleinen Recherchebeitrag hatte ein Kamerateam Schulen und Jugendzentren besucht, wo Kids zu spontanen »Die Da«-Vorführungen aufgefordert wurden. Das Ergebnis war faszinierend und erschreckend zugleich: »Die Da«-Karaoke in jedem Klassenraum; für Gottschalk der endgültige Beweis für das ausgebrochene Rap-Fieber. Als wir zur »Saft«-Präsentation auf die Bühne stiegen, bekamen wir noch eine schöne Abmoderation: »Seid so lieb, geht da rüber und zündet eure Mülltonnen an, das ist ja beim Rap ganz wichtig.«

Wir vier hatten keine wirkliche Vorstellung davon, in welche Dimensionen unser Projekt mittlerweile finanziell vorgestoßen war. Uns war schon klar, daß wir in den letzten Monaten eine ganze Menge Geld bewegt hatten; doch um welche Summen es ging und wieviel davon hängenblieb, wußten wir

‍‍‍‍‍‍‍‍‍ ollte gerade seine erste eigene Wohnung be‍‍‍‍‍‍‍‍‍‍‍‍‍‍r keinen Schimmer, ob er sich die anstehen‍‍‍‍‍‍‍‍‍‍‍‍‍‍armmiete auf Dauer leisten konnte. Bär grin‍‍‍‍‍‍‍‍‍‍‍‍‍‍nte gönnerhaft: »Aber sicher doch.« Beim ‍‍‍‍‍‍‍‍‍‍‍‍‍g brachte er vier Lederkoffer mit. »Damit ihr ‍‍‍‍‍‍‍‍‍‍‍n wenig reich fühlen dürft«, meinte er trokken. Vierviervievier, und die Nummernschlösser schnappten auf: bündelweise Hundertmarkscheine! Ich ließ den Deckel sofort wieder fallen. Gangsterfilm, dachte ich nur. Bär hatte viermal 50 000 in bar vom Geschäftskonto abgehoben, mit denen wir eine halbe Stunde später wie die Drogenkuriere auf der Straße standen. Was macht man mit soviel Geld? Ich schleppte den Koffer nach Hause und löste im engeren Freundeskreis kleine Finanzprobleme. Einer Freundin habe ich 10 000 Mark geliehen, der Rest wanderte auf die Bank. Später merkten wir, daß soviel Bares nur nervös macht. Kurzes Vorzeigen bei den Eltern, aber dann hörten jeweils staunende Filialleiter von Landesgirokasse und Gerlinger Sparkasse vor der Kontoeröffnung Geschichten über Popmusik und Erfolg. Smudos Freundin ließ es sich allerdings nicht nehmen, die Scheine wie Dagobert Duck durchs Zimmer regnen zu lassen. Michi Beck wird seitdem bei seiner Filiale freundlich gegrüßt.

Anfang Februar folgte die symbolische Ehrung: Nach einem Konzert in der Bochumer »Zeche« überreichte uns Sony-Boß Jochen Leuschner höchstpersönlich die Platin-Schallplatte für 500 000 verkaufte Exemplare von »Vier Gewinnt«. Ursprünglich hatten wir an diesem Termin eine Goldene bekommen sollen, doch die war schon im November fällig gewesen. Die Welle brach mal wieder über uns zusammen. Geplättet und wirr badeten wir in Glückwünschen. Wir bekamen kaum noch mit, wer uns da alles auf die Schulter klopfte und wer das üppige Buffet plünderte.

Den krönenden Abschluß der »Die Da«-Story erlebten wir auf der ausgedehnten »Laß die Sonne rein«-Tour. Es gab eine veränderte Live-Version. Im übrigen hofften wir nur noch darauf, daß der Song endlich aus dem Rampenlicht verschwand. Später konnte man ihn vielleicht einmal als netten Popsong des Jahres 1992 wiederentdecken.

So war es keine dramatische Entscheidung, als eine Agentur unsere Melodie in einem Reklamespot für den Orangensaft »Hohes C« verwenden wollte. 250 000 Mark für einen tau-

Genervt von »Die Da« – F4 im Wohnzimmer von Andys Vater

sendmal erzählten Witz, den wir selber nicht mehr lustig fanden – das erschien uns kein schlechter Preis! Immerhin wurde
der Slogan »Die Da« mittlerweile von zig ausgelutschten Wer-
betextern dreist geklaut. Wir kamen mit den Unterlassungs-
klagen nicht mehr nach. Eines Morgens wachte ich auf, aus
dem Radiowecker plärrte der Reklamespot: »Welche Sarotti-
Eissorte nehme ich denn jetzt? Die da oder Die da.« Die Werbung mit »Hohes C« hätte vielleicht die Folge, daß wir nicht
mehr so skrupellos beklaut wurden. Insofern war das Honorar
bloß eine Art Schmerzensgeld. Trotzdem wirkte es irgendwie

Smudo: **Neue Dimensionen**

»He, bist du nicht das Sellout-Schwein!?« brüllte ein langhaa-
riger Bauarbeiter mit Helm, Pilotenbrille und ärmellosem Fla-
nellhemd. Die Kettensäge im Anschlag, stürzte er in einen
Container, in dem eben noch eine fleißige Reinigungskraft den
Boden gefegt und »Die Da« gepfiffen hatte. Ein kurzer, un-
gleicher Kampf beginnt. Der Besen splittert. Unter höllischem
Getöse wird der Pfeifer dahingemetzelt: »So geht es jedem,
der versucht, HipHop in den Dreck zu ziehen. Harharhar!!«
  Diese Szene dauerte vielleicht 21 Sekunden, dann mußten
Bauarbeiter Michi Beck und ich erst einmal herzlich lachen.
Ich rappelte mich auf und fragte in Richtung Aufnahmeteam:
»Alles o. k.? Oder wollt ihr das nochmal haben?« »Danke, das
reicht!« Wir hatten sowieso nur einen Besenstiel.
  Wir hatten das Genre gewechselt und standen vor der Kamera. Eigentlich hätten wir längst an der Vorproduktion des
neuen Albums sitzen wollen, doch dann kam diese Anfrage
der Pop-Sendung »Airplay«. Die wurde damals in einem un-
verschlüsselten Fenster beim Kabelkanal »Premiere« ausge-
strahlt. Ob Thomas und ich Interesse hätten, die Moderation
der neuen Staffel zu übernehmen, hieß es. Warum eigentlich
nicht, dachte ich. Vielleicht ist dieses unverhoffte Fernsehex-
periment ein erster Schritt in eine neue Richtung. Wir beschlossen, Bär als Unterhändler mit einem Gegenvorschlag
zum »Premiere«-Unterhaltungschef zu entsenden: Die ganze
Band steht unter bestimmten Voraussetzungen mit einem eigenen Konzept zur Verfügung. Der »Premiere«-Mann zuckte
nur mit den Schultern und stellte uns beim nächsten Termin
Torsten Simon und Sven Offen von »DoRo Productions« vor.
Hier bei der »Airplay«-Produktionsfirma rannten wir offene
Türen ein. Die beiden wollten das Konzept des Magazins so-

wieso umstellen. Wirrer und wilder sollte alles werden. Wir einigten uns auf das Prinzip »Video-Punk«, in Verbindung mit einem ganz speziellen Blödsinn irgendwo zwischen den *Monkees* und »Monty Python«.

In kürzester Zeit entstand ein ziemlich revolutionäres Format, mit dem »Premiere« fernab jeder Diskussion über Einschaltquoten auf sein Pay-TV-Angebot aufmerksam machen wollte. Auch einen Arbeitstitel für die Sendung, deren Start mit 26 halbstündigen Folgen für Herbst '93 angesetzt war, gab es schon. Genau wie unsere halbjährige Radiosendung von 1991/92 beim Stadtradio 107.7 nannten wir sie »Die Vierte Dimension«.

Vierzehn Tage begleiteten uns zwei Kameraleute an verschiedene Orte im Großraum Stuttgart, die Michis damalige Freundin Steffi Kübler als Locationscout zusammengestellt hatte. So kam es, daß wir als französische Musketiere mit Federhut und Degen durch öffentliche Parks stapften, um Dro-

Hüpfbälle – Beim Dreh für »Die Vierte Dimension« mit Produzent Hannes Rossacher

gen-Deals mit Tollkirschen einzufädeln. Wir standen nackt mit eingeklemmten Schwänzen vor einem Swimmingpool und sangen zur rosaroten Aufblasgitarre den *Bangles*-Song »Eternal Flame«. Michi, mit Plastiktitten, mimte eine ausgemusterte Sexbombe. Thomas hing eingepackt in einen Mantel am Kleiderständer und piepste: »Kauf mich«. Andy sprach philosophische Sätze zu einer Glühbirne. Ich saß im Kaufhaus in einem riesigen Korb mit Kissen, nur Augen und Mund schauten heraus, und redete über die Warenwelt. Zwischen diese kurzen Gags plazierten Sven und Torsten Musikvideos, die manchmal nur bis zum ersten Refrain liefen, um dann mit einem harten Schnitt wieder in die Fortsetzung des Sketches zurückzuspringen.

Nachdem ich zum dritten Mal als sprechendes Kissen in der Tonne zu sehen war, hatte die Jammerei ein Ende. Ich begann, die unwilligen Kunden laut zu beschimpfen. Kissen flogen im hohen Bogen durch die Bettenabteilung. Der abermalige Rückschnitt auf das Video beendete diesen Running Gag endgültig. In verschiedenen Einblendungen hatte Michi seine speziellen Szenen, in denen er für einige Sekunden manisch-überdreht immer neue »Super«-Kombinationen verkündete. Mit Kinderschirm und Banane im Hosenbund stürmte er eine Straßenbahn und raunzte: »Sie nennen mich – SUPERFREAK.« Eine ganze Folge lang ging das so. Mal als »SUPERSTAR« (Jesus am Kreuz) »SUPERBLEIFREI« (Irrer an der Tankstelle), »SUPERBUMS« (Boxer im Ring) oder »SUPERSCHWIERIG« (Irrer auf einer Gruft).

Die Vorgaben des Autorenteams beschränkten sich auf allgemeine Inspirationshilfen. Einmal schickten sie uns eine alte Ausgabe von »Reader's Digest«, in der Peter Ustinov eine Geschichte aus seiner Militärzeit erzählte. Ich suchte mir einige Zeilen heraus, setzte mich vor ein Aquarium und las sie vor. Im Wechselspiel mit dem später zugeschnittenen Videoclip wirkte das ziemlich absurd. Wir waren überaus neugierig, die erste fertig montierte Testfolge zu sehen. Schließlich hatten wir keine Vorstellung, wie unsere Szenen im Gesamtbild wirkten. Bei der gemeinsamen Vorführung hatte ich anfangs allerdings große Schwierigkeiten mit dem Endergebnis und wollte das Experiment schon für gescheitert erklären. Doch die gelegentlichen Lachanfälle von Michi und Thomas steckten mich an. Schließlich fanden wir eine gemeinsame Sprache für den Umgang mit der abgedrehten Komik, die wir im Eiltempo produzieren mußten. Für die weiteren Drehtermine bekamen wir einen Regisseur an die Seite gestellt, der etwas von Anschlüssen und Timing verstand.

Die TV-Presse kam mit der anarchischen Form der Sendung jedoch letztlich nicht klar, und den Kulturseiten war der ganze Ansatz zu jugendlich. Beim internationalen Fernsehpreis »Die Rose von Montreux« reichte es immerhin zur Nominierung! Wir waren mit unserer Freakshow zwei, drei Jahre zu früh. Heute boomt die Comedy-Szene und manche unserer damaligen Ideen lassen sich immer wieder bei anderen bewundern.

Michi: **Relaxt & aggressiv**

»Feinkost Böhm« hatte vier neue Kunden gewonnen. Besonders die leckeren Salate erfreuten sich größter Beliebtheit. Mehrmals die Woche erschien einer von uns mit einem Zettel an der Gourmettheke und gab seine Produktionspausen-Bestellung auf. Uns gefiel der Gedanke, das Lebensmittelgeschäft von Stuttgarts besserer Gesellschaft als Kantine zu nutzen. Andy war aus Ludwigsburg in eine kleine Dachwohnung direkt oberhalb der Einkaufsgalerie »Calwer Passage« gezogen. Seine Computer und Sampler standen nun im Herzen der Stadt. Wir schätzten die gastronomische Anbindung unserer neuen musikalischen Zentrale. Auch McDonald's und die Imbiß-Institution »Udo Snack« lagen gleich über die Straße.

Wann immer sich eine Lücke im dichtgepackten Zeitplan ergab, hatten wir die im Urlaub geborenen Ideen für neue Songs vorangetrieben. Eine Absprache mit Sony lief darauf hinaus, noch im Herbst 1993 das nächste Album zu veröffentlichen. Das war eine extrem knappe Zeitspanne, weshalb wir selbst auf Tour über Texte und Musik nachdachten. Zwei weitere Besuche bei Rainer Trüby ließen unsere Sample-Bibliothek wachsen. Die relaxten Akkustik-Gitarren-Akkorde von *Lost Generations* »This is the lost generation« trafen wunderbar die Stimmung unserer kleinen Sylvesterfeier auf der Philippinen-Insel. Wir forschten in alle Richtungen, entdeckten *Can*, *Kraftwerk*, *Metallica*, *Cream* und *Pink Floyds* »Echoes«, deren Samples wir dann in winzige Einheiten zerlegten.

Wir lösten uns damit stärker von den Vorbildern im internationalen HipHop. Ich kaufte natürlich weiterhin die aktuellen US-Platten, doch für die Band waren diese Einflüsse eher zweitrangig. Wir hatten längst eine eigene Richtung eingeschlagen. Die verbindenden Elemente hießen: »Wir müssen woanders hin« und »Keinerlei Beschränkungen im Sound«. Fundstücke aus dem Soul- und Funk-Universum der siebziger und achtziger Jahre bildeten jetzt nur noch die Basis. Dafür gehörte das Kreischen einer Kettensäge vom Filmsoundtrack »Tanz der Teufel« genauso zu unserem Material wie atmosphärische Sequenzen aus »Odyssee im Weltraum«, »Harold & Maude« oder »Awakening« mit Robert De Niro.

Unverändert blieb allein das grundsätzliche Arbeitsprinzip: Aus Samples, programmierten Beats und Drum-Loops entstand ein Layout, das mit jedem weiteren Schritt verfeinert wurde. Andys Rechnerkapazität war größer geworden, und er hatte sich einige Effektgeräte wie dieses Echofilter-Ding von »Lexicon« angeschafft. Doch wichtiger als jede Technik waren die endlosen Diskussionen, wie wir am besten auf unseren Weg fänden.

Nachdem die letzte Auskopplung »Laß die Sonne rein« nur kurz in den unteren Regionen der Charts auftauchte, verebbte langsam auch das Medieninteresse. Das Leben wurde wieder privater. Dennoch konnten wir nicht einfach in die alten Kreise zurückkehren, als wäre nichts gewesen. Ali Schwarz und Thomas Binder hatten das »On-U« im Februar endgültig schließen müssen. Hohe Kosten und ständig nörgelnde Vermieter ließen ihre Euphorie schwinden. Am Ende blieb ihnen nur ein ehrenvoller Rückzug. Ein wichtiger Treffpunkt existierte nun nicht mehr. Von unserem Bandimage her waren wir für Teenies und Frisösen zuständig. Als Privatleute zog es uns weiterhin in die Underground-, Kunststudenten- und Kiffer-Szene, wo wir als komische Typen aus der Hitparade halb belächelt, halb beneidet wurden. Wir traten als verschworene Gemeinschaft auf, die alles im Griff hatte. Es war für mich aber wichtig, die Anerkennung der Leute zurückzugewinnen, die ich selber gut fand.

Ein erster Schritt in diese Richtung erfolgte mit der Eröffnung des »Wildparkstüble«, in dem es für Stuttgarter Verhältnisse ziemlich krass zuging. Es wurde relativ offen gekifft, allerlei Geschichten von wilden Drogenexzessen kursierten. Das »Wildparkstüble« war ein ehemaliger Puff, mitten im Wald an einer Ausfallstraße Richtung Schattenring. Wirkte wie ein Hexenhäuschen mit Garten. Ich legte dort gelegentlich Platten auf, und mit der Zeit entstand eine neue Clique aus Skatern und BMX-Fahrern, denen es völlig egal war, was über uns in »Bravo« stand. Die Metal- und Psychedelia-Entdeckungen stammten genau aus diesem Umfeld. Thomas stieß auf die Platten der amerikanischen Drogenrocker *Monster Magnet*. Eine Band, auf die er bis heute schwört. Es gab auch kleinere Freestyle-Sessions, bei denen ich Max Herre vom *Freundeskreis* näher kennenlernte. In der Wirtswohnung im ersten Stock lebte Max Lindenschmidt, der den Laden als guter Geist führte und auch seine Privaträume gerne für legendäre After-Hour-Parties zur Verfügung stellte. In diesem überschaubaren Kreis entwickelte sich ein neues Selbstbewußtsein. Hier belächelte uns niemand als Ausverkaufs-Rapper aus der Hitparade. Wir konnten in Ruhe herumspinnen und unsere Musik weiterentwickeln.

Mit dem vorproduzierten Material gingen wir Ende Mai zu Klaus Scharff ins »Basement«-Studio. »Mach dich frei« war der erste fertige Song, in dem Smudo die Richtung noch mal nachhaltig festlegte: »Mach dich frei, der Titel meiner Sprechgesangsbestandsaufnahme – wie viele Menschen bin auch ich neuen Reizen ausgesetzt – und manches Dogma hat sich dabei in mein Gehirn geätzt – doch warum neigt der Mensch zu Stabilität – zu Rivalität, die Individualität verschmäht – den Geist auf Diät gesetzt, aufgebläht mit Vorurteilen fern der Realität«. Als wollten wir alte Gespenster bannen, kritzelten wir »Die Da sind zurück« an die Wand des Aufnahmeraums. Wenn jemand die verbotenen zwei Worte »Die Da« aussprach, zischten die anderen »ksch«.

Kleine Rituale bestimmten die Wochen im Studio. Das *Beastie-Boys*-Zitat: »And here's one thing I wanna say to y'all: be true to yourself and you will never fall« wurde zu unserem Leitsatz. Nach meinem psychedelischen Rap »Tag am Meer« und dem programmatischen »Neues Land« mußten wir uns die Frage stellen, wie wir unsere neue Richtung nach außen vermitteln sollten. Andys neue Filtertechnik bescherte uns eine sphärische Stimmung, die wir schon bald »Die Vierte Dimension« tauften. Erst die Radioshow, dann Fernsehen und nun war es auch der Titel unseres neuen Albums – eine bessere Verknüpfung unserer Aktivitäten konnte es nicht geben.

Trotz der Aufbruchsstimmung war klar, daß uns alle Welt mit »Die Da« oder »Saft« verband. Die vor dem Studio wartenden Teenies erinnerten uns jeden Tag daran. Eine Single sollte den Einstieg in unsere HipHop-Experimente erleichtern. Eine Zeile von Smudo, die er nach einem wirren Traum auf seinem Ideenzettel notiert hatte, bildete den Kern. Und nach ein, zwei Arbeitsgängen fielen Reime wie »Du bist ganz nah bei dir und du machst was dir gefällt – ich schätze mal, du bist – wie wir – zu geil für diese Welt«. Die zentrale Aussage war gefunden, ein passendes Sample von den *Meters* existierte auch.

Trotzdem fehlte noch was. Wir erinnerten uns an das englische Bläsertrio *Kick Horns*, die wir nach »Menschen '92« auf dem Flughafen kennengelernt hatten. Der Kontakt war schnell wieder hergestellt, und einige Wochen später kamen drei gestandene Alt-Profis ins »Basement«-Studio. Die hohen Herren hatten schon für *The Who* oder »Club Tropicana« von *Wham* geblasen. Ein paar Bier und eine Tüte später notierten sie bereits Noten für ihre Einsätze, die »Zu geil für diese Welt« schmissig machten. Im finalen Mix wurde es genau der Übergangs-Song, den wir suchten. Genial fand ich ihn nie.«

Wir nahmen einige Einladungen zu großen Sommerfestivals an: »Rock am See«, »Rock am Ring« und »Rock auf der Insel«. Doch ausgerechnet im schleswig-holsteinischen Jübeck erlebten wir ein totales Debakel. Sand und Dreckklumpen flogen auf meine Plattenspieler. Gleich darauf klatschte ein Plastikbeutel auf den Lautsprecher. Wir wurden bombardiert. Als wenig später ein mit Scheiße gefüllter Plastikbecher auf dem Boden zerplatzte, war für mich der Fall erledigt. Nur Smudo und Thomas wollten »Böse« offensichtlich noch zu Ende bringen und wichen den Geschossen aus. Ich verzog mich mit Andy hinter die Absperrung. »Ihr habt aber komische Fans«, meinte der Bühnenmanager entgeistert. »Wir brechen besser sofort ab, der Ordnungsdienst rettet da auch nichts mehr.«

Kurz darauf saßen wir zu viert in unserem Garderoben-Container und verstanden die Welt nicht mehr. Es hatte immer mal wieder kleine Aktionen gegen uns gegeben. Während einer Autogrammstunde auf der Frankfurter Zeil bewarfen zwei B-Boys unser »Boom-Car« mit Eiern. Bei einem Open-air-Auftritt im österreichischen St. Pölten ragte ein verlorenes »Stop Sell Out«-Schild aus dem Menschenmeer. Doch das waren Aktionen am Rande. Warum jetzt gerade hier? Angeblich hatten uns einige Autonome, aus deren Ecke die ersten Geschosse geflogen kamen, für Rechtsradikale gehalten. Schwer zu sagen, wie solche Gerüchte entstanden. Vielleicht mochten sie keine deutschen Texte, vielleicht gefielen ihnen unsere Frisuren nicht. Der Dreckhagel paßte aber gut zur Stimmung. Als wollte uns jemand in den Arsch treten, unseren längst eingeleiteten Wandel zu beschleunigen.

Als Fitz Braum uns im Studio besuchte, konfrontierten wir ihn mit heftigen Songs wie »Schizophren« oder »Genug ist genug«. Da konnte er sich denken, daß es kein zweites »Die Da« geben würde. Als Brückenschlag zwischen der alten und der neuen Ära reichte ihm »Zu geil für diese Welt« völlig aus.

Er wußte: Es hatte keinen Sinn, uns als Hitmaschine zu verheizen. Jahre später erzählte er uns, es sei nicht ungewöhnlich, daß Bands ihre Musik und ihr Image nach einem Erfolgsalbum in eine völlig andere Richtung steuern. Das ist in jeder Hinsicht eine Bewährungsprobe: Die Plattenfirma muß zeigen, daß sie mit dem gewandelten Image umgehen kann. Und die Künstler müssen die Fans vom neuen Sound überzeugen. Diese Bands würden aber nach seinen Beobachtungen eher weitermachen als diejenigen, die nach dem kommerziellen Durchbruch noch einmal Hits auf der gleichen Schiene versuchten ...

Auch auf der Bühne wollten wir neue Wege gehen. Bislang war unsere Musik vom Band gekommen, genauer gesagt vom DAT-Recorder. Zur Musikeinspielung wurde gerappt und gescratcht, und Andy sorgte mit seinem Sampler für Soundeffekte. Unser Tontechniker Klaus hatte wiederholt darauf hingewiesen, diese Playback-Technik sei nicht sonderlich elegant und zudem schwer zu mischen. Insbesondere in großen Hallen litt oftmals die Dynamik des Sounds, da die gesamte Musik auf nur zwei DAT-Kanälen im Mixer ankam. Das Problem war erkannt, doch wir sträubten uns lange, den klassischen Minimalismus unseres HipHop-Sets zu verändern. Die Erleuchtung kam erst bei einem Konzert der Londoner Hip-Hop-Band *Stereo MCs*. Die traten mit einem echten Schlagzeuger auf und wirkten dabei ungeheuer druckvoll. Erweiterung des Bühnenformats – das funktionierte also doch! Wir wollten einen Versuch wagen und luden vier, fünf Drummer zur Vorspielsession ein. Florian Dauner, der Sohn des Jazz-Pianisten Wolfgang Dauner, gefiel uns schließlich am besten. Er war in unserem Alter, auch sein Stil paßte zu uns. Wir hatten einen echten Musiker gefunden!

Nun begann ein hartes Stück Arbeit. Bei allen Stücken mußte die Rhythmus-Struktur geändert und zusammen mit Flo neu »eingetrommelt« werden. Die Hauptlast lag dabei auf Andy, der sich zudem vorgenommen hatte, das gesamte Soundmaterial für die Live-Aufführung neu zu arrangieren. Unser Sound sollte nicht mehr vom Band, sondern direkt aus dem Sequenzer kommen. Er zerlegte am Computer jeden einzelnen Fanta-4-Song in seine Einzelteile und ordnete die unzähligen Soundschnipsel in einem Samplersystem, das er mit einem selbstgeschriebenen Atari-Programm bediente. Pro Song brauchte er einen Tag, um die Soundfragmente so zu ordnen, daß die Musikeinspielung ins Mischpult über zehn Kanäle erfolgen konnte. Dafür mußte er ein System entwerfen, auf welcher Spur etwa die Baßlinien, wo die Orgelloops oder wo die Geräuscheffekte standen. Auch für uns gab es einen neuen Service: Jede einzelne Sequenz bekam auf dem Computerschirm eine eigene Bezeichnung. Wenn man sich als Rapper verhaspelt hatte, schaute man mal eben zum Display und sah: Noch drei Takte bis »Rap Eins«. Bis dieses komplexe System installiert war, verbrachte Andy Stunde um Stunde in unserem kalten Proberaum in der Reinsburgstraße. Die Vorarbeiten aus dem Computer mußten nun in die Bühnensituation eingepaßt werden. Ein wahrer Horror-Job, für den er kurzerhand die Promotion-Termine für das neue Album sausen ließ. Aber rechtzeitig zum Tourbeginn am 6. Dezember war alles fertig und es funktionierte großartig. Damit besaßen wir das coolste und flexibelste HipHop-Techniksystem weit und breit!

Smudo: **Crossover-Jahr '94**

Unsere Medienreise '93/'94 für »Die Vierte Dimension« stieß auf breite Resonanz. Schließlich wollte alle Welt wissen, was aus dem »Die Da«-Team geworden war. »Jetzt spacen sie ab«, kündigte »Bravo« in einem Vorbericht an. Als Sonnyboys waren wir offenbar nicht mehr gefragt.

Zu sperrig, zu lärmig, zu durchgeknallt – die Botschaft machte schnell die Runde. Die Sony-Radiopromotion war mit den Einsatzzahlen der Vorab-Single »Zu geil für diese Welt« zufrieden, die Platte näherte sich den Top Twenty. Auf Platz 22 stoppte der Zug nach oben jedoch, am Ende waren 90 000 Stück verkauft. Kein schlechtes Ergebnis. Doch die Zeiten des explosionsartigen Wachstums gehörten vorerst der Vergangenheit an. Wir waren noch mit den letzten Arbeiten an den Masterbändern beschäftigt, als Bär im Studio auftauchte: »He Jungs, wir sind bereits Gold«. Aufgrund der hohen Vorbestellungen der Plattenhändler hatte »Die Vierte Dimension« schon vor dem ersten Verkaufstag 250 000 abgesetzt. Ein guter Start, doch wie sich später herausstellte, blieb es bei diesen Verkäufen.

Mit dem Erscheinen des Albums setzte sich unser Häutungsprozeß weiter fort. »Eine Platte, die für den Großteil der Fans gewöhnungsbedürftig sein dürfte – auf jeden Fall aber ein Schritt in Richtung auf neue Ufer«, urteilte die Plattenkritik im »ME / Sounds«. Auch sonst wurden unsere Anstrengungen durchweg mit Respekt bedacht. Wir hatten uns nicht gerade über Nacht zu den Lieblingen der Pop-Kritik verwandelt. Dennoch durften wir die anstehende Tour mit der Gewißheit antreten, eine außergewöhnliche HipHop-Platte gemacht zu haben.

Bär und sein langjähriger Kumpel André Abele, der für Bühnentechnik und Tourabwicklung sorgte, hatten die Zuschauerkapazitäten zu optimistisch eingeschätzt. Einige Konzerte der dreigeteilten »Vierte-Dimension«-Tour mußten in kleinere Hallen umgebucht, andere ganz abgesagt werden. Dabei waren wir zum ersten Mal mit unserer Live-Präsentation rundherum zufrieden. Flo Dauners Schlagzeug-Einsatz und die neue Sample-Programmierung sorgten jetzt für stark verbesserten Sound. Endlich weg vom DAT. Die optische Umsetzung hatte unser alter Künstler-Kumpel Zoran Bihac übernommen, den wir bereits seit den »Exil«-Tagen kannten und der heute ein renommierter Clip-Regisseur ist. Zoran besaß eine große Sammlung obskurer Filme, und er ordnete jedem Song eine Bildsequenz zu, die über einen Timecode genau mit der Musik verknüpft wurde. So gab es zum »Tag am Meer« thailändische Folklore-Tänzerinnen, Godzilla gegen Tarantula zu »Genug ist genug«. Ein Problem war der große Aufwand. Die riesige Bildwand war extrem wartungsintensiv und mußte während der Show ständig betreut werden.

Es gehört zur Ironie des Schicksals, daß unser Auftritt in der Schleyer-Halle ausgerechnet in diese geschäftlich völlig ungewisse Zeit fiel. Im Spätsommer hatte Bär diese größenwahnsinnige Idee gehabt. Er war überzeugt, das müßte unbedingt sein, von wegen Statement und Manifest-Charakter. Noch nie zuvor in der Geschichte der Halle war eine Stuttgarter Gruppe dort als Hauptband aufgetreten! Wir hatten tierischen Bammel, immerhin paßten da 12 000 Leute rein. Am Ende ging alles gut. Über 8000 Zuschauer bildeten einen würdigen Rahmen für unser reguläres Live-Programm, das in erster Linie von der Aura lebte, die wir alle mit dieser Halle verbanden. Ich hatte hier zig Konzerte gesehen – *Commodores*, James Brown und wie sie alle heißen – und nun standen wir selber auf der Riesenbühne. Bärs Hang zur Symbolik hatte funktioniert.

Nach diesem großen Auftritt stand die Einladung der Frankfurter Band *Megalomaniax* zum Weihnachts-Event in der »Batschkapp« auf dem Plan. Einmal im Jahr trat hier die lokale Metal-Elite an, diesmal sollte es ein Metal / HipHop-Crossover unter dem Motto »Jugdement Nite« geben. Wir hatten uns vor dem gemeinsamen Auftritt nur ein einziges Mal mit Gitarrist Zoppo und seinen Kollegen getroffen und uns gegenseitig in den Songs herumgepfuscht. »Die Da« wurde kurzerhand zu einem superschnellen Thrashmetal-Stück. Das *Megalomaniax*-Original »Information Overload« und der zerstückelte Text von »Laß die Sonne rein« bildeten eine wahnwitzige Kombination. Aber beim »Batschkapp«-Konzert waren sowieso alle in überdrehter Feiertagsstimmung und der Gig kam gut an.

Nach diesem Auftritt fragten die Fans schon, ob es die Songs auch auf Platte gibt. Der Gedanke an einen Urlaub von der eigenen Band reifte, zuerst noch als EP-Format mit drei, vier Stücken für Fans und Sammler. Als wir unser Metal / Hip-Hop-Projekt mal gegenüber Sony erwähnten, boten sie uns an, doch ein reguläres Album zu veröffentlichen. Warum eigentlich nicht? Auf diese Weise konnten wir uns dem alljährlichen Album-Kreativdruck entziehen. Keine Songs schreiben, keine Texte dichten. Wir brauchten nur auf den Putz zu hauen und die Sache lief. Wir probten unseren Stilmix mit den *Megalos* im Hinterzimmer des Frankfurter »Elfer's«, einer Kneipe gleich neben der »Batschkapp«. Der Raum war kalt, fensterlos und roch nach Schimmel. Willkommen im Rock'n'Roll-Klischee! Nach vierzehn Tagen hatten wir genügend gemeinsames Material zusammen. Eine Woche Aufnahme und eine weitere Woche Mischung im Stuttgarter »Basement« mußten reichen – dann war das inzwischen *Megavier* getaufte Neun-Mann-Projekt fertig. Zur Plattenveröffentlichung im September gab es eine richtige Tour.

Das Publikum bildete eine verquere Mischung aus Metal-Nachwuchs und vereinzelten Teenie-Grüppchen. Damit hatte sich kurzfristig eine Seite von uns aufgetan, die sich von »Böse« über »Arschloch« bis zu »Schizophren« und »Genug ist genug« durch alle Platten gezogen hatte. Als Tour-Motto diente ein Slogan der *Megalos*: »Dive, du Sau!«, was besonders in Trier übermäßig wörtlich genommen wurde. Dort standen in kürzester Zeit ein halbes Dutzend Fans auf der ohnehin schon übervollen Bühne, die immer wieder in die brodelnden Massen »diveten«. Die Leute standen auf den Boxentürmen und hängten sich an die über die Bühne gespannten Drahtseile, um von dort aus ins Publikum zu segeln. Fast wäre der Boxenturm umgekippt. Unsere Bühnentechniker verhinderten immer wieder eine Katastrophe, in dem sie selbst in die hüpfende Menge sprangen, die Boxen stützten und die Leute von den Seilen klopften. Es war Krieg – man konnte es nicht anders nennen. In diesem irrsinnnig lauten Getümmel aus Nebel, Hitze und Lärm fiel mir am schweißnassen Publikum, das wir außerdem ständig mit Mineralwasser begossen, vor allem eines auf: der krasse Geruch. Die Meute stank. So mußte auch eine Herde Schafböcke riechen.

Wahrlich ein Festival der Sinne und ein Ausleben unserer metallischen Synapse – was nach zwanzig Konzerten mit einem Gig im Wiener »Rock In« am 21. November '94 schlagartig beendet war. Selbst die honorigen Einladungen zum amtlichen »Dynamo«-Festival schlugen wir später aus. Es sollte ein begrenztes Zwischenspiel bleiben.

Mein Engagement bei der *Jazzkantine* ergab sich eher nebenbei: Matthias Lanzer von Rap Nation hatte mich im Frühjahr angerufen. Ob ich nicht Interesse hätte, einen Song für ein Gemeinschaftsprojekt von Rappern und Jazzern beizusteuern. Von den erwähnten Jazzern kannte ich keinen einzigen. Lediglich der Tonfall in Matthias' Stimme beim Namen Gunter Hampel verriet mir, daß der wohl eine tolle Nummer sein mußte. Wir waren ohnehin auf dem Ausprobiertrip und ich hatte noch ein Sample übrig, das bei den Fantas keine Verwendung fand. Daraus entstand in Braunschweig ein musikalisches Arrangement, im Stuttgarter »Basement«-Studio setzte ich meine Reime dazu. Das Ergebnis hieß »Respekt« und eröffnete als erste Single das Debütalbum der *Jazzkantine*. Der Text schilderte meine HipHop-Sichtweise: Künstlerische Freiheit schlägt musikkulturelle Politik!

Auch die Tour zum Album machte ich als Halb-Promi-, Halb-Kumpel-Rapper mit – eine wahrlich seltsame Erfahrung. Zwischen den gediegenen, im stillen Respekt verweilenden Jazzern und den jungen Kollegen von *State of Departmentz* und Alexey (*Phase V*) wurde ich nie so richtig warm. Da half auch die auf Touralltagsniveau angestiegene Hasch- und Trinkdosis nicht. Bei den nachfolgenden *Jazzkantine*-Alben lieferte ich brav meine Wortbeiträge ab und erschien als Gast auf einigen Festivals. Aber die Sache nutzte sich bald ab. Mein Schlüsselerlebnis hatte ich zwei Jahre später bei einem Gig im Hamburger Stadtpark: Ich mußte zwei Stücke rappen und hatte mit dem Rest des zweistündigen Konzertes nichts zu tun. Also setzte ich mich in die Sonne und trank Dosenbier. Beim ersten Stück hatte ich drei intus und wurde angesichts des gekachelten Bühnenbodens und der warmen Sonne im Gesicht das Gefühl nicht los, bei meinen Eltern in Schloß Neuhaus alleine rappend auf der Terrasse zu stehen. Beim zweiten Song hatte ich dann sechs Bier gesoffen. Beim großen Finale fühlte ich mich wie Harald Juhnke in seiner nassen Bühnenzeit. Allein gelassen und abgefüllt. Lieder trällern, an denen man die Lust verloren hat. Das war bitter, und obwohl ich die Leute hinter der *Jazzkantine* ins Herz geschlossen hatte, war das Projekt seit diesem Tag für mich erledigt.

Durch unsere stilistischen Winkelzüge standen wir für die Debatte über HipHop in Deutschland nicht mehr so recht zur Verfügung. Das Thema schwelte natürlich weiter, zumal es immer mehr Entwürfe und Meinungen gab. Auf thematischen Compilations wie »Kill The Nation With A Groove«, »Joining Forces«, »Alte Schule«, »That's Real Underground« oder »HipHop Hurra – Rap gegen Rechts« stellten sich Dutzende Bands vor. Auch wir hatten zusammen mit den *Coolen Säuen*, *Fresh Familee*, den *Reimbanditen* und *Maximale Lautstärke* ein Gemeinschaftsprojekt namens D. D. R. (Die Deutsche Reimachse) gestartet. Das Ergebnis war die Maxi »Positiv«, deren Gesamterlös wir der Aidshilfe spendeten.

Bei der Popkomm zeigte sich dann die Spaltung: Unter der Überschrift »Der Underground schlägt zurück« veranstaltete »MZEE« eine Mega-Jam mit *Advanced Chemistry*, Cora E., Scope, Boulevard Bou und internationalen Gästen. Wir spielten mit der *Reimachse* auf der WDR-Bühne beim Ringfest und überall gab es spezielle HipHop-Abende. Doch die Fronten waren abgesteckt, man hatte sich nicht mehr viel zu sagen und koexistierte ganz gut nebeneinander. Kein besonderes Problem.

Eine neue Dimension entwickelte sich mit dem Debüt-Album des *Rödelheim Hartreim Projektes*, die uns in ihrem Song »Reime« aufs Korn nehmen: »Sie nennen sich Fantastisch, ich wundere mich – was sich die Jungs dabei denken, sie sind spastisch – Hör mal auf, laß mich, drastisch sagen wir, wie es ist, mit List werdet ihr abgedisst, angepisst, bis ihr wißt: Wer, Wie, Was, Der, Die, Das – Das Projekt aus Rödelheim kommt kraß.« Der Schlag kam aus heiterem Himmel. Anders als die Vertreter der »Sellout«-Fraktion hatten die Rödelheimer bislang nichts mit der Underground-Szene zu tun gehabt. »Die machen eusch 'n bißchen alle, aber die sind voll cool«, meinte der DJ der Frankfurter »Batschkapp« vor einem *Megavier*-Auftritt zu mir, wo ich zum ersten Mal diese hessische Variante von souligem Breitwand-HipHop hörte.

Sie verkörperten eine typische Frankfurter Haltung, die sich immer gern ein bißchen hart und gefährlich gibt. In uns hatten Moses P. und Thomas Hofmann willkommene Opfer gefunden, um auch breitenwirksam ein finsteres Outlaw-Image zu plazieren. Da steckte ein gerüttelt Maß Kalkül ihrer Plattenfirma dahinter. Sie spekulierten vielleicht darauf, wir würden gegen die Verwendung unseres Samples »jede Menge Reime, die sich auch noch reimen« vorgehen und einen medienwirksamen Skandal lostreten. Diesen Gefallen taten wir ihnen aber nicht. Da sie gleichzeitig auch gegen das Alte-Schule-Einmaleins der Underground-Szene und den, wie sie es nannten, »Multikulti-Scheiß« von *Advanced Chemistry* schossen, etablierten sie sich vom Stand weg als neue, kontroverse Kraft im deutschen Rap. Bei einer späteren »Echo«-Verleihung habe ich Moses mal am Buffet angesprochen und ihm gesagt, daß mich ihr *diss* nicht sonderlich störte. Wir tauschten einige Floskeln aus, dann schien alles klar. Trotzdem hat sich die Situation durch ewiges Nachfragen von Medienleuten wieder verschärft. Bis heute führen wir eine Art Fernduell.

Thomas: **Lauschgift, dreigeteilt**

Goa gilt nicht gerade als die Trauminsel des HipHop, trotzdem begann meine »Lauschgift«-Geschichte genau hier. Michi und ich gönnten uns im Januar '95 drei Wochen Urlaub vor der neuen Platte.

Aus einer Laune heraus stellte ich mein Leben auf *straight edge* um, lebte streng vegetarisch und rührte weder Alkohol noch Drogen oder Zigaretten an. Voll auf dem Reinheits-Trip. Eines Morgens wachte ich sehr früh auf und ging runter zum Strand, wo die ersten Sonnenstrahlen auf die ins Wasser ragenden Felsen fielen. Mein Freund Shanti aus Stuttgart kauerte dort und sang indische Lobgesänge in den Tag hinein. Ich dachte: was für ein perfekter Augenblick! Wie angewurzelt beobachtete ich dieses Schauspiel und ließ die Kraft auf mich einwirken. Gab es angemessene Worte für diese Verbindung von Sound, Natur und Freiheit?

Ich arbeitete an einem Text, der meine früheren Ideen aus »Fühl dich frei« oder »Alles ist neu« auf das nächste Level führen sollte. Wie entstehen Visionen? Wie überleben sie? Wie werden sie weitertransportiert? Diese Begegnung am Strand brachte den entscheidenden Schub – als hätte ich den Stein der Weisen entdeckt. »Krieger« war geboren.

Nach dem Goa-Erlebnis gab es immer wieder Phasen, wo ich einen Moment lang spürte, wieviel Kraft man aus dem eigenen Bewußtsein ziehen kann. Es dauerte aber insgesamt neun Monate, bis aus diesen umherschwebenden Gedanken eine durchgehende Geschichte wurde. Als sie fertig war, konnte ich mir nicht mehr erklären, wie diese Strophen überhaupt zustande gekommen waren. In den Augenblicken, als ich sie schrieb, war glasklar, daß es genau diese Worte sein mußten:

Und er kann es sehn als Krieger fühlt er: es ist existent
Jetzt da er das Geheimnis kennt
spürt er im Rhythmus den Zauber der Monotonie
und Energie wie noch nie ersetzt die Theorie
Und ihm wird klar: Harmonie bringt die Kraft
Sein Traum wird wahr, er hat es geschafft
Jetzt wacht er auf, doch sein Traum geht weiter, weil der
Zauber wirkt

Die Aufnahmen für »Die Vierte Dimension« lagen rund ein-einhalb Jahre zurück, für unsere Verhältnisse ein relativ langer Zeitraum. In dieser Zeit hatten wir uns künstlerisch frei-geschwommen. Doch niemand wußte genau, in welche Rich-tung wir treiben würden. Unsere Grundstimmung lief hinaus auf: »Es gibt keine Rezepte, wir können jetzt sowieso ma-chen, was wir wollen.« Jeder forschte in seine Richtung und mischte sich bei den anderen nicht ein. Wir redeten nicht oft über diesen Zustand der Freiheit und Orientierungslosigkeit. Wenn es dennoch vorkam, machten wir uns gegenseitig Mut, an einer überaus vielseitigen Platte zu arbeiten.

Auf meinem späteren Solo-Album habe ich mich als »Rap-Hippie« bezeichnet. Ich lebte schon bei »Lauschgift« in einer festen Beziehung, doch wir hatten uns darauf verständigt, je-der sollte seine Freiheit behalten. Wir wollten uns nicht durch ein konventionelles Verständnis von Treue beschränken, und ich zog eher rastlos durch die Lande. Aus dieser Konstellation heraus entstand der Text zu »Love Sucks«. Außerdem wollte ich immer schon mal ein Liebeslied schreiben, das sich mit der egomanischen Liebe beschäftigt, die in den meisten anderen Lovesongs beschrieben ist. Ich konnte dieses »You are the only one« oder »You are my everything« nicht ertra-gen und setzte dagegen: »Ich geb dir nicht die Hand und du mir dann die Schellen – sperrst du mich ein, wirst du mich niemals kriegen und niemals froh – läßt du mich frei, werd ich dich lieben, einfach so«. Dazu schwebte mir ein harter Rhythmus vor, der von einem süßlichen Chor unterbrochen wird.

Meine damalige Freundin bezog den fertigen Song ganz auf unsere Beziehung und fühlte sich verletzt. Es war nicht einfach, ihr klarzumachen, wo die persönliche Aussage in meinen Reimen endet und wo der philosophische Teil beginnt.

Smudo und Michi bemerkten schnell, daß meine Vorstellungen zu speziell und eigen waren, um die Songs – wie bisher – gemeinsam zu verwirklichen. Ich vermittelte Andy mein Soundspektrum und wir einigten uns darauf, ohne die anderen zu produzieren. An der grundsätzlichen Vorgehensweise hatte sich nichts geändert: Die ganze Sache wurde weiterhin in Andys Innenstadtwohnung vorgefertigt und dann im »Basement«-Studio aufgenommen. Für »Krieger« arbeiteten wir vier Tage am Grundlayout der Musik. Wir verwendeten Trommeln von *Burundi Black* und Samples vom Film »Der Wüstenplanet« und schufen einen eher düsteren Klangteppich. Auch die atmosphärischen Stimmungen, die Michi mit seinem Mini-DAT-Recorder in Indien eingefangen hatte, wurden eingebaut. Wir waren sehr zufrieden mit den Ergebnissen unserer »Egal«-Haltung, mit der wir an die musikalische Konzeption des neuen Albums herangingen. Smudo steuerte mit »Populär« und »Die Geschichte des O« zwei Abgehnummern bei, in denen die nörgelnde Konkurrenz ihr Fett wegbekommt. In unseren Köpfen wuchs ein Bild.

Einzige Sorge war wieder mal die Single. Wir wußten natürlich, daß auch eine vielschichtige Platte zumindest einen Aufhänger brauchte. Michi hatte einen Text mit dem Titel »Sie ist weg« geschrieben, in dem er das uralte Popthema Liebeskummer auf seine Art aufgreift. Verzweifelt und rotzig zugleich, beschrieb er das Leid des Verlassenen mit den unsterblichen Zeilen: »Ja Mann, irgendwie hast du ja recht und trotzdem geht's mir schlecht – echt beschissen, denn ich möchte mal wissen, welcher Film auf dieser Welt einen Oskar erhält, in dem die weibliche Hauptrolle fehlt.« Natürlich fragten sich die Fans, ob dieser Text ein wahres Erlebnis beschreibt. Michi hatte tatsächlich eine neue Freundin, die oft »weg« war. Sie hatte ihn jedoch nicht verlassen, sondern arbeitete mit dem Regisseur Ralf Schmerberg zusammen, der gerade seinen Afrika-Film drehte. Er nannte diesen Zustand des Wartens seine »gefühlsmäßige Ausgangslage«, die er mit alten, unschönen Erinnerungen an wirkliche Trennungen zu einer modernen Soulstory verarbeitete. Nach den ersten musikalischen Entwürfen atmeten wir erst mal durch: die Single schien gefunden, die Zeit des Bastelns begann.

Zu Anfang existierte eine komplett andere Version von »Sie ist weg« mit einem Sample von Jane Birkin und einer tieftraurigen, fast schon melodramatischen Melodie. Jeder von uns hatte eine andere Meinung dazu. Selbst Bär gab bei einem Besuch im Studio einen vernichtenden Kommentar ab, worauf er prompt mit Smudo zusammenrasselte. Dieses Mitdenken für den Fan, das wir eigentlich schon immer im Kopf hatten, machte die Sache nicht einfacher: »Gefällt es den Leuten? Läuft so was im Radio? Wollen wir überhaupt, daß es im Radio läuft oder wollen wir es eher andersrum aufziehen?« Wir entschieden uns gegen die Melodramatik und suchten in unserer mittlerweile sehr umfangreichen Sample-Bibliothek nach einer etwas beschwingteren Stimmung. Michis Suchkriterium lautete: »Es ist noch nicht genau das richtige Gefühl«, bis er schließlich nach einem Tip von Bär auf ein Sample der holländischen Disco-Funk-Band *Jolly & Swan* stieß. Der getragene Groove paßte genau zum trotzigen »allein, allein« des Refrains. Unsere »Egal«-Platte hatte endlich ihr Zentrum gefunden. Gegen Ende durfte ich noch einmal ran. Andy sorgte für einen fast schon housigen Musikteppich und als Gegenstück zum alten »Jetzt geht's ab«-Song »Thomas und die Frauen« entstand in kürzester Zeit »Thomas und die Philosophie«: »Nur mir genügend kam ich dann vom Haben zum Sein und ohne Lügen tauchte ich ein – erfuhr gedankenlose Freiheit, wie noch nie, und wurde eins mit meiner Philosophie«.

Was uns als organische Weiterentwicklung erschien, sorgte bei Sony für die große Ratlosigkeit. Fitz Braum hatte sich nach zwölf Jahren in Frankfurt entschlossen, im Osten Berlins das WEA-Aufbaulabel »Königshaus« zu übernehmen. Damit war unser langjähriger Freund und Brückenkopf im System weg – und seine Nachfolgerin Evelyn Junker schätzte uns nach den 250000 verkauften Platten von »Die Vierte Dimension« und rund 80000 *Megavier*-Alben nicht gerade als Superstars ein. Die ersten Arbeitsproben, die Bär beim Meeting vorspielte, schienen ihre Einschätzung zu bestätigen. Niemand hörte einen Hit.

Für das Sony-Team waren wir zur mittelschweren Experimentalband mutiert, die noch für höchstens 100000 Platten gut war. Bärs Präsentation versprach dagegen die Zukunft von HipHop in Deutschland mit einer sicheren Single und 500000 verkauften Alben. Er erzählte uns später, er hätte sich »tierisch breitmachen« müssen, um die allgemeine Visionslosigkeit am Konferenztisch zu verscheuchen.

Sein Leitsatz: »Wer Platinverkäufe will, braucht auch ein Platin-Marketingbudget« hinterließ skeptische Mienen. Man vertagte sich und wollte beim nächsten Mal über konkrete Summen reden. Ich weiß nicht genau, wie er es geschafft hat, seinen 1,4-millionenschweren Marketingplan doch noch durchzusetzen. An den immer wieder veränderten Versionen von »Sie ist weg« kann es nicht gelegen haben. Unsere A & R-Managerin wettete um eine Kiste Champagner, daß die Single *nicht* in die Top Ten gehen würde.

Michi: **Durchmarsch**

Mädchen, Hunderte von Mädchen. Sie stehen in der Münchner Fußgängerzone und kreischen. Wir hatten nur ein kurzes »Hallo, wie geht's« von der kleinen Bühne geschickt und schon wackelten die Absperrgitter. Ein Pocketkamera-Blitzlichtgewitter brach los. Rudernde Arme schwenkten Autogrammbücher. Unglaublich, wir kamen uns vor wie die *Beatles*. Auch drinnen in der WOM-Filiale herrschte das gleiche Drängelchaos. Unseren »Lauschgift«-Promotion-Tresen erreichten wir erst, nachdem kräftige Bodyguards eine Schneise durch die Fans gebahnt hatten. Eine knappe halbe Stunde lang mußten wir Sweatshirt-Ärmel, Rucksäcke und Posterbücher mit Edding bekritzeln – dann war der Spuk vorbei. Ein superhektischer Tag endete in einem urigen Wirtshaus mit Schweinshaxen, Weißbier und einer Handvoll Fans, die bei »Radio Gong« ein Abendessen mit uns gewonnen hatten.

Bär hatte sich diese Wahnsinnsaktion ausgedacht: In Begleitung von »WOM-Journal«, »Stern« und dem Gewinner eines Fanclub-Preisausschreibens hüpften wir per Privatjet in zehn Stunden von Hamburg über Köln nach München. Viva war per Live-Schaltung den ganzen Tag über dabei, Heike Makatsch und ihr Kamerateam berichteten direkt aus dem Promotiongetümmel.

Morgens um elf bei WOM am Hamburger Jungfernstieg hielt sich der Auflauf noch in Grenzen. Wir posierten an der Binnenalster für die Agentur-Fotografen und starteten mit einem aufgeregten Fan eine Boomcar-Rundfahrt um den Block. Am Kölner Flughafen tauchten die Busse nicht auf, die uns zum Hertie-Haus am Neumarkt kutschieren sollten. Viel zu spät erreichten wir die total überfüllte WOM-Filiale im Kellergeschoß. Es blieben nur zwanzig Minuten, bis jemand schon wieder das

Vierundzwanzig-Stunden-Tag – Andi (links) und Bär (rechts) im Flieger

Zeichen zum Aufbruch gab. Längst nicht alle Autogrammwünsche waren erfüllt, doch wir mußten weiter. Über die Rolltreppen stürmten wir durch das Kaufhaus in den bereitstehenden Bus. Der Flug nach München dauerte durch heftigen Gegenwind eine Stunde länger als geplant, was den engen Zeitplan abermals ins Trudeln brachte. Bär befürchtete bereits, der Hubschrauber-Service für den Weitertransport Richtung Innenstadt wäre damit geplatzt. Eine unbegründete Sorge. Der erste Helikopter mit Heike und mir führte sogar noch ein Flugkunststück vor, entsprechend blaß um die Nase erreichten wir die letzte Etappe. In der Kaufinger Straße fand Bärs Organisationsmarathon zum rauschenden Finale.

Ich kam mir vor wie in einer Zeitschlaufe. »Die Da« lag immerhin vier Jahre zurück. Trotzdem sorgten wir durch reine Anwesenheit für Teenager-Hysterie. Mit einem Album im Gepäck, das eigentlich gar nicht zu dem Massenwahn paßte. Doch Bär hielt jegliches Understatement für Künstlerquatsch. Er hatte für das Album gekämpft. Nun verlangte er von uns, den Vermarktungsplan wie anständige Popstars durchzuhalten. Bereits auf der Popkomm im August '95 lief die Kampagne generalstabsmäßig an.

»Lauschgift« bildete einen Schwerpunkt der Sony-Messepräsentation; und alles Gerangel hinter den Kulissen schien vergessen. Drei Tage lang standen wir auf drei verschiedenen Bühnen. Bei MTV Most Wanted am »Tanzbrunnen«, bei WDR Eins Live auf dem »Ringfest« und beim großen Sony-Showcase im »Wartesaal« gab es Häppchen aus dem neuen Programm, das wir erstmals mit unserer Begleitband *Disjam* aus Hamburg bestritten.

Smudo hatte die Band über unseren »Die Da«-Radio-Promoter Frank Mayer für das jährliche Stuttgart-Musikfestival von Bärs Managementfirma aufgerissen. Genau wie bei *Megavier* im Jahr zuvor wollten wir das erfahrene Heimpublikum nicht mit der gängigen Fanta-Show langweilen. Diesmal setzte sich Smudo mit seiner Vorstellung einer souligen Rare-Groove-Interpretation unserer Lieder durch. Beim ersten Treffen irritierte uns der hanseatische Manchester-Mucker-Look von *Disjam* schon ein wenig, doch nach gemeinsamem Rumgeschrammel verflog meine hartnäckige Skepsis. Der Auftritt bei den »Bear Music Days« war ein voller Erfolg – vor und hinter den Kulissen. Wir vereinbarten, die »Lauschgift«-Liveshow ebenfalls gemeinsam zu spielen. Mit unserem Schlagzeuger Florian Dauner stellten wir uns sogar großspurig zwei Schlagzeugsets auf die Bühne. Kein leichter Job für die Technik: Sie mußten mit Andys »Vierte-Dimension«-Soundsampler-Zentrale und der Gitarren-Keyboard-Percussion-Ausstattung ein mächtiges und kompliziertes Instrumentarium betreuen.

1995 war für HipHop in Deutschland ein entscheidendes Jahr. Das selbstgemachte Billig-Video »Der Racka« von *Tobi und das Bo* lief mehrmals am Tag bei Viva. »Nordisch by Nature« von *Fettes Brot* wurde zum Top-Ten-Hit und unsere speziellen Freunde aus Rödelheim produzierten für Schwester S. mit »Ja Klar« einen schnauzigen Liebes-Rap, der sich ebenfalls gut verkaufte. Die »MZEE«-Underground-Compilation »Die Klasse von '95« zeigte außerdem, wie sehr sich das Selbstverständnis der HipHop-Szene gewandelt hatte. In bester Gesellschaft von Newcomern wie MC Rene oder *Massive Töne* stellten *Tobi und das Bo* die Gesetze der Old School auf den Kopf und machten daraus den Song »poH piH«. Der Nachwuchs glänzte mit Witz und Ironie. Wir standen nicht mehr allein da! Plötzlich existierten verschiedene Entwürfe für die Charts, die beim Viva-Award »Comet« sogar mit der eigens eingeführten Kategorie »deutschsprachiger Rap« bedacht wurden. Smudo hielt bei der Preisübergabe eine kleine, ironische Lobrede auf die Verdienste des *Rödelheim Hartreim Projektes* und drückte der Gewinnerin Schwester S. einen demonstrativen Kuß auf den Mund. HipHop in Deutschland war gesellschaftsfähig geworden.

Einmal losgetreten, rollte die »Lauschgift«-Welle von alleine: Zwei Wochen Radiopromotion, zig Interviews mit x Magazinen und Zeitungen und immer wieder die gleichen Fragen. Was steckt hinter dem Titel »Lauschgift«? Wie steht ihr zu den Anfeindungen des *Rödelheim Hartreim Projektes*? Im Gegensatz zu Smudo, der diese Promotion-Reisen immer gerne erledigte, war das für mich der blanke Horror. Bei der Radiorundreise ließ ich mich nach einer Woche von Thomas ablösen. Die Nachfragen zu »Lauschgift« beantworteten wir je nach Laune. Ursprünglich hatten wir nur die Synchronstimme von Mr. Yunioshi aus »Frühstück bei Tiffany« gesampelt (»Lauschgift, übelall Lauschgift«). Doch wenn man weiter darüber nachdachte, deutete der Albumtitel auf ein weihevolles »dope music for your ears«.

Immer wieder wurde ich auf meinen neuen Kurzhaarschnitt angesprochen. Nach einem guten Jahrzehnt hatte Schluß sein müssen mit der Matte, was natürlich gut zu unserem neuen Style mit gedeckten Poloshirts und Flanellhemden paßte. Die Zeit der ultrabunten Sponsering-Klamotten von »Homeboy« oder »Cross Colors« war jedenfalls vorbei. Nie mehr Kopfsokken oder Schlabbershorts. Wir waren ein Stück weit erwachsener geworden.

Zum ersten Mal verwendeten wir auf dem Cover eine reine Fotolösung. Mein Bekannter und unser neuer Video-Regisseur Ralf Schmerberg setzte uns einfach in den Wald und krempelte unser Erscheinungsbild mit ein paar Schnappschüssen völlig um. Noch deutlicher wurde dieser Wandel im Vorfeld der Dreharbeiten zum »Sie ist weg«-Video. Wir wollten auf keinen Fall hinter den Standard der letzten Produktion »Tag am Meer« zurückfallen. Schließlich war das Video mittlerweile fast so wichtig geworden wie die Single selbst.

Ralf Schmerberg, der bislang fotografierte und Werbefilme drehte, galt als großer Inszenierungskünstler. Er betrachtete Musikvideos als Abwechslung und neue Herausforderung zugleich. Entsprechend engagiert ging er zur Sache.

Nie zuvor hatte sich jemand so eingehend mit uns beschäftigt. Wir trafen uns in seinem buddhistisch angehauchten Atelier und rauchten erst mal einen Joint. Dann ging er mit uns jede einzelne Zeile durch und fragte, wie dieses oder jenes gemeint wäre. Aus dem detaillierten Fragenkatalog entstand ein aufwendiges Storyboard mit surrealistischen Detailszenen: Ich sitze trauernd im Zimmer, neben mir regnet es auf den Schreibtisch. Der Zufall wollte es, daß Schmerberg tatsächlich von seiner Frau verlassen wurde und »Sie ist weg« also auch seine Geschichte in Bildern darstellte. Durch diese halbbiographischen, halb beruflichen Vermengungen steckte von allen Seiten sehr viel Herzblut in dem Projekt. Die große Partyszene, in der halb Stuttgart eine Komparsenrolle übernahm, war das Ereignis des Tages. Außerdem arbeitete meine echte Freundin als Schmerberg-Mitarbeiterin am Set. Ich wollte aber die Szenen auf keinen Fall mit ihr spielen und so Beruf und Privatleben getrennt halten. Trotzdem spielten sich während der Dreharbeiten echte Gefühlsszenen ab, weil ich mit diesem Darsteller-Mädel trainieren mußte, wie man knutscht und herumstreitet. Schließlich sollte alles echt aussehen, was meiner Freundin überhaupt nicht gefiel. Es war eine absurde Situation. Aber vielleicht haben die Leute später gespürt, daß beim Dreh Hochspannung herrschte. Wir haben letztlich sechs Tage plus Schauspiel-Training mit einem Riesenaufwand in der Stuttgarter Panzerkaserne gedreht – eine unglaublich lange Zeitspanne für eine heimische Produktion. Mit einem Etat von 250 000 Mark wurde »Sie ist weg« das bis dahin teuerste deutschsprachige Video.

Sony erkannte schnell, daß die hart erkämpften Investitionen gut angelegt waren. »Sie ist weg« stieg innerhalb der ersten drei Wochen in die Top Twenty und steuerte unaufhaltsam auf die vordersten Plätze zu. Die Champagnerkiste hatte Evelyn Junker bereits verloren. Auch das Album verkaufte sich wie in besten »Vier Gewinnt«-Zeiten: Rund 15 000 Exemplare gingen am Tag über den Ladentisch. Gold war uns sicher und der Boom hielt an. »Sie ist weg« setzte sich an die Spitze und wir erreichten unseren ersten (von »Die Da« in Österreich mal abgesehen...) und bislang einzigen Nummer-eins-Hit! Die Freude darüber paarte sich mit der Genugtuung, es mal wieder allen gezeigt zu haben.

Gegenüber Sony genossen wir bis auf weiteres einen Freibrief. Wer wollte uns nun noch reinreden? Unser Verhältnis zur Popkritik hatte sich rundherum normalisiert. Wir waren »gereift«, »ambitioniert«, »tiefer gelegt« und galten plötzlich sogar als Trendsetter. Es herrschte ein fast schon unheimlicher Friede. Selbst »SPEX« konnte sich zur fairen Aussage durchringen: »Sie stehen mittlerweile zu Recht über vielen Vorwürfen.« Durch den Alarmstart von Single und Album waren die meisten Urteile für mich ohnehin nur noch von nachgeordneter Bedeutung: Die Fans hatten bereits zugegriffen, als die Besprechungen erschienen. Unsere Musik konnte nun offenbar beides: Ansprüche und Forderungen der Kritik erfüllen *und* in den Hitlisten erfolgreich sein. »Die Da« ging bestenfalls als Ausverkaufsnummer durch. »Sie ist weg« dagegen konnte ein Chartsrenner werden, gegen den niemand etwas einzuwenden hatte. Mittlerweile durfte man mit deutschem HipHop sogar Erfolg haben.

Ab dem 10. November konnten wir unseren Triumph live auskosten: Borken Stadthalle, Bremen Modernes, Kiel Traumfabrik ..., insgesamt 34 mittelgroße Clubs und Hallen waren ausverkauft und bildeten mit ihren 1500er bis 2000er-Kapazitäten genau den richtigen Rahmen für unser neues Programm mit Liveband. Besonders die entspannteren Songs wie »Tag am Meer« oder »Es wird Regen geben« erblühten im Zusammenspiel mit *Disjam* zu richtigen Groovern. Eine neue Richtung gab es auch bei »Konsum«, das bereits im Studio gemeinsam mit der Band entstanden war. Alle drei, vier Tage feierten wir in irgendwelchen Clubs kleinere Tourparties. Nach dem Wiener Auftritt am 13. Dezember bekamen wir auch in Österreich eine goldene Schallplatte und verknüpften dieses Fest mit einer Nachfeier zu meinem Geburtstag. Abgesehen von meiner ziemlich angeschlagenen Stimme, lief alles bestens. Selbst Städte, in denen es früher immer ein wenig verhalten zuging, eroberten wir diesmal im Sturm. Wir hatten ein neues Plateau erreicht, waren cool und erfolgreich. Uns war völlig unklar, wo wir noch hinsteigen sollten.

Auf der ebenfalls ausverkauften Nachfolge-Tour im Februar '96 klappte das Zusammenspiel mit der Band noch besser. Wir hatten alles erreicht, von dem wir früher nur träumen konnten: Hits, Anerkennung und jeden Tag eine neue Bestätigung von mindestens 1500 jubelnden Fans. Doch unsere alte Gemeinsamkeit war gebrochen.

Triumph vor der Krise – Gold für »Lauschgift«

Die eigenen Ideen des »Lauschgift«-Albums kamen auch im Tour-Alltag durch. Die musikalischen Vorstellungen von Thomas und mir drifteten immer weiter auseinander. Andy wälzte Pläne, sich stärker als Produzent zu engagieren. Und Smudo wollte überhaupt nicht mehr. Er durchlief eine schwere Sinnkrise, außerdem hatte ihn seine Freundin eben verlassen. Noch standen fünfzehn Auftritte an. Die endlose Herumreiserei im Nightliner wollte nicht enden.

Für ein paar Tage haben diese Acht- bis Zwölfbett-Reisebusse noch den Hauch von Urlaub und Abenteuer, danach geht man sich nur noch auf die Nerven. Die Klokabine stank jeden Tag ein bißchen mehr, und die irgendwann mal eingeführten Regeln von wegen Ruhezeiten oder »Rauchfreie Zone« sorgten für Dauerzoff. Ich konnte mich nie dazu durchringen, nach der Show in meiner Kajüte zu verschwinden und einfach mal vorzuschlafen. Statt dessen hingen wir aufgekratzt von der Show in Bielefelder oder Grazer Garderoben herum und schlugen die Zeit bis zur Abfahrt der Busse tot. Was meistens auf ein sinnloses Besäufnis hinauslief und die Stimmung am nächsten Tag nicht unbedingt verbesserte.

Selbst die Hotelübernachtungen, die es alle vier oder fünf Tage gab, konnten nichts mehr rausreißen: Kaum hatte ich geduscht, fiel mir schon die Decke auf den Kopf, und wir organisierten auf irgendeinem Zimmer ein spontanes Sauf- und Rauchtreffen. Ein Rhythmus hatte sich eingestellt, der immer auszehrender wirkte. Smudo und Andy brachten zumindest die Energie auf, sich zurückzuziehen. Was die Band noch mehr in zwei Lager zerfallen ließ.

Thomas ließ sich einige Tage lang von seinem englischen Kumpel Zed begleiten, der ihm auf Arme und Schulterblätter Flügel tätowierte. Inspiriert von seinem »Krieger«-Song, plante er ein Gesamtkunstwerk, das eines Tages seinen ganzen Körper bedecken sollte. Smudo war ein reines Nervenbündel und die letzten Auftritte überaus zerfahren. Am Ende der »Lauschgift«-Tour sah es eine Zeitlang so aus, als würde es keine *Fantastischen Vier* mehr geben. Wir waren ausgebrannt.

Smudo: **Heimatbasis**

Ich war total mit den Nerven runter und mußte drei Tage Videodreh mit Ralf Schmerberg durchstehen. In der aufwendigen Produktion zu »Nur in deinem Kopf« verwandelten wir uns im Laufe des Clips von ausgemergelten Gruftgestalten in heitere, junge Menschen. Glücklicherweise gab es nicht allzuviel Aktion. Nur dastehen und umgeschminkt werden, das ging gerade noch. Meine eigene Textzeile: »Mach dich locker, entspann dich so, wie ich es tu, und dann spürst du, wie der Rhythmus in dich eindringt und dich einnimmt«, klang wie bittere Ironie für mich. In Gedanken hatte ich bereits die Band sausen lassen und bei MTV ein neues Dasein als Medienmensch begonnen. Es war heilsam, das durchzudenken. Übrig blieb die kleine Lösung: Veränderung ja, doch kein Ende der Musik.

Bär hatte unsere Auflösungserscheinungen auf Tour nicht unmittelbar mitbekommen. Doch aus unseren Erzählungen reimte er sich dringenden Handlungsbedarf zusammen. Er schickte uns eines seiner Grundsatzschreiben, mit denen er ein, zwei Mal im Jahr das Verhältnis zwischen Management und Band analysierte und neue Pläne ansprach.

Zentraler Gedanke für 1996 war die Gründung eines eigenen Labels! Er wollte uns damit eine Heimat für Solo- und Nebenprojekte basteln und das Markenzeichen *Fantastische Vier* für die Zukunft ausbauen. »Wenn nicht jetzt, wann dann?« argumentierte er. »Lauschgift« bewegte sich in Richtung Platin-Album, und trotz der internen Krise endete unsere Tour mit *Disjam* als großer Erfolg. »Wenn du erfolgreiche Deals machen willst, mußt du oben sein«, predigte Bär. »Dann gibt es die meiste Kohle.« Der Ansatz schien vernünftig und vorausschauend, doch mir machten diese Überlegungen angst. Ich war gerade dabei, aus dem Stuttgarter Umfeld auszubrechen. Meine Beziehung war zu retten, ich wollte nach Hamburg umsiedeln. Deshalb machte ich direkt beim ersten Treffen klar, daß mit mir vor Ort auf keinen Fall zu rechnen wäre. Auch Thomas betonte, er sei nicht der Typ für Büroalltag. Seine Pläne sahen anders aus. Das sei alles überhaupt kein Problem, meinte Bär, schließlich sollte es *unser* Laden werden. Folglich würden wir auch die internen Strukturen bestimmen.

Er entfaltete seinen Masterplan: Fitz Braum war bei »Königshaus« in Berlin nie glücklich geworden. Seine Aufbaupläne paßten nicht recht ins Konzept der Hamburger WEA-Zentrale, er spielte bereits Anfang '96 mit Wechselgedanken. Bär hatte ihm bereits von seiner Label-Idee erzählt. »Was haltet ihr davon«, fragte er uns, »wenn Fitz die Geschäftsführung übernimmt?« Wir hielten noch aus der Sony-Zeit große Stükke auf ihn: Er konnte mit dem Taschenrechner umgehen, hatte ein gesundes Profi-Verhältnis zur Popmusik, und wir kamen menschlich gut mit ihm klar. Außerdem würde er uns als alter A & R-Fuchs rechtzeitig vor dramatischen Pleiteprojekten warnen – das war eine angenehme Vorstellung.

Ich kann nicht behaupten, daß ich damals der große Visionär gewesen wäre und nach Bärs grundlegenden Plänen das fertige Label schon im Kopf hatte. Die treibenden Kräfte innerhalb der Band waren eher Michi, und Andy mit seinen Plänen für ein eigenes Studio. Ich fühlte mich sogar ein bißchen überredet. Doch die Argumente waren schlüssig, und der große Spielverderber wollte ich nicht sein. Bär schwebte vor, das ganze Projekt mit einem Immobiliendeal zu krönen. Er wollte ein Bürogebäude kaufen, das unser Label, seine »Bear Music Factory« und verschiedene andere Produktionsfirmen als gemeinsames »Medienhaus« nutzen sollten. Seine Tatkraft riß letztlich alle mit. Plötzlich existierte wieder eine Perspektive, die auch den Fortbestand der *Fantastischen Vier* in ein neues Licht rückte. Wir konnten uns eine längere Kunstpause gönnen und trotzdem weiter an einer gemeinsamen Sache arbeiten.

Bär und Anwalt Helge Sasse belegten im Hamburger Hotel »Atlantic« eine Suite, in der sie unser Labelprojekt den leitenden Figuren der Pop-Industrie vorstellten. Das Konzept war schnell erzählt: Unsere neue Firma sollte zur Spezialadresse für HipHop, Soul und Artverwandtes werden. Dafür suchten wir einen Vertriebspartner. Mit unserem Namen, der Kompetenz und den vielen Kontakten wollten wir die Lücke zwischen den Geschmacksproblemen der großen Konzerne und den Geldproblemen unabhängiger Labels schließen. Erste Aufnahmen kamen aus unserem direkten Umfeld: In Stuttgart war mit der »Kolchose« über die Jahre ein lockerer Verbund aus Breakern, Sprayern, Bands und Rappern herangewachsen, die sich auf dem ehemaligen »Südmilch«-Molkereigelände mit Parties und Konzerten eigene Strukturen geschaffen hatten. Michi kannte diese Szene vom Plattenauflegen. Sein späterer Partner Thomilla war DJ der »Kolchose«-Band *Die Krähen*. Max Herre und seinen *Freundeskreis* kannte er bereits seit den »On-U«-Tagen. Wir wollten jedoch keine Stuttgarter Inzucht und bemühten uns schon im Vorfeld um ein überregionales Netzwerk – was nach außen gewirkt haben muß wie eine Shopping-Tour der *Fantastischen Vier* in der Independent-Szene. Dabei wollten wir niemanden kaufen, sondern unseren eigenen Laden aufmachen. »Groove Attack« in Köln sollte den zukünftigen Vinyl-Vertrieb in die DJ-Shops abwickeln.

Es stellte sich heraus, daß die Bosse vor allem an unseren Solo-Platten interessiert waren. Der damalige EMI-Chef Helmut Fest wollte sogar die Veröffentlichungstermine vertraglich zugesichert haben, was für Thomas und Michi zu meinem großen Erstaunen ganz selbstverständlich war. Offenbar hatten sie schon Ideen für ihre eigenen Platten im Kopf. Wir waren uns mit Helmut Fest nahezu einig, als er sich in den Urlaub verabschiedete. Beim nächsten Termin hatten seine Controller das Gesamtpaket durchgerechnet und ihm von einem Vertragsabschluß dringend abgeraten. Er stieg aus.

Dann saßen wir doch wieder bei Sony am Konferenztisch: Wir mit Anwalt und Bär auf der einen, Sony-Chef Leuschner mit Anwalt und A & R-Chefin Evelyn Junker auf der anderen Seite. Bär machte den Auftakt und meckerte erst einmal über den bestehenden Vertrag mit den *Fantastischen Vier*. Ein altes, immer wiederkehrendes Thema: Es ging um Prozente, die unserer Auffassung nach nicht stimmige Verrechnung der Kosten und ähnlichen Teppichhändler-Kram. Nach einigem Hin und Her stellte sich raus, daß man bei Sony an einer umfassenden Lösung interessiert war. Leuschner bot uns in einem Aufwasch die Vertragsbedingungen, die wir immer gefordert hatten. Auch das Label wollten sie machen. Der Rest war ein Fall für die Anwälte.

Mit diesem Deal konnten wir unsere neue Infrastruktur aufbauen. Bär war bei seiner Suche nach einem geeigneten

Hauptquartier in Heslach fündig geworden: Gegenüber dem Stadtbad stand die alte Verwaltung von Mövenpick-Marché schon länger leer. Das Gebäude war für seine »Medienhaus«-Pläne bestens geeignet, und er bastelte bereits fleißig an den nötigen Umbaumaßnahmen. Bei der Namensfindung fürs Label kam es zum üblichen Kreativkampf. Michi favorisierte lange Zeit »Stuggitown Records«, was ich grenzenlos kindisch fand. Ausgerechnet Richard Wernicke, der seinerzeit bei »Groove Attack« arbeitete, meinte während unserer Sondierungsgespräche, es wäre doch ganz einfach: »Four Music«. Offensichtlich sahen wir den Wald vor lauter Bäumen nicht. Rechtzeitig zur Popkomm '96 erblickte unsere neue Heimatbasis auch offiziell das Licht der Welt. Zwei Wochen später erschien mit »Tribulations« von *Sens Unik* das erste Album.

Verwunderlich, wie eng Krise und Neuaufbruch zusammenlagen. Nach der »Lauschgift«-Tour nahmen wir einige Einladungen zu großen Festivals in Wien, Bern oder im dänischen Roskilde an. MTV bannte uns in einer aufwendigen Produktion auf 16-Millimeter-Film und alles schien, als hätte es nie irgendwelche Schwierigkeiten gegeben.

Fast hätte ich das auch gedacht – wäre nicht Ende September ein Möbelwagen vor meiner Stuttgarter Wohnung aufgetaucht. Drei stämmige Packer verstauten meine gesamte Habe auf einem Drittel der Ladefläche und verabschiedeten sich mit freundlichem Gruß gen Hamburg. Neunzehn Jahre Großraum Stuttgart waren mit einem Schlag vorbei. Ich kannte dort jeden Club wie mein Wohnzimmer, alle Bands, Musiker und Nachtschwärmer. Komisch, daß ich es so lange hier ausgehalten hatte. Trotzdem war es ein seltsames Gefühl, als ich meinen vollgestopften Wagen auf die altbekannte Strecke Richtung Norden lenkte. Die Fahrt hatte etwas Endgültiges. Obwohl ich genau wußte, daß ich zur Wahlparty der Grünen Mitte Oktober wieder im Süden sein würde. Als ich meine neue Hamburger Wohnung in der Spaldingstraße hinter dem Hauptbahnhof betrat, war noch alles leer. Ich schaute aus

dem Fenster – natürlich herrschte melancholisches Nebelwet-
ter – und ganz plötzlich liefen die Tränen ...

Laut Visitenkarte war ich nun das »Four Music Offi-
ce Hamburg«. Ein Außenposten, der Kontakte knüpfen und
vielversprechende Bands entdecken sollte. Ich mußte keine
»Abschußquote« erfüllen oder mich mit dem ortsansässigen
HipHop-Erfolgslabel Yo Mama Records um den Nachwuchs
kloppen. Deren neue Entdeckung *Eins/Zwo* hätte ich zwar
gerne bei Four Music gesehen, doch lange bevor es zum Ver-
tragspoker kam, entschied sich die Band für ihr hanseati-
sches Umfeld. Schon bald konnte ich den ständigen Draht zu
meiner alten Heimat richtig genießen. Ich hatte Abstand und
blieb in Kontakt – eine perfekte Lösung.

In den letzten beiden Jahren hatte Sony die Aktivitäten im
Internet enorm ausgebaut. Als ich mich erkundigte, ob es
möglich wäre, den Fanta-4-Auftritt im Netz durch eine eigene
Seite von mir zu ergänzen, rannte ich offene Türen ein. Ich war
offenbar einer der wenigen Musiker, die sich brennend für die
Aktivitäten der neugegründeten Abteilung »New Media« in-
teressierten. Seitdem füttere ich *www.smudo.com* regelmäßig mit Klatsch, News und Informationen. Rund eine Stunde
am Tag verbringe ich damit, die Seiten zu aktualisieren oder
Fragen in speziellen Newsgroups zu beantworten, die sich
nur mit den *Fantastischen Vier* beschäftigen. Natürlich wurde
mein Hamburger Wohnungsbüro zur Kommunikationszentra-
le der Band.

Dieses neue, alte Betätigungsfeld – schließlich hatte ich
einmal Programmierer werden wollen – begann mit unserer
CD-ROM »Viertuell«: Die multimediale Silberscheibe galt
1994/95 in der Plattenindustrie als heißer Fetisch. Musik, Videos und Design auf einem Datenträger – manch einer witterte da das Geschäft der Zukunft. Es war noch völlig unklar, welche Produkte sich durchsetzen würden. Doch nachdem Peter
Gabriel seine aufwendige »Secret-World«-CD-ROM veröffentlicht hatte, herrschte eine Weile Goldgräberstimmung.

Mich brachte ein munter flatternder Kolibri in der Videosequenz eines CD-ROM-Lexikons auf den Gedanken, auch unser umfangreiches Sound- und Videomaterial digital zusammenzustellen. Ich hatte mich in der Programmiererszene umgehört und erste Testläufe gestartet, als mein Hobbyprojekt plötzlich zu einer offiziellen Veröffentlichung wurde! Nach einer kleinen Präsentation meiner Ideen wollte mich das Sony-Produktmanagement unterstützen. Es gab ein Budget, einen direkten Ansprechpartner im Haus (der mir für den Fall, daß es mit Fanta 4 mal zu Ende gehen sollte, einen Job in seiner Abteilung anbot ...) und einen offiziellen Produktionsauftrag an das Berliner Softwarebüro Pixelpark. Der Rest der Band war nur mäßig interessiert; ich sollte ruhig mal machen. Später mußte ich ihnen die fertige Version regelrecht aufdrängen. Viel Zeit haben sie damit nicht verbracht.

Ich stand vor einer Art Solo-Album, multimedial, das mit jeder neuen Idee aufwendiger wurde. Immer häufiger reiste ich nach Berlin, um meine Vorstellungen von Konzept und Design einzubringen. Tausend Details waren zu besprechen. Ich wollte keine direkte Verknüpfung der Spiel- mit der Archiv-Ebene. Bei anderen CD-ROMs störte es mich, wenn man erst Memory spielen mußte, um etwas über die Bandgeschichte zu erfahren. Während der Videoaufnahmen für »Sie ist weg« saß ich in einem Nebenraum und verfaßte auf einem Mac-Rechner aus Bärs Büro allerlei Wissenswertes über uns. Ständig wurden geänderte Dateien nach Berlin geschickt. In jeder freien Minute habe ich Texte reingehauen, komischerweise machte es mir sogar Spaß. Zu einem Fast-Clash kam es, als ich für das Projekt die letzten, stressigen Produktionstage von »Lauschgift« unterbrach. Ich brauchte noch speziell bearbeitete Fanta-4-Samples, die der CD-ROM-Betrachter dann am Computer zu eigenen Kompositionen zusammenbasteln konnte. Andy und Klaus Scharff hätten mich fast geköpft, als ich das »Basement«-Studio für diesen Job zwei Tage lang lahmlegte.

Den Titel habe ich noch kurz vor Toresschluß über einen Wettbewerb in den Fanta-4-Newsgroups ausgeschrieben: »Viertuell« war der beste Vorschlag. In der Fachpresse wurde das Endergebnis natürlich mit den internationalen Musik-CD-ROMs verglichen, wo sehr viel mehr Entwicklungsaufwand und Geld dahinter steckte. Auch ich hätte am liebsten noch zwölf Monate mehr Zeit gehabt. Trotzdem war ich ungemein stolz auf diesen technologischen Husarenritt.

Zwei Wochen nach meinem Umzug erschien »Live & Direkt«; die aufwendig-elegante Zwischenlösung auf Doppel-CD oder Dreifach-Vinyl. Nach »Die Vierte Dimension« hatten wir geplant, ein Überbrückungsalbum namens »42« mit Live-Versionen, verschiedenen Remixen und unveröffentlichtem Material herauszubringen. Eher zufällig kamen damals *Megavier* nach dem Weihnachtsauftritt in der »Batschkapp« dazwischen. Jetzt endlich gönnten wir uns eine Besinnungsphase, die immerhin drei neue Songs und sündhaft teure Remixe von Aphex Twin, Kenny »Dope« Gonzalez oder den *Jungle Brothers* mit sich brachte. Während der Produktion hatten wir kurzerhand das Songschreiberprinzip von »Lauschgift« fortgeführt: Meine Idee für »Raus« entstand beim Plattenhören in Michis Wohnung. Irgendein Stück lief. Ich fand den Beat klasse und schnappte mir das Cover: »Get out of my life woman« stand auf dem Label. Eine Aufforderung, die mir nicht mehr aus dem Kopf ging. Wir sampelten den Rhythmus des Stükkes, ohne ihn später zu verwenden. Michi fiel der Refrain »Sie muß raus« ein, und für mich war der Text eine ziemlich leidenschaftliche Verarbeitung aller möglichen Beziehungskrisen.

Ich kann nicht sehn wie sie aussieht, kann nicht sehn wie sie ausgeht, kann nicht sehn wie sie nicht aus sich rausgeht,
kann nicht sehn wie sie sich auszieht, kann nicht sehn wie sie hier morgens aufsteht – denn es steht mir bis hier!

Für die Schlußproduktion nutzten wir zur Abwechslung das mitten im Wald gelegene »NoSé«-Studio von Philippe Kayser, wo Max Herre vom *Freundeskreis* den chorusartigen Gesangspart von Michi und Thomas »Sie muß raus – sie muß gehen« unterstützte und dem Stück zu seiner bittersüßen Stimmung verhalf. Das von Ralf Schmerberg in Yuma / Arizona gedrehte Video dazu verursachte allerlei Irritationen, von wegen Frauenfeindlichkeit und Gewalt in Beziehungen. Das Ganze spielte in der kleinen Altstadt am Rande der Wüste von Arizona, die immer wieder als El-Paso-mäßige Filmlocation verwendet wird, weil es hier so aussieht wie in irgendwelchen Wüstenstädten vor dreißig, vierzig Jahren. Ich mußte einen Fön in die Badewanne meiner Partnerin fallen lassen, sie dann in eine Decke einwickeln und durch die Stadt schleppen, wo aus allen Häusern ebenfalls männliche Wesen mit Körperbündeln auf den Schultern kamen.

Beim Dreh war es schweineheiß und als Hauptfigur mußte ich ständig drehen. Auch nachts, wie bei der aufwendigen Szene im Bad. Ich war total übermüdet. Die Ringe unter meinen Augen mußten gar nicht mehr groß angeschminkt werden. Der Schweiß war Glyzerin, ich fühlte mich wie ein kandiertes Bonbon. Am nächsten Tag, bei Bullenhitze, das gleiche Spiel; Schmerberg gilt nicht umsonst als anstrengender Regisseur. Als in einer Szene der Schminkkoffer im Bild zu sehen war, wäre er fast explodiert. Die arme Frau von der Maske wußte überhaupt nicht, wie ihr geschah. Am tollsten war der Dreh für die Wüstenszenen: Sechs US-Statisten mußten mit »Leichen« auf dem Rücken in verschiedene Richtungen auseinanderlaufen. Ich mittendrin, Schmerberg fünfzig Meter von uns entfernt auf einem Hügel mit singender Stimme und stark deutschem Akzent: »Achtung, everybody, we are ready to shoot.« Und die Amis machten einen Nazi-Witz nach dem anderen ...

Der Rest der Band betrachtete das Videoprojekt eher als nette Fernreise. Als ich sie in einer Drehpause anrief, fuhren sie gerade Jetski in einem nahegelegenen Canyon.

Thomas hatte weniger Mühe mit seinem Stück: »Das Kind, vor dem euch alle warnten« war eine eigenwillige Übersetzung (»Auf dem Weg durch das Dunkel, auf der Suche nach Licht«) von Coolios »Gangstas Paradise«. Der Filmverleih Warner wollte den gleichnamigen Film, in dem eine US-Schulklasse vor lauter Kriminalität nicht richtig lernen kann, auch in Deutschland in die Kinos bringen. Doch der erste Start floppte total. Dann wurde Coolios Song zum Superhit, Warner überlegte sich ein szene-kompatibles Marketing und fragte bei uns wegen einer Übersetzung an. Für mich stand das nicht zur Debatte, doch Thomas hatte damit keine Probleme. Letztlich kam der Film doch nicht mehr in die Kinos. Aber Thomas' eingedeutschte Interpretation mit Supersätzen wie: »Also treff ich meine Freunde und wir hängen loose – doch ihr lästert über uns, das macht mich so konfus« (»So I gotta be down with the hood team, too much television watching got me chasing dreams«) wartete seitdem auf ihre Veröffentlichung. Andy programmierte spartanische Beats dazu, und Thomas konnte sich geistig bereits auf seine eigene Platte vorbereiten.

»Picknicker« wiederum war ein eindeutiger Vorbote von Michis Solo-Projekt. Ursprünglich gab es ein recht hartes Gitarrensample zu »Picknicker«, sein Kumpel Afrob wirkte beim Refrain mit und Matthias »Großmaul« Bach von den *Krähen* übernahm die reingebrüllten Anfeuerungsrufe. Die ganze Aufnahme war schon sehr »Kolchose«-lastig und hatte einen typischen Michi-Partytext. Ursprünglich war der »Picknicker« als Auskopplung geplant. Dann entschieden wir uns für »Raus« und schoben »Picknicker« nach. Richtig gut gelaufen sind beide Songs nicht, obwohl auch für »Picknicker« ein ziemlich aufwendiges Video entstand, auf das wir heute noch angesprochen werden. Kai Sehr, der Haus-und-Hof-Regisseur der *Ärzte*, ließ damals in Los Angeles ziemlich stilecht die achtziger Jahre mit ihren hochtoupierten Haaren, Schulterpolstern und Glitzer-Klamotten wiederauferstehen.

*Like Duran Duran never happened – »Picknicker«-Videodreh
'97 mit dem Produzenten Christoph Vitt und Kai Sehr*

Ein Live-Album ohne Tour war undenkbar und die Verspan-
nungen der »Lauschgift«-Tour hatten sich zum Glück gelöst.
Die zwanzig »Live und Direkt«-Gigs im Februar und März '97
mit *Disjam* verliefen überaus locker. *Freundeskreis* spielten
im Vorprogramm, ein großer Stuttgarter Troß war unterwegs.
Vor dem Auftritt im Münchner »Colosseum« saßen wir allerdings in ernster Runde zusammen. Es gab angeblich eine offizielle Anfrage, im Vorprogramm von *U2* zu spielen. Fünf Open-
air-Konzerte in Deutschland auf der »Popmart«-Riesenbühne.
Wir verlegten uns erst auf ein arrogantes: »Nö, da passen wir
gar nicht hin!« Bär und unser neuer Tourmanager Alex Richter
hielten uns für komplett verrückt.

Es war eine gute Entscheidung, schließlich doch zu spielen.
Vor allem für die interne Chemie der Band. Ein eventueller
Vermarktungseffekt war uns ziemlich egal. Man kennt ja die
Schwierigkeiten, die Vorgruppen von Superstars beim Sound

Smudo auf der U2-Bühne '97

und Licht haben, während das Publikum gelangweilt in der Sonne herumdöst oder Würstchen kaufen geht. Nach einigem Hin und Her mit dem *U2*-Management, die unser Engagement erst auf den letzten Drücker bestätigten, nahmen wir die Sache so locker wie möglich. Wir wollten mit dem sogenannten »In Ear Monitoring« eine technische Neuerung ausprobieren, die uns unabhängig vom Bühnensound machen sollte. Wir brauchten keine herkömmlichen Monitorboxen mehr und konnten sicher sein, daß wir auf der Riesenbühne auch hören konnten, was wir da oben so spielten. Wochen vorher waren Silikon-Abdrücke von unseren Innenohren gemacht worden. Seitdem besaßen wir maßgefertigte Hi-Tech-Ohrstöpsel, die nach jedem Auftritt in eine spezielle Reinigungslösung gelegt werden müssen. Zum ersten Auftritt in Köln bin ich zusammen mit den *Disjams* per Bus aus Hamburg zu den anderen gestoßen. Wir trafen uns in unserem Container, plötzlich klopfte es.

Die *U2*ler wollten ihre Vorgruppe begrüßen und uns viel Glück wünschen. Eine Geste, wie sie im internationalen Rock-Betrieb nicht üblich ist. Die respektvolle, höfliche Stimmung blieb während der fünf gemeinsamen Auftritte erhalten. Wir hatten uns ein Vorgruppen-Programm überlegt, das mit »Krieger« begann und sich langsam beim Publikum anschlich, um dann im fulminanten »Populär«-Showdown zu enden – was prima klappte. Am Ende unserer vierzig Aufwärmminuten grooveten sogar die *U2*-Fans. Ansonsten haben wir es uns so richtig gutgehen lassen und die Gage direkt wieder für Wichtigtuerei verballert. In Köln logierten wir genau wie *U2* im »Schloßhotel Lerbach« und ließen die Champagner-Korken knallen. Bono war morgens ungemein gesprächig und erkundigte sich nach deutscher Popmusik: Wie geht's *Kraftwerk*, Techno und den *Toten Hosen*?

Thomas: **Solo**

Im Sommer 1996 war klar: wir würden im kommenden Jahr keine neue Platte zusammen machen. Pause. Die Luft war raus. Wir hatten gerade unser eigenes Label »Four Music« an den Start gebracht, irgendwie war damit eine Ära abgeschlossen. Aber ich wollte weiter Musik machen.

Jetzt stand ich alleine da. Das hatte ich in den vergangenen Jahren nicht gekannt. Kein Michi mehr, keine Rückversicherung bei den Jungs, nur ich. Solo. Ich merkte, daß ich immer seltener in unser Büro in der Mörikestraße ging. Wir hatten den geilsten Job der Welt, eine eigene Firma. Wir könnten so weitermachen bis wir 50 sind, kein Problem – ich konnte da aber nicht jeden Tag rumsitzen, ich wollte etwas anderes.

Ein halbes Jahr habe ich herumprobiert. Ich ließ mir den Rücken tätowieren. Ich wollte Stücke mit anderen Bands machen, Stücke mit Andy. Ich stromerte durch die verschiedensten Studios, immer auf der Suche nach Sounds. Und ich schrieb Texte. Bald hatte ich ein knappes Dutzend Songs zusammen. Fast alle noch ziemlich unfertig. Ich breitete die Texte, alle schön in Klarsichthüllen verpackt, vor mir auf dem Boden aus. Da lag noch viel Arbeit.

Aber es gab einen ersten Termin, den 1. November, da würde ich *Die Ärzte* in Berlin treffen. Mein orangener Ford Taunus war schon startklar. Und ich ein bißchen nervös. Ich kannte die ja nicht wirklich. Bär stand mal mit Bela B. auf irgendeiner Toilette und hat ihn vollgesabbelt. Irgendeinen Busineß-Scheiß. Ich stand daneben und sagte keinen Ton. Meine Begegnungen mit den *Ärzten* waren immer irgendwie seltsam. Vor unserer ersten gemeinsamen Session in Berlin hatte ich mit Bela telefoniert. Wir einigten uns, daß ich meinen Teil zu Hause in verschiedenen Tempi und Tonlagen auf Band rappen würde, sie spielten später im Studio dazu. Keine Ahnung, wie beknackt die das fanden, aber sie haben mitgemacht. »Sie hacken auf mir rum« ist schließlich ein gutes Stück geworden.

Als ich in den Wagen stieg und losfuhr, startete ich zu einer monatelangen Reise. Eine Zeit des Umbruchs, aufregend und schwierig. Denn die Sprache, die Andy und ich fast wortlos miteinander sprechen, mußte nun auch mit anderen funktionieren. Was bei uns vieren immer ein gemeinsamer Prozeß gewesen war, lag plötzlich allein in meiner Hand. Mein Wille geschehe – und den mußte ich nach außen vertreten können. Früher hab' ich immer sagen können: »Ja, ja, ich weiß. Aber das Lied hat Smudo geschrieben.« Oder: »Wenn es dir nicht gefällt, hau Michi an!« Damit war jetzt Schluß.

Das erste ureigene Statement hatte ich schon mit »Krieger« abgegeben. Mit dem Song hatten Andy und ich auf der »Lauschgift«-Platte unsere eigene Vision verfolgt, und die anderen haben es als Solostück akzeptiert. Diese Ausnahme sollte jetzt zum Prinzip werden. Ich schrieb also Texte, und mit den Texten bekamen die Lieder in meinem Kopf ein Ziel. Dann suchte ich nach Bands, von denen ich glaubte, daß sie in die gleiche Richtung gehen könnten. Leute, bei denen ich das Gefühl hatte: die sind gut. Es dauerte ungefähr ein Jahr, sie alle zu finden.

Mit den *Ärzten* hatte ich gleich zu Anfang echte Vollprofis am Start. Nach dem ersten Vorgeplänkel in Berlin trafen wir uns noch mal in einem Studio in Hamburg. Da wurde schnell klar, daß sie und ich unterschiedliche Vorstellungen hatten. »Du hast gesagt, ihr könnt machen, was ihr wollt«, hielt mir Jan vor. Mit einem diabolischen Lächeln auf den Lippen. Aber er hatte Recht. Zu technisch, zu bemüht klang das, was bei den ersten Aufnahmen herausgekommen war. Also, noch mal!

Ich war alleine auf dieser Mission. Ich stehe alleine im Studio und rappe und frage hinterher: Wie war's? Da gucken mich fragende Gesichter an, als würden sie mich nicht verstehen. »Oh, klar, gut – was sonst?« Dann höre ich es mir selbst an und finde es überhaupt nicht gut. Auf einmal bin ich der einzige, der merkt, was ich kann und was nicht. Sonst gab es immer Smudo, der hörte den Schwaben raus, oder Andy, der mir sagte, daß das Timing nicht stimmt. Jetzt bin ich Akteur und Kontrolleur in einem. Außerdem Rapper, Produzent, Kritiker, Mit-Musiker, Organisator, Motivator.

Und ums Essen mußte ich mich auch noch kümmern. Der Standard auf Reisen: Frühstücken in irgendwelchen Cafés, dann, immer wieder und überall, Lasagne aus Aluschachteln. Nur wenn irgendwo ein kompetenter Küchenmixer rumsteht, kann ich meine legendäre Vitaminbombe zubereiten. Die weiß sogar mein alter Kumpel Nils Bokelberg zu schätzen, in dessen Kölner Chaos-Wohnung sonst nur Hamburger serviert wurden. Nils sollte auch auf der Platte dabeisein. Wir trafen uns mehrmals und gingen sogar um den Dom spazieren, wo wir trotz riesiger Skimützen von Fanmädchen entdeckt wurden. So was passiert öfter. Und ist selten lästig. Popstars, die etwas anderes behaupten, lügen – oder sind schon sehr alt.

Bei Nils habe ich eines Morgens »Sie hacken auf mir rum« fertiggeschrieben. Ich wachte auf, alle waren weg, und ich alleine in der Wohnung. Den *Ärzten* schrieb ich dann gleich einen Brief, in dem ich versuchte, ihnen den Song zu erklären. »Meine Strophen sind immer 16er«, schrieb ich und als Erklärung: »Rapper-Talk«. Ich war mir nicht sicher, ob die wußten, wie so was geht. Mein Vorschlag war: »Refrain vielleicht Hippie-Style von euch«. Sie nahmen's mit Humor.

Ich stieg wieder in meinen Ford Taunus: Stuttgart – Berlin (Frühstück mit Sarah im Café M) – Düsseldorf (sieht aus wie im Osten, treffe Plattenpapst Jöak, es gibt sehr fett belegte Brötchen) – Köln (mit Nils und Thumb im Studio) – Stuttgart (besuche Philipp im Krankenhaus) – Ischgl (ein paar Tage Ski-fahren) – Stuttgart (mein Tattoo wächst, vom Rücken über die Arme) ... Ein paar Tage nach Weihnachten holte ich Komi, einen außergewöhnlichen Menschen und Didgeridoo-Spieler, in Köln ab, und wir flogen nach New York. Wo ich eine kleine Krise bekam. Vier Songs hatte ich bis dahin fertig, alle ziemlich *hardcore*. Wollte ich ein Hardcore-Album? Nein. In der Hand hielt ich einen Pappbecher mit Kaffee. Darauf stand: »Solo Traveller«. Ein Omen, ein Hinweis. Oder bloß ein netter Zufall. Ich dachte an Nina.

Nina Hagen hatte ich nur einmal kurz getroffen, um ihr meine Idee von dem Solo-Album zu erklären. Aber sie war ziemlich beschäftigt und ich etwas enttäuscht. Es ging mir nicht um die flippige Superfrau, ich wollte einen persönlichen Part von ihr. Den habe ich auch bekommen. Obwohl eine richtig enge Zusammenarbeit, wie bei den anderen Bands und Musikern, mit ihr nicht möglich war. Irgendwann hatte ich bei ihr in Los Angeles angerufen. Es war kurz vor Mitternacht und ich etwas nervös. Deshalb plapperte ich wohl auch reichlich unbeholfen. »Hast du Lust, den Refrain äh quasi also zu singen?« Nina war reizend. »Du schreibst die Worte«, sagte sie. »Und wenn mir was dazu einfällt, werde ich es einfach singen.«

Die Gelegenheit bot sich, als wir in Los Angeles das Video zu »Picknicker« drehten. An einem freien Tag schnappte ich mir Andy und mein Tape, einen Leihwagen und eine L.A.-Karte (plus Ninas Zettel mit hingekritzelter Adresse) und fuhr zu ihr. Ich hatte den Track nur ganz *rough*, es war eher ein Fragment, eine Ahnung von Song. Aber Nina hat dazu gesungen. Sie war supergut drauf, trug diesen *charming* Pagenschnitt und einen Rock mit Tigermuster. Unser gemeinsames Lied sollte ein Liebeslied werden, ganz klar. Der Titel fiel mir erst später ein. Im Studio in Stuttgart habe ich dann aus den L. A.-Aufnahmen einen richtigen Song gemacht: »Solo«, das Motto meiner Reise. Er ist sehr schön geworden. Und ich bin sehr stolz darauf. Wer ihn zum ersten Mal hört, fragt sofort: »Wow, wer ist das denn?« Das ist meine Nina.

Und »Solo« ist mein Album. Alle Texte sind von mir. Das ist Thomas D. in Cinemascope, in voller Bandbreite. Ob mit Nils, Skatemeister Claus Grabke und seiner Band *Thumb* im Studio in Stommeln, wo eine riesige Meute wilder Skater abhing, oder den *Prophets Of Rage* in Kaiserslautern, meinen Freunden in Stuttgart, den *Lemonbabies* in Berlin oder Sarah Quaye, wie sie in der Hocke auf dem Boden kauert und ihren Text ins Mikro haucht (vorher hatten wir uns noch über den Sinn und Unsinn der Lyrics gestritten) – das alles ist reingeflossen. Echter Hardcore-Scheiß und Schlager-Arrangements wie in den Siebzigern. Hat Spaß gemacht. Das Leben ist bunt und ereignisreich, und das nicht erst seit gestern, seit ich meine Haare mal wieder neu gefärbt habe. 47 verschiedene Farben, Muster und Schnitte könnten es während der Arbeit an »Solo« auf meinem Kopf gewesen sein ...

Die Sessions in »Conny's Studio« in Wolperath mit Ralf Goldkind und Komi gehörten zu den Höhepunkten. Komi hatte sein Holzrohr dabei, dieses lange, merkwürdige Didgeridoo. Wir haben stundenlang getrommelt, die ganze Nacht. Beim Rappen war ich neben der Spur, immer wieder: »Verdammt, verrappt!« Und noch mal. Am Schluß zog ich meine Klamotten aus, rappte nackt. Irgendwie mußte das sein. Und es half. Schließlich soll Susanna Hoffs auch nackt gewesen sein, als sie »Eternal Flame« sang. Beflügelnd, die Vorstellung.

Das Resultat der Wolperath-Sessions hieß »Laß los« und bringt es auf den Punkt: »Auf deinen Lebenswegen leb des Lebens wegen«. Ich habe immer schon gespürt, daß es darauf ankommt. Mehr als auf alles andere. Und mehr als früher lebe ich nun danach. Als das Album Ende September '97 fertig war, nach anderthalb Jahren Arbeit, hatte ich den Ford zu Schrott gefahren und meine Koffer gepackt. Ich wollte den harten Schnitt.

Raus aus der Stadt, rein ins Wohnmobil. Das entsprechende Modell war bereits angezahlt und brauchte nur noch eine neue Lackierung. Vorher mußte ich Ballast abwerfen. Ganzseitige Anzeigen in Musikmagazinen verkündeten landesweit: »Thomas D. löst seine Wohnung auf, 3. Oktober 1997, Böcklerstraße 17: Super Sellout – Alles muß raus«. Mein Fernseher gehörte bereits Sekou vom *Freundeskreis*. Der ganze Rest sollte öffentlich in meiner Atelierwohnung versteigert werden. Netterweise erschien genau jene Mischung aus Fans und Be-

Thomas hebt ab – Vor dem Auszug in Heslach

kannten, die ich mir erhofft hatte: Keine Kinder, keine Nerver, nicht zu viel, nicht zu wenig, Über den Tag kamen vielleicht 300 Leute. Die vorsorglich aufgestellten Absperrgitter konnten wir jedenfalls nach dem ersten Ansturm zur Seite räumen. »Wer bietet 40, wer sagt 40 für diese wertvolle Schmuckedition eines großen Düsseldorfer Künstlers?!« Smudo und ich standen auf einem improvisierten Podium, und ein legendäres Stück nach dem anderen wechselte den Besitzer: Mein Lieblings-T-Shirt mit der »Ford«-Pflaume (95 Mark), meine Original-Frisör-Schere (30 Mark), meine Ernie-Puppe mit Hosenkette und Backstage-Paß (65 Mark). Der »Echo«-Award ging für 260 Mark weg. Fitz Braum ersteigerte das Original-Textblatt des *Ärzte*-Songs »Sie hacken auf mir rum« für 85 Mark. Eine MCM-Brille (1,75 Dioptrien) mit einem Mindestgebot von 10 Mark brachte 60 Mark, ein anderes Modell mit 1,5er-Gläsern immerhin 80 Mark.

Gegen Abend war meine Vergangenheit in alle vier Winde zerstreut. Ein guter Teil der Einnahmen verwandelte sich bei der anschließenden Spontanparty in Sekt und Bier von der Tankstelle. Easy come, easy go. Nicht mehr soviel zu besitzen, heißt frei sein. Mein Tattoo immer mehr wachsen zu lassen, heißt frei sein. Mobil sein, heute hier und morgen da, heißt frei sein.

Am nächsten Abend gab es noch eine kurze Begegnung mit dem Stuttgart, das ich gerade verlassen wollte: Höflichkeitstermin beim fünfzigsten Geburtstag von Rezzo Schlauch in einer Veranstaltungshalle auf dem Pragsattel. Die gesamte Band kam zusammen. Rezzo wäre '97 fast der erste grüne Oberbürgermeister einer Großstadt geworden, wir haben damals seine Kampagne unterstützt. In der Halle viel Politprominenz, auf der Bühne ein langweiliges Kabarettständchen von zwei Jung-CDUlern. Wir schüttelten Hände, wurden fünfzehn Sekunden lang Joschka Fischer vorgestellt und posierten für ein Foto mit Rezzos albanischer Nichte. Jetzt sollte erst mal meine Reise beginnen.

An eine Tournee zu »Solo« habe ich nie gedacht. Das wäre mit den vielen verschiedenen Musikern auch nicht möglich gewesen. Aber manche Kontakte haben gehalten. Zu Ralf Goldkind zum Beispiel. Ich kannte ihn vorher gar nicht, Lucilectric hatte mich auch nie sonderlich gejuckt. Doch er rief mich eines Tages an und sagte: »Ey, ich habe gehört, du machst 'ne Solo-Platte. Ich will auch mitmachen!« Danach sind wir uns nähergekommen, haben ein paar Sachen zusammen gemacht, und Andy hat Lucilectric koproduziert. Er trat einfach in unseren Horizont. Und der ist weiter geworden.

»Solo« ist inzwischen Geschichte. »Rückenwind« wurde im Radio rauf und runter gespielt, ein Hit. Aber ich kenne niemanden, der das ganze Album mag. Jeder findet ein paar Stücke supergeil, andere nicht so toll, wieder andere unhörbar. »Solo« ist ein Album, auf dem jeder sein Stück findet. Den Song, wo er sagt: Das hat er nur für mich geschrieben. Meinerseits ist das Kapitel abgeschlossen. Ich bin wieder auf der Reise.

Michi: **Weltweit**

Nach der »Live-&-Direkt«-Tour kam ich endlich dazu, mich um das Tagesgeschäft unseres Labels zu kümmern. Die Räume in der Mörikestraße waren im Frühjahr '97 fertig geworden. Zum ersten Mal nach der Lehre stand mir ein Büro mit Schreibtisch und Durchwahl zur Verfügung! Bislang hatte ich immer in den Tag hinein gepennt, jetzt bemühte ich mich zumindest um eine Art Arbeitsrhythmus: Demo-Kassetten abhören, mit Musikern quatschen, an Meetings teilnehmen, überall mal reinschnuppern.

Mir wurde schnell klar, daß ich erst mal lernen mußte, wie das Geschäft einer Plattenfirma überhaupt funktionierte. Ich wirkte daher wie ein künstlerischer Präsident ohne direkten

Arbeitsbereich. Mit der Entscheidung, die *Lemonbabies* unter Vertrag zu nehmen, hatte ich zum Beispiel nur ganz am Rande zu tun. Ich wäre sicherlich nicht auf die Idee gekommen, das musikalische Spektrum von Four Music um eine Gitarren-Popband zu erweitern. Doch die grundsätzliche Linie stimmte. Wir wollten von Anfang an keine Deutsch-Rap-Monokultur. Beim *Freundeskreis* dagegen habe ich eine Mittlerrolle zwischen Band und Marketing übernommen. Ihr Album »Quadratur des Kreises« war fertig. Nun ging es darum, nach den ersten überaus positiven Resonanzen für den Song »A. N. N. A.« eine Single-Entscheidung zu fällen. Die Band favorisierte »Baby, wenn ich down bin«, und plötzlich hörte ich mich über die Zusammenhänge von Charts, Budgets und künstlerischen Möglichkeiten reden. Wir einigten uns schließlich auf den vorgezeichneten Erfolgsweg und hatten – durch Überzeugungsarbeit und sanften Druck – die erste goldene Schallplatte des Four-Labels auf die Schiene gebracht! Es war eine interessante Erfahrung, mal auf der anderen Seite des Schreibtisches zu sitzen. Noch schöner war allerdings die ständige Veränderung: Vormittags ein paar Stunden ins Büro, nachmittags ins Studio. Schließlich hatte ich angekündigt, meine eigene Platte zu veröffentlichen.

Ich betrachte es als kleine Ironie der Pop-Geschichte, daß ich ausgerechnet jene Ära in einer Band verbrachte, in der die DJs zu eigenständigen Popstars, Hexenmeistern und Göttern der Nacht wurden. Mit »Vier Gewinnt« hatte meine Plattenauflegerei eine andere Richtung genommen. Die *Fantastischen Vier* gerieten schlagartig zum Vollzeitjob: Samples suchen, Produzieren, Promotion, Konzerte, Repräsentieren – da blieben kaum Freiräume, um ein überregionales Netzwerk hinter dem Plattendeck aufzubauen. Während an jedem Wochenende Dutzende DJs ihre Plattenkoffer durch die Lande wuchteten, mußte ich mich auf unregelmäßige Sets im Großraum Stuttgart beschränken. Für HipHop gab es in den meisten Clubs ohnehin keinen Bedarf. Der Boom lebte mit House und Techno; ab '95 schwappten dann aus London die ersten Vorläufer von Drum'n'Bass herüber. Doch kaum jemand ging an einem Samstagabend in der Großstadt aus, um zu HipHop zu tanzen. Wobei Stuttgart mit seiner Funk- und Soul-Tradition immer schon ein wenig anders funktionierte als anderswo. Hier blieb Techno relativ folgenlos. Es existierte zwar, wie überall, eine Rave-Gemeinde, doch eine nennenswerte Produktionskultur entwickelte sich nicht. Das rauschte so durch, lief als Mainstream-Müll im Radio und hat sicherlich die Mode beeinflußt. Labels oder große Karrieren wurden hier im Gegensatz zu Berlin oder Frankfurt nicht gestartet. Die *Fantastischen Vier* lebten für diese Szene ohnehin auf einem anderen Planeten.

Wenn es einen Austausch mit dem Dancefloor-Lager gab, dann auf privater Ebene. Auf irgendeiner Preisverleihung nach »Lauschgift« hatten wir Marusha kennengelernt, die sich als großer Fan von »Krieger« vorstellte und den Song sogar bei »Mayday« aufgelegt hat. Wir waren wirklich erstaunt. Einzelfall oder Vorbote einer neuen Offenheit? Denn normalerweise beschränkten sich die Begegnungen auf die gemeinsame Party – musikalisch hatte man sich nicht allzuviel zu sagen.

Die Vorzeichen änderten sich erst, als wir Anfang '96 im »Red Dog« einen festen HipHop-Tag etablierten, der eine völlig unerwartete Resonanz auslöste. Offenbar war eine neue Generation nachgewachsen, für die HipHop im Club wieder funktionierte. Parallel dazu begannen sich auch Club-Booker aus anderen Städten für uns zu interessieren, und seitdem bin ich mit Thomilla an vielen Wochenenden DJ-mäßig zwischen Zürich und Kiel unterwegs.

Ich bewegte mich jetzt in einer ganz anderen Welt. Denn kaum jemand kam in den Club, um den Michi Beck aus den Charts zu sehen. Thomilla und ich waren anfangs superaufgeregt, ob unsere Mischung ankommt. In Stuttgart funktionierte das Wechselspiel zwischen härteren HipHop-Nummern und souligen R'n'B-Stücken aus alter Tradition. Doch was erwarten die Leute in Trier von einer HipHop-Party? Es war nicht einfach, das herauszufinden. Aber wenn man einen Laden im Griff hat und die Tanzfläche brummt, dann ist das mindestens ein so tolles Gefühl, wie mit der Band auf der Bühne zu stehen.

Der Sound der *Fantastischen Vier* hatte sich mit den Jahren als Mischung unterschiedlicher Charaktere und Geschmäcker entwickelt. Das konnte nur über Rücksicht, Freiräume und manche Streitereien funktionieren. Thomilla und ich lernten uns als DJs kennen, und unsere Vorstellungen in puncto Hip-Hop waren nahezu identisch. Wir sammelten in den Clubs gemeinsame Erfahrungen, aus denen das Gefühl für eine ganz bestimmte Balance zwischen härteren und souligen Stücken entstand. Das war die erklärte Basis unserer Platte. Wir wollten die erstaunliche Renaissance des HipHop als Club-Musik im Studio festhalten.

Direkt zu Beginn verständigten wir uns auf einen Ansatz mit internationalen Gästen, woraus sich später der Albumtitel »Weltweit« ergab. Bei allen Anfragen war es mir von Anfang an wichtig, nicht bloß per Scheckbuch große Namen zu engagieren, was ohnehin den Budgetrahmen gesprengt hätte. Ich wollte mir einfach den sentimentalen Gedanken an eine universale Musiksprache erhalten. Wyclef von den *Fugees* lernte ich auf der Sony-Party bei der Popkomm '97 kennen. Da er bei der gleichen Plattenfirma ist, liefen die Vorabkontakte relativ problemlos, und ich spielte ihm von Mensch zu Mensch meine Beats vor. Er meinte nur: »Cool, wann geht's los?« Wir gingen sofort in Köln ins Studio und nahmen einige Strophen auf. Eine zweite Session fand in Amsterdam statt. Am Ende war Wyclef so sehr in seinem Element, daß er das spätere »Foundation« sogar mitproduzieren wollte.

Unser Faible für Rhythm'n'Blues brachte uns ins »D&D«-Studio nach New York, wo wir mit der Soul-Sängerin Yvette Michele den Gesangspart für den Song »Für immer« aufnehmen wollten. Eine Tür weiter bastelten *Gang Starr* an ihrem neuen Album, und plötzlich wurde mir bewußt, wie sehr ich noch Fan geblieben war. Ich kam mir vor wie im HipHop-Himmel, obwohl außer einigen aufmunternden Gesten ihrer Begleitcrew nichts weiter passierte. Zu Hause trafen wir Scorpio und Melle Mel auf einer Party der weltumspannenden Zulu Nation in Münster. Sie besuchten uns in Stuttgart und hingen dort gemeinsam mit uns im Studio einige Tage herum. Melle und Smudo philosophierten dabei über die Langzeitwirkung des Kiffens. Sie erkannten sich als Haschbrüder im Geiste. Ihre Erkenntnis: Ab Ende Zwanzig schlägt die Sache aufs Gemüt! Als sie wieder abfuhren, waren meine Gesangsaufnahmen für den Titelsong im Kasten:

Mein erster Scratch war von Melle Mel und Scorpio
The Message war's, meine erste LP und mein Kick in den Arsch
Denn seit damals dreh ich schwarzes Vinyl hin und her
auf mei'm Plattenteller seit 15 Jahren und mehr
Kickin'it live, Michi Beck kommt korrekt check den Track
Mit den Zwei von Furious Five jetzt schließt sich der Kreis
Nach kurzer Zeit bringen wir den Beweis – der Scheiß ist heiß – weltweit.

Die Texte waren für mich eine Standortbestimmung. Ich fühlte mich weder als Hobbypsychologe noch als Mann für politische Botschaften. Mir ging es bislang zu gut, um abgrundtief existentialistische Reime zu schreiben wie Mobb Deep. Ich wollte ein ehrliches und reales Bild meiner Welt zeichnen. Und darin kommen Abstürze auf Parties genauso vor wie verletzte Gefühle oder mein langes, inniges Verhältnis zu HipHop. Selbst diese Sentimentalität, die in »Für immer« als Ode an die Freundschaft durchscheint, ist Teil von mir.

Nach dem Videodreh für »Mädchen Nr. 1« in Tel Aviv gab es auch außerhalb des Four-Büros große Erwartungen. Alle sprachen vom Superhit, und ich glaubte plötzlich selber daran. Doch die Single stieg auf Platz 51 in die Charts ein und blieb in den Vierzigern hängen. Auch das Album verkaufte sich nicht gerade atemberaubend. Nach der ersten Enttäuschung dachte ich an die ursprüngliche Idee: Wir wollten ein Club-Album machen, und solche Platten sind nur selten in Mainstream-Maßstäben zu messen. Die Konzerte jedenfalls liefen immer cool, wobei wir uns natürlich keine große Revue mit allen internationalen Rappern leisten konnten. Dafür kam die Unterstützung von den heimischen Gästen wie MC Rene, Max Herre, Afrob oder Smudo umso besser. Mit der dritten Single wurde uns noch mal ein sicherer Hit prophezeit, aber auch »Für immer« blieb in den Niederungen der Hitlisten hängen. Bei allen Leuten jedoch, deren Meinung mir wirklich etwas bedeutet, gingen für unser Album die Daumen hoch. Damit war ich ziemlich zufrieden.

Thomas: **Die Sache mit Jenny**

Ich ging ziemlich naiv an die Sache ran: Solo-Platte fertigstellen, Wohnung auflösen, ins Wohnmobil ziehen, ein bißchen Promotion machen und dann mindestens drei, vier Monate wie ein Tramp durch die Lande ziehen. Ich wollte nach Skandinavien hoch, dort ohne jeden Termindruck herumgondeln. Nach meiner Rückkehr würde ich dann im Kölner Umland mit einigen Kumpels einen Bauernhof anmieten. Schöne Pläne.

Ab Oktober '97 lebte ich wirklich auf ein paar Quadratmetern in meinem »Hymer«-Caravan, Baujahr 1981. Ich hatte mir vorher Gedanken über die ersten Nächte auf irgendwelchen Rastplätzen gemacht. Ob da möglicherweise Horrorfilmstimmung aufkommt und im Traum steigen Kettensägenmenschen durch die Tür? Unnötige Sorgen, ich habe immer wunderbar geschlafen. Auf der Autobahn ging es gruseliger zu: Obwohl ich selten schneller als 90 km/h fahren konnte, hatte ich oft fünfzehn Minuten lang dasselbe Auto im Rückspiegel.

Zuerst dachte ich an Zivilstreife, doch es waren einfach abgedrehte Leute, die ohne jeden erkennbaren Grund hinter mir her fuhren. Andere versuchten mich an der nächsten Ausfahrt für ein Autogramm herauszuwinken. Das war manchmal lästig, doch selbst bei offensichtlichen Irren wurde die Atmosphäre nie bedrohlich. Die meisten wollten einfach nur reden. Als ich in Köln zwei Tage vor dem Viva-Gebäude stand, kam gegen Abend plötzlich ein Mario herein und erzählte anderthalb Stunden völlig wirre Geschichten. Oft kam ich mir vor wie ein rollender Seelenklempner.

Die Interviews rund um die Album-Veröffentlichung fanden natürlich in meiner Wohnküche an Bord statt, was die meisten Journalisten für einen Promotiongag hielten. Anfangs konnte sich niemand vorstellen, daß ich das wirklich ein Jahr lang durchziehen wollte. Nachdem es dann medienmäßig bekannt war und die Auskopplung »Solo« im Duett mit Nina Hagen noch besser lief als »Rückenwind«, wurde mein Wohnmobildasein als schrilles Thema entdeckt. Ich wurde in alle möglichen Talk- und Gameshows eingeladen, was aus ganz praktischen Erwägungen sehr angenehm war: Immer wenn es einen Fernsehauftritt gab, brauchte ich mir an diesem Tag keine Parkplatzsorgen wegen meines Neun-Meter-Monstrums zu machen. Ich parkte einfach auf dem Produktionsgelände. Klingt banal, aber neben geplatzten Reifen, Löchern im Dach und leeren Wassertanks bestimmten endlose Kurvereien durch Anwohnerzonen und Einbahnstraßen meinen Wohnmobilalltag.

Ich kam nicht dazu, wirklich auszubrechen. Ich entwickelte, ganz im Gegenteil, ein Faible für alle möglichen Nebenjobs. Die Angebote trudelten über Four Music ein. Für Pro 7 spielte ich den musikalischen Conférencier in der Talentshow »Number One«, bei MTV habe ich eine Woche lang die Moderation der Nachmittagsshow »Select« übernommen. Deutsche TV-Studios ersetzten die nordische Einsamkeit.

Als Reinhold Heil den Soundtrack für »Lola rennt« zusammenstellte, schwebte ihm als mögliche Auskopplung fürs Radio ein gerapptes Duett mit Hauptdarstellerin Franka Potente vor. Er bot mir den männlichen Part an. Nachdem ich mir die Vorabversion des Filmes angeschaut hatte, sagte ich zu. Mittlerweile war sowieso klar, daß ich 1998 keine Ruhe mehr finden sollte. Die Produktionsstrecke für das neue Fanta-4-Album stand bereits dick und fett auf allen Kalendern. Fast hätte mich eine schwere Erkältung noch vom »Lola rennt«-Projekt abgehalten, doch meine Reime wurden rechtzeitig zum Studiotermin in Berlin fertig. Regisseur Tom Tykwer und Franka schauten kurz vorbei, als ich meine Raps über die fast fertige Nummer namens »Wish« setzte. Beide freuten sich, mal »Hallo« gesagt zu haben. Alles blieb nett, freundlich und für meinen Geschmack eine Spur zu normal. Vielleicht hatte ich auch nur zu glamouröse Vorstellungen von der Filmwelt. Erst einige Monate später im Berliner »Oxymoron« kam ich auf meine Kosten, als ich zur Gold-Verleihung für »Wish«, aufgedonnert im Abendkleid (sic!), sentimentale Dankesworte für eine völlig unsentimentale Plattenproduktion sprach.

Dabei hatte ich in diesem Jahr eigentlich genug Rummel erlebt. Mitte Mai lernte ich Jenny Elvers bei den TV-Aufzeichnungen für »Perfect Day« in Amsterdam kennen. Da ich keine *yellow press* lese und kaum Prominentenklatsch mitbekomme, wußte ich nicht allzuviel über sie. Ich erinnerte mich nur an ein Titelbild von »TV Spielfilm«, auf dem Heiner Lauterbach einer halbnackten, blonden Frau die Brüste festhielt. Ziemlich daneben. »Mein Gott, wie gehen die denn ab«, dachte ich damals. Dann stand sie auf der Party nach der Show auf einmal neben mir. Wir haben einfach drauflosgeredet, ein wenig geflirtet und schließlich Telefonnummern ausgetauscht. In den nächsten Wochen sprachen wir öfter miteinander und verabredeten diverse Wiedersehen, die jedoch nie zustande kamen. Als wir uns schließlich in Stuttgart trafen, entwickelte sich eine kleine Affäre. Eher aus Spaß überlegten wir uns mögliche Antworten, falls irgendwann die Gerüchteküche losbrodeln sollte. Die Botschaft lautete: Wir machen nicht auf heimlich, sondern hauen voll auf den Putz. Wir heiraten! Es war eine Schnapsidee, aber ich wäre wahnsinnig genug gewesen, sie durchzuziehen. Vielleicht nicht ein Leben lang. Doch ich hätte es gemacht.

Bei der *Modern Talking*-Party Anfang Juni gerieten wir dann in die Fänge der »BILD«-Zeitung. Ein Fotograf schoß Bilder von Jenny und mir auf dem Weg zum Taxi. »Lauterbach: Seine Jenny verläßt ihn«, lautete die Schlagzeile. Unser Notplan kam damit früher als erwartet zum Einsatz, schon am nächsten Tag hieß es: »Jenny Elvers: Blitz-Hochzeit mit dem Neuen«. Danach entwickelte die »romantische Rapperliebe« ein völlig abgedrehtes Eigenleben. »Express« und »BZ« hielten sich an Heiner Lauterbach und spekulierten über eine Affäre mit seiner Filmpartnerin Lara Körner. Bei Four mußten derweilen wildgewordene Klatsch-Reporter im Dutzend abgefertigt werden. Lustigerweise konnte ich zusammen mit Smudo völlig unbehelligt ein Gastspiel beim Bootsy Collins-Konzert im Kölner E-Werk geben, bevor mich zwölf Stunden später ein forscher Reporter von Radio FFH auf dem Mobiltelefon überrumpelte. »Kein Kommentar« wäre die einzig richtige Antwort gewesen. Doch ich hatte Spaß an diesem aufgeblasenen Medienzauber gefunden und redete drauflos. »Was mit Jenny und mir passiert, hat nichts mit Heiner zu tun. Es ist nur Liebe!« wurde ich daraufhin in ganz Deutschland zitiert.

Am 10. Juni war nicht nur das Eröffnungsspiel der Fußball-WM in Frankreich, sondern auch das 10jährige Bühnenjubiläum des *Terminal Team*. Wir organisierten zu diesem Anlaß eine große Party im Stuttgarter »Zapata«-Club, um noch einmal die alten Gassenhauer zu rappen. Jenny war auch da, und vorsichtshalber herrschte strenges Film- und Fotografier-Verbot. Schließlich sollte es ein nettes Familienfest werden. Zwischen mir und Jenny schien alles cool, auch wenn ich an diesem Abend ziemlich eingespannt war und mich kaum um sie kümmern konnte. Unser Hochzeitspakt stand, und ich war fest entschlossen, ihn durchzuziehen. Die Sache lief vollends aus dem Ruder, als mir Heiner Lauterbach aus seinem Südtiroler Drehort per »Focus«-Interview Prügel androhte. Sein Spruch: »Wenn du nicht die Finger von ihr läßt, dann seid ihr bald nur noch die Fantastischen Drei«.

Mittlerweile beteiligte sich die gesamte Presselandschaft an unseren Verlautbarungen. Ich mußte einige Tage nach Lissabon, und als ich zurückkehrte, war der Fall mit einem Schlag erledigt. Ein »Bunte«-Quälgeist erzählte mir brühwarm, Jenny sei zu Heiner nach Südtirol gereist. Eine Woche später verkündete sie ausgerechnet in der »Harald Schmidt Show« ihre Rückkehr in Lauterbachs neues Haus am Starnberger See. Noch einmal rauschte der Blätterwald. Bislang hatten wir uns immer abgesprochen. Nun herrschte Funkstille. Ihre Abfuhr über die Medien wirkte wie ein Tritt in die Eier. Natürlich ging alles ein bißchen schnell und hektisch. Bei unserem letzten Gespräch hatte ich die Heiratsgeschichte ein wenig runtergefahren und vorgeschlagen, die Sache lockerer anzugehen. Doch ich hätte nie erwartet, daß unsere Beziehung auf diese Weise enden würde. Das hatte gesessen!

Trotzdem war ich der König, auch wenn die Dame mehr Züge gemacht hatte. Ich fühlte mich o.k. und hatte in jeder Hinsicht meinen Spaß. Ich mußte sie also nicht heiraten! Ich habe das sofort optimiert, kam im Endeffekt als der sympathische Verlierer rüber. Mein kleines Hollywood am Rande.

Smudo: In die Zukunft

Köln, 1. Dezember 1998. »Pop, Pop, Populär« schallt es hundertfach. Ein wogendes Meer aus hüpfenden Körpern tobt durch die Halle. Alle paar Meter taucht ein *stage diver* auf und läßt sich von unzähligen hochgereckten Armen Richtung Bühne tragen. Einen Augenblick lang fühle ich mich an unsere Auftritte mit den *Megalomaniax* erinnert. Damals waren es vielleicht ein paar hundert Fans; heute sind gut 3000 zur Aids-Benefiz-Show »Beats For Life« ins »Palladium« gekommen. »Wenn sie mich fragen, weswegen, dann fällt mir das Überlegen nicht schwer – denn sie sind gut und deshalb populär...« rappe ich zur ungewohnt brachialen Begleitung. Die Kollegen von *Such A Surge* aus Braunschweig legen sich mächtig ins Zeug. Vor uns im Absperrgraben pflücken behandschuhte Ordner routiniert die einschwebenden Kids aus der Luft. Unser HipHop-Metal-Crossover (das als Remix-Version für die »Populär«-Maxi entstanden war) wirkt wie eine kleine, heftige Lockerungsübung auf dem Weg zurück zu den *Fantastischen Vier*. Der lange geplante Betriebsausflug mit dem Four-Label nach Köln steht unter einem besonderen Zeichen: Neben *Such A Surge* sind am heutigen Abend *Mellowbag*, *Blumentopf*, Hausmarke, Thomas D. & Band und *Fettes Brot* dabei. Abschied vom Solo-Dasein. Zum vorerst letzten Mal treten Michi, Thomas und ich in verschiedenen Projekten auf. Bei Andy im Studio warten bereits sieben fertige Songs auf den finalen Mix.

Auf der Empore oberhalb der Bühne herrscht Familienstimmung. Bandmitglieder plus Anhang stehen locker mit den üblichen VIP-Paßträgern zusammen. Viva II überträgt live, immer wieder schwenkt ein Kamerakran durch die Stehparty. Die Garderoben liegen gleich nebenan. Wer nicht auftreten muß, schnappt sich eine Catering-Bierflasche und schaut sich von hier aus die Kollegen an.

Soeben hat Thomilla die Plattenspieler übernommen. Afrob steht am Mikro, und mit ausholenden Schritten stürmt Michi Beck die Bühne. Für mich ist es immer wieder faszinierend, ihn als Frontmann zu sehen. Der DJ wird zum Rapper. Er hat sich sogar eine spezielle Gestik zugelegt, die ein bißchen ekkig wirkt, aber sehr energievoll. Auch im Live-Set zeigen seine »Weltweit«-Songs, wie sehr er doch HipHop-Traditionalist geblieben ist. Die R'n'B-Wurzeln scheinen immer wieder durch, und das Publikum nimmt diese Stilvielfalt bereitwillig auf. Michis soulige Nummern werden genauso gefeiert wie eben noch die hart rockenden Gitarren von *Such A Surge*. Auch bei Hausmarke lege ich ein kurzes Gastspiel ein. Unterstützt von den *Spezializtz* aus Berlin rappen wir den Titelsong »Weltweit«. Oben auf der Empore warten mittlerweile gestandene Musiker – in Nadelstreifenanzügen! – auf ihren Einsatz. Thomas wagt ein Experiment und führt seine »Solo«-Projekte mit einer achtköpfigen Begleitband auf: »Rückenwind« als Revuenummer mit Bläsersektion. Ralf Goldkind greift zur Posaune und *Lucilectric's* Luci von Org vertritt Nina Hagen bei »Solo«. Thomas, barfuß und im glitzernden Westernhemd, geht hart an die Toleranzgrenze des Szenepublikums. Als wollte er sagen: Ich bin anders und passe nicht in eure Schubladen! Mit seinen getragenen Chansons erntet er sogar vereinzelt Pfiffe. Auf halber Strecke siegt aber seine unwiderstehliche Bühnenpräsenz, und zum Ende mit »Frisör« hagelt es sogar Zugabe-Rufe. Sein Ausflug an den äußersten Rand des HipHop-Spektrums ist beendet.

Es hat Jahre gedauert, bis Rap aus heimischer Produktion auch außerhalb der eingeschworenen B-Boy-Zirkel akzeptiert wurde. Nun gehört »Deutsch-Rap« zur Jugendkultur wie Piercing oder Snowboarden. Auf Konzerten herrscht hüpfende Begeisterung. In den Charts tummelt sich völlig selbstverständlich die dritte Generation von Mainstream-Rappern wie Der Wolf, *Basis* oder *Spektacoolär*. Keine Ausverkaufsdebatten mehr, keine Kulturkämpfe, alles ist möglich. Selbst im amerikanischen Branchenblatt »Billboard« kann man es heute nachlesen: Deutscher HipHop ist zur wichtigen kommerziellen Säule der hiesigen Pop-Branche geworden.

Der heutige Abend hat gezeigt, in welche verschiedenen Richtungen wir vier uns mittlerweile entwickelt haben. Dieses stilistische Auseinanderdriften mußte für die Produktion des neuen Albums zusammengeführt werden – was erstaunlich gut funktionierte. Wir sind mittlerweile im Umgang mit Vielfalt trainiert und haben auch die Kraft, alles wieder zusammenzubringen.

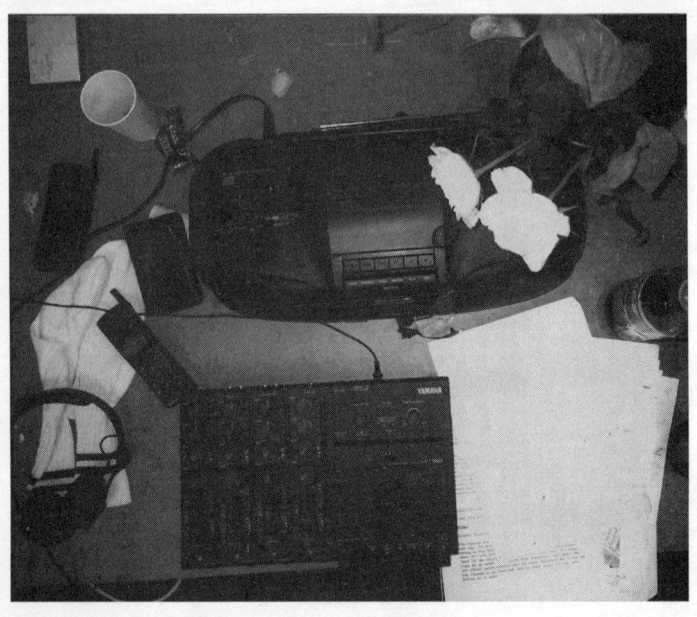

Textwerkstatt – Ghettoblaster und Reimentwürfe

Denn wir hatten uns im Vorfeld überlegt, die Songs wie früher gemeinsam zu schreiben. Seit den ersten Sample-Sessions im Mai waren wir immer wieder mit den Instrumentals auf Kassette ausgeschwärmt und zurückgekehrt. Zwischen Hamburg, Stuttgart und ungezählten Solo-Engagements entstanden die ersten Texte. Jeder war aufgerufen, einzelne Strophen beizusteuern. Zum gemeinsamen Texten zogen wir uns in die karge »Künstlerwohnung« in der Immenhoferstraße zurück, die Four für solche Zwecke unterhält. Hier lümmelten wir uns gut gelaunt auf dem Boden herum und ließen das Tape mit der Sample-Endlosschlaufe laufen. Einen Refrain gab es bereits: »Der Hammer, der Hammer, der absolute Hammer« (»Hammer« übrigens englisch ausgesprochen). Nach ein paar Stunden kiffen, quatschen und herumalbern hatten wir die ersten Strophen zusammen. Es dauerte mehrere solcher Abende, bis der komplette Text stand. Auf diese Weise wuchsen die ersten Songs für unser fünftes Studioalbum zusammen.

Anders als früher stand uns jetzt ein eigenes Studio im Keller der Mörikestraße zur Verfügung. Wir konnten erstmals Gesangsaufnahmen zu halbfertigen Arrangements vornehmen und uns schon einen Gesamteindruck von den eigenen Songs verschaffen. Auf diese Weise wurde manches vorschnelle Urteil noch mal geändert. Michi wollte die Instrumentalversion mit dem Hildegard-Knef-Sample »Die Stadt, die es nicht gibt« bereits aussortieren. Er hatte sie zu oft gehört. Als der Rap dazu existierte, war auch er wieder davon überzeugt, und das Stück gehörte zum festen Programm des Albums.

In der späteren Produktion tauchte ein Problem mit den gemeinsam getexteten Stücken auf: Niemand fühlte sich so richtig für den letzten Schliff verantwortlich. Es gab zwar massenweise Ideen, doch wer sollte das letzte Wort haben? Also ausprobieren, wieder verwerfen und noch mal von vorne. Letztlich waren alle mit den Ergebnissen zufrieden, doch der Prozeß war ziemlich anstrengend. Wir entschlossen uns also, die noch ausstehenden Songs wie bei »Lauschgift« in die Hände des jeweiligen Rappers zu legen. Bei »Millionen Legionen« etwa führte Thomas seine Gedanken aus »Krieger« fort. Schon während der Textarbeit entstand ein musikalisches Bild in seinem Kopf, das er auch im Studio von vorne bis hinten verwirklichen konnte.

Insgesamt gesehen war diese Situation der völligen Selbständigkeit für uns sehr angenehm. Wir haben Stilgrenzen übersprungen, sind von eigenen Projekten zurückgekehrt und niemand fragte mehr nach unserer HipHop-Legitimation. Trotzdem hat diese künstlerische Freiheit die Arbeit am neuen Album nicht unbedingt erleichtert. Alles war möglich, es gab keine Feindbilder mehr. Manchmal mußte ich darüber nachdenken, daß man als Band nicht zu glücklich sein darf: Zufriedenheit – der größte Feind des Künstlers? Daraus entwickelte sich ein Songtext mit dem Arbeitstitel »Alles schon gesehen«, der nur aus Fragen bestehen sollte.

Die Produktion des Albums war von kürzeren und längeren Unterbrechungen gekennzeichnet. Michi war Ende August '98 beim Videodreh für seine dritte Single-Auskopplung »Für immer« in Los Angeles. Er nutzte die Gelegenheit, um mit Fitz Braum im Labelbüro von Delicious Vinyl vorbeizuschauen. Als alter Fan hatte er ein Auge auf *The Pharcyde* geworfen, mit denen er gerne den ersten amerikanischen Lizenzdeal für »Four Music« abgeschlossen hätte.

Sie hatten sich nichts Besonderes ausgerechnet, denn EMI war ebenfalls mit im Rennen. Und zum großen Geldpoker fehlten uns die Budgets. Also saß Michi dort herum und erzählte, was wir in Deutschland so trieben, wie wir die Lage einschätzten, wie viele Platten wir verkauften. Er hat einfach geplaudert; im Grunde einen auf extrem cool gemacht. Zum Abschluß des Gesprächs erkundigte er sich nach einem Zusammenschnitt aller *Pharcyde*-Videos, die er immer schon mal haben wollte. Fast schon etwas unhöflich, vergaß er darauf völlig, sich noch einmal bei Delicious Vinyl zu melden. Auch Fitz Braum beendete seine Gespräche mit Labelboß Rick Ross ohne fixiertes Ergebnis. Als sie eine Woche später wieder in Stuttgart eintrafen, war die Überraschung perfekt: Das kopierte Video lag auf dem Tisch. Außerdem hing aus dem Fax eine lange Fahne mit dem fertig unterschriebenen Vertragsentwurf. Offensichtlich muß man in den USA extrem uninteressiert tun, um mit den Amis Geschäfte machen zu können.

Kommen und Gehen war längst zu unserem Produktionsprinzip geworden. Nicht nur durch die Solo-Projekte, die sich viel länger als erwartet hinzogen, betrieben wir es diesmal besonders exzessiv. Außer Michis Videodreh in Los Angeles und Thomas' Medien-Affäre mit Jenny Elvers gab es genug Ablenkung. Michi und ich nahmen Anfang September an der großen HipHop-Jam in Schenefeld teil. Die ganze Band trat gemeinsam bei der Gala zum fünfzigsten Jubiläum des »Stern« in Hamburg auf. Zwei Tage später unterstützte ich Christoph Schlingensiefs kuriosen Wahlkampf-Zirkus »Chance 2000«. Außerdem trafen wir uns in Berlin zur »Gold«-Verleihung von Thomas' »Lola Rennt«-Single. Auf Michis ausdrücklichen Wunsch leisteten wir uns eine luxuriöse Übernachtung im schicken »Adlon«-Hotel. Als er mit seinen Kumpels am nächsten Nachmittag noch einen letzten Kaffee zum Tanztee nehmen wollte, gerieten sie prompt an einen mürrischen Herrn mittleren Alters, der sie unfreundlich anpampte. Natürlich schossen sie zurück, aber nach und nach stellte sich heraus, daß es der Hoteldirektor war, dem ihre Sportswear-Klamotten überhaupt nicht paßten. Er blieb eisern und wies ihnen die Tür. Wir hatten zwar in der vergangenen Nacht zehn Zimmer für Mitarbeiter und Medienpartner belegt, doch sein antiquierter Dresscode war ihm immer noch wichtiger als gut zahlende Gäste aus der HipHop-Szene!

Mein persönliches Highlight für 1998 war die Zusammenkunft mit der P-Funk-Legende Bootsy Collins, dem eine Art »Around the world«-Album mit vielen beteiligten Musikern vorschwebte. Ein ähnliches Prinzip wie bei der »Solo«-Platte von Thomas, nur international. Den Etat für dieses Projekt hatte A&R-Manager Markus Bruhns bei WEA bereitgestellt, den wir noch aus seiner Zeit bei Sony kannten. Er fragte Thomas und mich, ob wir zur Produktion in Hamburg – sozusagen als deutschen Beitrag – einen Song beisteuern wollten. Wir bei Bootsy Collins? Eine kleine Sensation!

Ich durfte mir also von der Demokassette meinen Lieblingsbeat auswählen, der vom Hamburger Studiocrack Andreas »Boogie-Man« Herbig aufnahmereif gemixt wurde. Thomas und ich schrieben dazu einige schmissige Reime. Kurz darauf standen wir beeindruckt und gerührt im Studio: Bootsy, gut zwei Köpfe größer als ich, begrüßte uns freundlich und zurückhaltend. Dafür übernahm seine winzige Ehefrau das Kommando. Sie setzte ein showmäßiges »Oh it's so good to see you«-Grinsen auf und scheuchte nebenbei alle herum. Der Glanz der großen Begegnung war damit erst mal verflogen, und wir spielten im Aufnahmeraum rasch unsere Raps ein. Bootsy saß auf dem Sofa des Regieraums und wippte höflich im Rhythmus. Dann war Mittag. Die gesamte Studiobesatzung kam zusammen; nur der Meister blieb weg. Der kleine Drache hatte verkündet: »Mr. Collins would like to eat by himself!«

Nach dem Essen hockte Bootsy mit uns beiden im leeren Regieraum des Studios. Eine peinliche Situation. Er schwieg betreten, wir saßen da voller Bewunderung. Zum Glück fingerte Thomas an dieser saublöden Mandoline herum, die er sich in einem Anfall von Musikersein völlig überteuert auf einem Flohmarkt gekauft hatte. Im Nu war das Eis gebrochen – von Zupfinstrumenten versteht Mr. Collins einiges. Er schnappte sich das Ding, funkte grandios ab und gab Thomas gleich eine kleine Unterrichtsstunde. Entsprechend locker verliefen die weiteren Aufnahmen. Tonmeister Andreas wunderte sich, wieviel Spaß der Gast aus Ohio beim Nachsprechen unserer Textpassagen hatte.

Im Juni waren wir Gäste bei einigen Konzerten, auf denen Bootsy uns frenetisch feierte. Während Thomas und ich auf der Bühne des Kölner »E-Werks« in seinen Armen lagen, klingelte bei »Four Music« unentwegt das Telefon. Die versammelte Boulevardpresse brauchte Nachschub im Fall Jenny Elvers. Uns war's egal – wir schwelgten im Funkrausch.

Ende Oktober wurde es richtig ernst. Wir zogen uns für die Gesangsaufnahmen zu unserem eigenen Album in »Conny's Studio« in die Abgeschiedenheit des Bergischen Lands zurück. Ein echter Luxus, immerhin hatten wir unser eigenes Studio gerade erst in Betrieb genommen. Doch daheim in Stuttgart hätten wir nicht die nötige Ruhe und Konzentration gefunden. Irgendwas gab es immer zu klären, wir ließen uns nur allzu gerne ablenken. In Wolperath hieß die Devise: Lange pennen, gut essen und die ganze Nacht im Aufnahmeraum verbringen. Unser bisheriges Lieblingsstück hieß »MFG« und bestand nur aus sechzehn Takten Buchstabenaneinanderreihungen: »IBM, WWW und FSK, RAF, LSD und FKK, DVU, AKW und KKK, RHP, USW, LMAA«. Es entstand in einem Rutsch. Genauer gesagt auf einer Wohnmobilfahrt von Berlin nach Köln. Thomas, Michi, Nils Bokelberg und ich starteten mit Mineralwasser und dem neuen Album von *A Tribe Called Quest*. Wir erreichten unser Ziel nach zehn Stunden mit einer Mischung aus Kaffee, Bier, Hasch und Amphetaminen. Völlig übermüdet, donnerten Michi und ich den kafkaesken Text in einer Stunde hin. Das war schön – wie in der guten, alten Zeit.

Außer dem obligatorischen Toningenieuer war noch Ralf Goldkind mit von der Partie, der schon »Rückenwind« mit seinem Posaunen-Part den entscheidenden Kick gegeben hatte. Die Sample- und Rhythmusspuren hatten wir mitgebracht, dazu die fertigen Texte. Mit Ralfs Unterstützung, der den ganzen Tag in seinem Soundlaboratorium herumbastelte, gelang es uns, aus den Sound- und Text-Puzzles eine musikalische Dramaturgie zu entwickeln. Er konnte uns auf Stichwort jeden beliebigen Melodieschnipsel vorspielen. Ein wandelndes Musikarchiv. Gelegentlich gab er sogar einem fast fertigen Stück noch eine unerwartete Dimension: »Hammer« war so ein Fall. Ursprünglich ein puristisches HipHop-Stück, machte Ralfs Gitarre daraus eine hingeworfene Stilkombination à la Beck. Das Ergebnis von zehn Nachtsessions in Wolperath waren immerhin vier fertige Songs!

Mitte November mußten wir in unserem Zeitplan die Notbremse ziehen und den Veröffentlichungstermin um einen Monat verschieben. Bär hatte sich für das neue Album einen Countdown ausgedacht, der uns die verbleibenden Tage bis zum Veröffentlichungstag über Fax- und E-Mail-Verteiler in mehreren Wellen ankündigen sollte. Wir hatten aber noch keine Single, und die Vorstellung, mit einem bereits angeschmissenen Marketing-Apparat im Nacken produzieren zu müssen, drohte uns zu blockieren. Also verschafften wir uns etwas Luft. Bär hatte eine riesige Erwartungshaltung an die neue Platte aufgebaut: Wie ein Wahlkampfmanager sprach er von »Platin plus x« für die Albumverkäufe. Dabei hatten wir noch nicht mal eine Vorstellung, wie eine aktuelle Hitsingle aussehen könnte. Früher besaßen wir bei HipHop mit deutschen Texten eine Art Chartmonopol, doch diese Zeiten sind lange vorbei. Bei cleverem Hit-Kalkül hätten wir auf Love-Rap setzen müssen. Doch wir hatten keine Lust, über Schlafzimmer-Funk aus den Achtzigern zu rappen. Außerdem wollten wir nichts versuchen, was andere sowieso besser können.

Weiterentwicklung als Überlebensprinzip, was anderes blieb uns gar nicht übrig. Die nachfolgende Generation saß uns längst im Nacken. Hamburg, Frankfurt oder Kaiserslautern – die Entwürfe kamen aus allen Ecken. Kommerziell oder künstlerisch – wir mußten unseren eigenen, mittlerweile erwachsenen Weg gehen. HipHop über 30 – konnte das funktionieren? Wir wollten weiter, ohne das Erreichte zu verspielen. Mit einem frischen und fetten Sound, ohne uns in avantgardistischem Schnickschnack zu verzetteln.

Wir probieren es aus. Das ist die Herausforderung.

Glossar

B-Boy: Engagierter männlicher HipHop-Fan. Das »B« stammt ursprünglich von Break und deutet darauf hin, daß die frühen New Yorker B-Boys die Parties der DJs und Rapper mit speziellen Tanzbewegungen (Breakdance) begleiteten. Beim Kulturtransfer nach Europa wurden vor allem die Kleidung (Baseballkappen, Sportanoraks, Markenturnschuhe ...) und eine strenge Haltung in Stil- und Musikfragen übernommen.

Dissen: Runtermachen, abqualifizieren. Kurzform von disrespect. Ein im HipHop sehr beliebter Wortsport, der auf den ursprünglichen Wettbewerbscharakter im Rap zurückgeht. Seit Beginn der Rap-Plattenproduktion entstanden Hunderte mehr oder weniger originelle Schmähverse gegen ungeliebte Kollegen.

Fulda Gap: Flache Gegend rings um die Stadt Fulda. In den NATO-Planspielen des kalten Krieges wurde durch diese »Lücke« im hessischen Bergland der Angriff des Warschauer Paktes auf die Bundesrepublik Deutschland vermutet. Der im Text erwähnte »Thüringer Balkon« bezeichnet ebenfalls ein (angenommenes) militärstrategisches Aufmarschgebiet.

Human Beatbox: Menschliche Rhythmusmaschine. Talentierte Vokalisten imitieren die normalerweise elektronisch erzeugten HipHop-Beats. Dieser immer wieder gerne gezeigte Bühnengag verlangt eine ausgeklügelte Atem- und Lippentechnik.

Independent-Label: Kleine oder mittelgroße Schallplattenfirma, die nicht zu einem großen Medienkonzern gehört. Wann immer es in der Popmusik eine neue Stilrichtung gab, die der Unterhaltungsindustrie zu wild, zu laut, zu radikal und damit nicht kommerziell genug erschien, übernahmen die »Unabhängigen« ihre Verbreitung. Die Geschichte des HipHop ist ein klassischer Fall für die Bedeutung der »Indies«: Die großen Konzerne waren anfangs zu arrogant und schwerfällig, um das Potential der Musik aus den schwarzen Vorstädten zu erkennen. Auch die New School bekam einige Jahre später nachhaltige Impulse durch die Talentarbeit von Indie-Firmen wie Sleeping Bag, Tommy Boy oder B-Boy-Records. Der Pioniergeist und das inhaltliche Engagement der Independents war oftmals mit einem löchrigen Vertriebsnetz und einer unzureichenden Kapitaldecke verbunden. Seit Ende der achtziger Jahre entstanden zunehmend Kooperationsmodelle mit der Industrie. Auch in Deutschland wurden die ersten HipHop-Maxis von *Rock Da Most* oder *L. S. D.* »independent« veröffentlicht.

Jam: Treffen der eingeweihten HipHop-Fans. Zumeist unter eigener Regie organisierte Veranstaltungen, in denen nach dem frühen New Yorker Vorbild Künstler und Publikum zur großen Party bzw. Leistungsshow zusammenkommen.

Linernotes: Texte auf Plattencovern oder in CD-Beiheften, die über die üblichen Informationen zu Titeln, Texten und Produktion hinausgehen. Insbesondere bei thematischen Musikzusammenstellungen (Compilations) finden sich oftmals Erläuterungen und geschichtliche Hintergründe zum jeweiligen Genre.

Major-Label: Große Schallplattenfirma. Im Laufe der Jahrzehnte entstanden durch zahlreiche Aufkäufe und Fusionen immer größere Unterhaltungskonzerne, zu denen die fünf noch verbleibenden »Industrie«-Plattenfirmen BMG Ariola, WEA, Sony, EMI und MCA/Polygram gehören. Die weltweit organisierten »Majors« decken über zahlreiche Markenzeichen und Sublabels die gesamte musikalische Bandbreite von Schlager bis Heavy Metal ab.

Nerd: Der schlechtgekleidete, unansehliche, unsportliche Brillen-Typ, wie es ihn in jeder (amerikanischen) Schulklasse mindestens einmal gibt. Statt für Mädchen oder Rock'n'Roll interessierte sich der klassische Nerd für langweiliges Zeug wie Mathe oder Physik. Mit dem Siegeszug der Computer machte er eine erstaunliche Karriere: Nerds wurden Hacker, Programmierer oder Internet-Pioniere. Der bekannteste (und reichste) Nerd ist Microsoft-Boß Bill Gates.

New School: Die zweite, massive HipHop-Welle, die bereits 1986 mit »Raising Hell« von *Run DMC* einen frühen Höhepunkt erreichte und 1987/88 in voller Breite losrollte. Die Beats wurden härter, die Texte radikaler, das Geschäft professioneller. Das DefJam-Label schickte mit den *Beastie Boys* erstmals eine weiße HipHop-Band ins Rennen. LL Cool J war Entertainer und Minimalist zugleich. Eric B. und Rakim revolutionierten das Zusammenspiel von Wort und Sound. New York bildete nach wie vor das Zentrum, doch auch an der Westcoast (Ice T) oder in Miami (*2 Live Crew*) entstanden eigenständige Zentren. HipHop war zum Sprachrohr der schwarzen US-Jugend geworden, und Bands wie *Public Enemy* verstanden sich eindeutig als politische Botschafter. Bis 1989 entwikkelten sich durch den verstärkten Einsatz der Sampling-Technik immer neue Entwürfe. Mit *De La Soul* und *A Tribe Called Quest* ging die New School ohne Brüche in eine bis heute anhaltende Phase (»Next School«) über, in der HipHop zu einem überaus vielschichtigen und weltweiten Genre reifte.

NFL: National Football League. Wie alle Profisport-Systeme in den USA besitzt auch die Football-Profi-Liga ein perfekt funktionierendes Vermarktungssystem ihrer – mit den jeweiligen Abzeichen der einzelnen Teams versehen – Bekleidung. Ende der achtziger, Anfang der neunziger Jahre waren diese Sportswear-Klamotten elementarer Bestandteil der HipHop-Ausgehuniform.

Old School: Die sagenumwobene erste Phase der Rap-Szene, die in zwei Abschnitte zerfällt: Ab Mitte der siebziger Jahre bis 1979 war Rap eine reine Straßenkultur im New Yorker Stadtteil Bronx. Ursprünglich ließen sich Fab Five Freddie und Kool DJ Herc in Jamaica von mobilen Discos (Soundsystem) inspirieren. Statt Platten zu veröffentlichen, veranstalteten legendäre Figuren wie Grandwizard Theodore oder Grandmaster Flash Parties für die Nachbarschaft. Sie entwickelten dabei stilbildende Scratch- und Mix-Techniken. Rapper oder MCs (Masters Of Ceremony) begleiteten diese auf alten Funk- oder Disco-Platten basierenden Musikcollagen mit Sprechgesang. In Verbindung mit Breakdance, Graffiti und einem einfachen, funktionalen Sportswear-Kleidungsstil wuchs eine umfangreiche Subkultur heran, die 1979 jäh aus ihrem Underground-Dasein gerissen wurde. Das Funklabel Sugarhill veröffentlichte mit »Rapper's Delight« aus dem Nichts heraus eine erste Rap-Maxi und landete prompt einen Welthit. Es dauerte immerhin ein, zwei weitere Jahre, bis auch die Pioniere der Straße ihre ersten Platten herausbrachten. Gerade mal 150 Maxi-Singles und zwei Rap-LPs zählte der »Sounds«-Journalist Hans Keller im November 1981. Als die Pop-Industrie den mittlerweile entdeckten Sound zum Disco-Nachfolger erklärte und breitflächig vermarktete, nutzte sich die ursprüngliche schöpferische Kraft schnell ab. 1983 erschienen kaum noch bahnbrechende Platten – die Old School verebbte.

Posse: Eingeschworene Gruppe. Posse bezeichnete im Wilden Westen die bewaffnete Helferschar des Sheriffs, die zusammengetrommelt wurde, wenn mal wieder marodierende Viehdiebe oder Gangsterbanden die Stadt unsicher machten. Der Straßenslang übernahm den Begriff für die treue Gefolgschaft einer Band oder eines DJs.

PX Shop: Versorgungsläden für Soldaten in amerikanischen Kasernen. In der Nachkriegszeit standen diese »Post Exchanges« bei der deutschen Bevölkerung für gefragte Luxusgüter wie Schokolade, Zigaretten und Whisky. Später entwickelten sie sich zu kleinen Supermärkten mit US-Produkten aller Art.

Raggamuffin: Weiterentwicklung des traditionellen Reggae in Großbritannien und Jamaika Ende der achtziger Jahre, die auch viele HipHop-Künstler nachhaltig beeinflußte. Durch die Verwendung von Electro-Beats, immensen Bässen und der Rap-ähnlichen Reimtechnik ergaben sich zahlreiche Kooperationen zwischen Raggamuffin (bzw. Hardcore-Dancehall-) und HipHop-Projekten.

Slipmat: Runde »Matte«, die zwischen Platte und Drehteller des Plattenspielers gelegt wird. Ein unverzichtbares DJ-Utensil, das ein problemloses Hin- und Herbewegen der Platten beim Mixen und Scratchen gewährleistet. Die Ur-Slipmats waren selbstgebastelte Alt-Vinyl- oder Pappscheiben. Heute sind sie (mit Label- oder Werbeaufdruck) vorgefertigt aus Filz in jedem DJ-Shop erhältlich.

Trollinger: Im Großraum Stuttgart meist für den Eigenverbrauch bestimmte, regionale Weinsorte.

Wildstyle: Charly Ahearns legendärer Film über die New Yorker Old School. Verpackt in eine einfache Spielhandlung, zeigte »Wildstyle« Anfang der Achtziger zum ersten Mal die Tricks und Techniken der Rapper, Graffiti-Sprayer und Breakdancer in der South Bronx.

Discografie

Alben – Die Fantastischen Vier
Jetzt geht' s ab (1991)
Vier Gewinnt (1992)
Die Vierte Dimension (1993)
Megavier (1994)
Lauschgift (1995)
Live & Direkt (1996)
04-99 (1999)

Singles – Die Fantastischen Vier
Hausmeister Thomas D. (1991)
Der Mikrofonprofessor (1991)
Frohes Fest (1991)
Hausmeister '92 (1992)
Die Da (1992)
Saft (1993)
Laß die Sonne rein (1993)
Zu geil für diese Welt (1993)
Tag am Meer (1994)
Sie ist weg (1995)
Sie ist weg-Remix (1995)
Populär (1996)
Nur in deinem Kopf (1996)
Raus (1996)
Picknicker (1997)
Mfg (1999)

Solo-Platten
Alben
Thomas D. – Solo (1997)
DJ Hausmarke – Weltweit (1998)

Singles
Thomas D.
- Rückenwind (1997)
- Solo (1998)
- Frisör (1998)

DJ Hausmarke
- Mädchen Nr. 1 (1998)
- Beweg deinen Popo (1998)
- Für Immer (1998)

Projekte (Auswahl)
1991/92: Einstündige Radiosendung »Die Vierte Dimension«, ein halbes Jahr lang zweimal wöchentlich beim Stuttgarter »Stadtradio 107,7 Hithouse«
1993: Gemeinsame Videoclip-Performance mit *Selig* »Zu geil für diese Welt«, im Rahmen der 100-Tage-VIVA-Party
1993: Benefiz-Single für Deutsche Aidshilfe »100% Positiv« D. D. R. (Reimachse) mit *Die Coolen Säue*, *Maximale Lautstärke*, *Reimbanditen*, *Fresh Familee*
1993/94: TV-Sendung »Die Vierte Dimension«, 26 halbstündige Folgen, wöchentlich unverschlüsselt bei Premiere und Ende '94 beim ORF, produziert zusammen mit DoRo, Wien
1994: Single »Respekt«, Smudo mit *Jazzkantine* mit Videoclip von Rainer Thieding und Uli Brodbeck
1995: CD-ROM »Viertuell«, produziert von Smudo und Pixelpark, Berlin
1997: VHS-Video-Edition der Fantastischen Vier »Nur Für Erwachsene«
1997: Gemeinsame Single Die Fantastischen Vier mit *Sens Unik* »Original«. Video von Zoran Bihac
1997: Gemeinsamer Titel von Smudo und Thomas D. mit Bootsy Collins »Home Of Da Freaks«
1997: VHS-Video-Edition »500 Stunden« über die »Solo«-Produktion von Thomas D.

1998: Thomas D. Single »Wish« gemeinsam mit Franka Potente für den Soundtrack des Kinofilms »Lola rennt«

Videoliste
Mikrofonprofessor (1991) – Regie: Mike Leckebusch
Die Da (1992) – Regie: Angel Garcia
Saft (1993) – Regie: Angel Garcia
Tag am Meer (1994) – Regie: Rainer Thieding und
Peter Morgan
Sie ist weg (1995) – Regie: Ralf Schmerberg
Populär (1996) – Regie: Ralf Schmerberg
Nur in deinem Kopf (1996) – Regie: Ralf Schmerberg
Raus (1996) – Regie: Ralf Schmerberg
Picknicker (1997) – Regie: Kai Sehr

Thomas D.
Rückenwind (1997) – Regie: Zoran Bihac
Solo (1998) – Regie: Thomas D.
Frisör (1998) – Regie: Robert Wilde

Hausmarke
Mädchen Nr. 1 (1998) – Regie: Zoran Bihac
Beweg deinen Popo (1998) – Regie: Ralf Schmerberg
Für immer (1998) – Regie: Katja von Garnier

Kontakt

Management Die Fantastischen Vier:
Bear Entertainment GmbH
Medienhaus
Mörikestraße 67
70199 Stuttgart
Tel. ++49–711–9 66 66–100
Fax. ++49–711–9 66 66–199

Four Music / Four Artist / Four Publishing:
Medienhaus
Mörikestraße 67
70199 Stuttgart
Tel. ++49–711–9 66 66–400
Fax. ++49–711–9 66 66–401
www.fourmusic.com

Smudo's Seite:
www.smudo.com

And.Y Homepage:
www.sonymusic.de / andy

F4-Newsgroup:
de.alt.fan.tastische4

Bildnachweis

Daniel Gottschalk (Stuttgart): S. 13
Peter Boettcher (Köln): S. 154
Klaudi Drazdansky (München): S. 116
Nobert Künnemeyer (Stuttgart): S. 158 und S. 204
Maya Müller (Stuttgart): S. 198
Alle anderen Bilder befinden sich im Privatbesitz von Smudo

Irvine Welsh
The Acid House

Roman
Titel der Originalausgabe: *The Acid House*
Deutsch von Clara Drechsler und Harald Hellmann
KiWi 533
Deutsche Erstausgabe

Irvine Welsh erzählt mit bitterbösem Humor von den Abgründen und Sehnsüchten der Johnnys und Marys unserer Tage – auch wenn es in seinen Geschichten nicht immer mit rechten Dingen zuzugehen scheint: Als der 23jährige Boab an ein und demselben Tag aus seiner Fußballmannschaft und aus dem Elternhaus geschmissen wird, dann auch noch Freundin und Job verliert, trifft er Gott auf der Straße... Surreal, spacig und ganz schön abgedreht – wie die Stories in Robert Altmans »Shortcuts« oder in Tom Twykers »Lola rennt« entwerfen die von der Kritik hymnisch gefeierten Geschichten in »The Acid House« ein Kaleidoskop des menschlichen Lebens ganz eigener Art.

KiWi Paperbacks
bei Kiepenheuer
& Witsch

Helga Maria Schneider
Eiersalat

Eine Frau geht seinen Weg
KiWi 534
Originalausgabe

Wo hat frau schon einmal so etwas Urtümliches, so etwas
einfach Gerechtes gelesen? Nirgendwo. Doch bei Helga
Maria Schneider fallen die Sätze wie Ohrlaschen aufs Papier. Durchdringend, selbstbewußt, streng. Ein Muß für die
moderne Frau. Hier kann sie sich einiges an Schneid ab-
gucken bei einer Koriphäe der emanzipierten Schreiberei.
Kein Wort zuviel, keine Seite zu wenig. Das Einmaleins der
»Femina emanzipa autonomika«.

KiWi Paperbacks
bei Kiepenheuer
& Witsch

Benjamin Lebert
Crazy

Roman
KiWi 537
Originalausgabe

»Das war alles ein wenig viel für mich heute: Anstatt zu schlafen, eine Feuerleiter hinaufzuklettern, zu saufen, was das Zeug hält, mal eben ein bißchen zu vögeln und nebenbei erwachsen zu werden. Das reicht für eine Nacht. Da würde jeder kotzen, glaube ich.«

KiWi Paperbacks
bei Kiepenheuer
& Witsch

Benjamin v. Stuckrad-Barre
Soloalbum

Roman
KiWi 514
Originalausgabe

»Benjamin v. Stuckrad-Barre hat in seiner Jugend Maien-
blüte einfach so das Buch hingelegt, das ich selber gern
geschrieben hätte. Grummel.
Die süchtige Leserschaft verdankt Herrn v. Stuckrad-Barre
eine außergewöhnlich witzige, böse und stellenweise bril-
lante Liebesgeschichte. Jugend der Welt – kauf dieses Buch
und lies es!«   *Harald Schmidt*

»Normalerweise lasse ich mich nicht von Jungspunden als
Jeansjackenträger beschimpfen. Bei Benjamin v. Stuckrad-
Barre mache ich ausdrücklich eine Ausnahme. Weil er
›Soloalbum‹ geschrieben hat, darf er das. Aber nur ein paar-
mal.«   *Harry Rowohlt*

KiWi Paperbacks
bei Kiepenheuer
& Witsch